# 이것이 ▶ 라이브커머스 마케팅이다

# 이것이 ▶
# 라이브커머스
# 마케팅이다

**초판 1쇄 인쇄** ǀ 2021년 08월 05일
**초판 1쇄 발행** ǀ 2021년 08월 10일

**지은이** ǀ 안은재
**펴낸이** ǀ 최화숙
**편집인** ǀ 유창언
**펴낸곳** ǀ 이코노믹북스

**등록번호** ǀ 제1994-000059호
**출판등록** ǀ 1994. 06. 09

**주소** ǀ 서울시 마포구 성미산로2길 33(서교동) 202호
**전화** ǀ 02)335-7353~4
**팩스** ǀ 02)325-4305
**이메일** ǀ pub95@hanmail.net ǀ pub95@naver.com

ⓒ 안은재 2021
ISBN 979-89-5775-273-9 03320
값 18,000원

# 이것이
# 라이브커머스
# 마케팅이다

안은재 지음

한 시간 매출 1,000만 원을 달성하고
월매출 3억을 올리며 월 6,000만 원 수익을 창출하는
나만 알고 싶은 라이브커머스의 모든 것

이코노믹북스

화장품과 여성들을 위한 피부 기초 제품을 판매한 지 꽤 되었습니다. 길다면 길고 짧다면 짧은 13년이라는 시간을 투자했고 그간 다양한 방법을 통해 판매를 시도했습니다. 1년 전에는 인스타그램을 이용한 판매전략을 세웠지만, 나의 경쟁력이 남들과 다르다는 것을 깨달았습니다. 인스타그램의 진입장벽을 실감한 것입니다.

저는 평범합니다. 많은 팔로워를 거느린 슈퍼 팔로워도 아니고 방송에도 간간이 등장하는 인기 폭발 셀럽은 더욱 아닙니다. 시선을 사로잡을 멋진 외제차도 없고, 아름다운 외모와 몸매의 소유자도 아닙니다. 촬영을 할 수 있는 스튜디오도 없는 상황 속에서 어떻게 하면 물건을 더 잘 팔 수 있을지 고민한 차에 지인을 통해 처음으로 라이브커머스 시장을 알게 되었습니다.

저의 첫 라이브커머스는 의자도 책상도 구비되어 있지 않은 작은 공간에서 시작되었습니다. 일주일 동안의 제품 구매율은 매우 낮았지만 전화 이벤트, 퀴즈 이벤트 등을 통해 나름의 팔로워를 늘려갔습니다. 나의 강점을 강조하는 것도 잊지 않았습니다. 나라는 사람을 대중에게 소개하고 여러분의 피부를 잘 봐줄 수 있다고 어필했습니다.

소통이 바로 라이브커머스의 중요한 정체성입니다. 홈쇼핑 시장은 대중에게 일방적이고 직관적인 제품 소개만을 했습니다. 그러나 라이브커머스는 다릅니다. 쌍방적이며 상호보완적이고 그 안에서 다채로운 대화가 펼쳐집니다. 대중과 호스트가 소통하면 할수록 물건을 사고파는 것뿐만 아니라 서로에게 유대감이 형성됩니다. 소통과 교류는 소비자의 니즈를 파악할 수 있는 중요한 단서가 되어주기도 하고 잡담하며 서로의 안부를 묻는 매개체가 되어주기도 합니다.

이제는 인스타그램이 아닌 라이브커머스가 인터넷 시장을 선도할 것입니다. 소비자와 대화 나눌 용기가 되어 있다면 더 이상 라이브커머스를 두려워할 필요가 없습니다. 편안하고 쉽게 시작할 수 있는 라이브커머스 방송은 나의 재능과 역량을 마음껏 펼칠 수 있습니다. 소비자와 구매자가 소통할 수 있는 중요한 창이 되어주기 때문입니다. 인터페이스에서 실행할 수 있는 다양한 이벤트도 소비자와 관계를 형성하는데 무척 도움이 됩니다. 저 역시 이러한 라이브커머스의 특징을 이용해 현재는 많은 수익을 창출하고 있습니다.


## ⏻ 우리는 평범하지만 생생한 자극을 원한다!

아무리 좋은 제품이 있어도 대중이 모르면 당연히 팔리지 않습니다. 시간이 지나며 자연스럽게 '홍보행위'는 구체화하였습니다. 홍보는 전문성을 갖게 되었고 홍보만을 위한 기업체도 생겨나기 시작했습니다. 한때 홍보와 판매는 쉽게 무시당했습니다. "말 몇 마디로 사람을 속여서 돈을 버는 사람"이라는 인식도 강했던 시절이 있었습니다. 90년대 부흥했던 방문판매와 전화 홍보를 쉽게 기억하실 수 있을 겁니다. 하지만 시대가 변한 지금, '마케팅'의 중요성을 모르는 사람은 존재하지 않습니다.

아직도 홍보라고 하면 색안경을 끼는 경우도 존재하긴 합니다. 그것은 신뢰와 밀접한 관련이 있습니다. 처음 가보는 동네의 맛집을 찾을 때 지역 이름과 맛집의 이름을 병치하기보다는 지역 이름과 "데이트", "존맛탱"이라는 신조어를 병치합니다. 더욱더 생생한 후기를 찾고 싶은 소비자의 심리에서 기인한 것입니다. 소비자는 홍보 목적으로 만든 팸플릿보다 "내돈 내산" 후기에 더 매료당합니다. 또한 유튜브 뒷광고에 분노하고 깊은 배신감을 느끼기도 합니다. 모든 예시는 홍보의 핵심이 신뢰라는 것을 증명합니다.

홍보는 나날이 발전합니다. 블로그나 인터넷 카페에서 페이스북과 인스타그램으로, 나아가 유튜브와 네이버TV로 소비자는 항상 새로운 플랫폼으로 이동합니다. 직관성과 생동감을 잘 표현하기 위해 글(블로그, 카페)에서 사진(인스타그램)으로 그리고 영상(유튜브)으로 매체가 변이하고 있다는 것에 주목할 필요가 있습니다. 생동감 넘치고 감각적인 매체를 어떻게 활용하느냐가 셀링의 관건입니다.

플랫폼의 운영과정에서 핵심은 광고입니다. 하지만 광고에 잠식당한 플랫폼은 결국 도태되고 맙니다. 소셜 네트워크를 찾는 이유는 생생한 사람들의 삶을 보고 싶기 때문이지 광고물을 보기 위함은 아니기 때문입니다. 그렇기에 홍보 역시 타협점을 잘 찾고 올바른 방향으로 나아가야 하는 것이 필수적입니다. 재미와 생동감을 잡으면서 물건의 홍보와 판매까지 획득할 수 있는 '즐거운 타협점'이 필요한 것입니다. 물론 쉬운 일은 아닙니다. 지난 몇 년간 라이브 비디오 스트리밍을 비교적 성공적으로 활용한 기업과 브랜드는 많았습니다. 대부분 인지도나 사용자 참여도를 높이는데 성공했지만, 이를 통해 수익을 창출한 기업은 얼마 되지 않았습니다. 그러나 그중에서 몇몇 혁신적인 e커머스 기업은 사용자 참여도를 향상하는 것에 만족하지 않고 라이브 스트리밍으로 연계해 매출을 올리는 성과를 이뤘습니다. 라이브 스트리밍의 특징을 잘 파악하고 있었기에 가능한 일입니다. 라이브 스트리밍은 고객의 관심을 유도하고 즉각적인 소통을 가능하게 합니다. 이러한 기능을 온라인쇼핑에 결합해 신선하고 생동적인 쇼핑 경험을 선사한다는 점이 소비자에게 커다란 장점으로 다가왔습니다.

라이브 스트리밍의 즉시성(immediacy)은 온라인쇼핑에 굉장한 부가가치를 부여합니다. '라이브'라는 특성 때문입니다. 비록 스크린을 통한 커뮤니케이션이지만, 즉각적인 소통이 가능하기에 같은 공간에 있는 듯한 느낌이 들 수 있습니다. 이러한 실시간 인터랙션은 잠재 소비자의 관심을 사로잡는 것은 물론, 구매를 망설이는 고객들까지 달콤하게 유혹합니다.

## ⏻ 라이브커머스? 그냥 팔면 안 되는 거야?

라이브커머스가 다른 판매행위에 비해 엄청 특별한 무언가는 아닙니다. 판매행위에 라이브 비디오 스트리밍을 끌어왔을 뿐입니다. 그러나 이 선택이 다른 판매행위와는 매우 큰 차이점을 불러왔습니다. 나아가 소비자가 실시간으로 판매자와 교류하고 소통할 수 있고, 주문 또한 실시간으로 이루어진다는 특징이 따라옵니다. 자연스럽게 상품 판매를 위한 생방송, 소셜 커뮤니티를 통한 문의 과정 중에 활용될 수 있습니다.

"그럼, 그냥 온라인쇼핑이나 홈쇼핑 아니야?"

이렇게 생각하는 분들이 적지 않으실 것입니다. 그러나 라이브커머스의 장점은 전통적인 쇼핑 페이지, e커머스와 비교했을 때 더욱 두드러집니다. 자세한 내용은 본문에서 다루게 될 것이기 때문에 핵심만 간략히 언급하겠습니다. 판매 시장의 가장 확실한 지표 중 하나는 '시간 대비 판매량'입니다. 라이브커머스 생방송 한 번만으로 32만 개 상품을 판매한 사례도 있습니다. 온라인 스토어만을 열었을 때 32만 개를 팔려면 시간이 과연 얼마나 걸렸을까요? 이러한 전환율이 바로 라이브커머스 시장에 진출해야 하는 이유 중 하나입니다.


## ⏻ 소통이 중요한 소비자

'고통의 동대문' 들어보신 적 있으신가요? 중국과의 관계가 소원해졌을 때 중국인 관광객이 오지 않아 상권이 죽고, 최근에는 코로나19의 확산으로 유동인구가 적어져 동대문의 고통이 계속되고 있습니다. 동대문 옷가게 상인들은 동대문의 명성이 예전 같지 않다며 한숨짓고 있습니다. 지금도 동대문 거리는 한산합니다. 그럼 가게는 어떻게 유지될까요? 그 해답이 바로 '라이브커머스'입니다.

오프라인 판매보다 온라인 판매에 익숙한 m세대와 z세대가 라이브커머스의 주 고객입니다. 이들은 타인의 눈을 의식하지 않으며 자신에 대한 솔직함, 타인과의 공감대 형성을 중요하게 생각합니다. 또한 모바일 기기 사용에 익숙한 세대이며 이들에게 '모바일 소통'이란 삶의 일부나 다름이 없습니다. 일부 과격한 윗세대의 눈에는 "맨날 스마트폰만 들여다보고 세상과의 문을 닫은 소외자"로 비춰질 수도 있습니다. 그러나 이들에게는 오히려 그것이 세상과 소통하는 방법이며 하나의 사회생활입니다.

이들에게 소비 활동은 대중적인 상품을 유행처럼 따라 사는 것이 아닙니다. 혹시 "횰로"라는 말, 들어보셨나요? '욜로'는 이제 익숙한 분들이 많으실 것입니다. '횰로'란 '홀로'와 '욜로'의 합성어입니다. mz세대의 소비패턴이 바로 '횰로'입니다. 1인 중심의 경제활동과 현재의 행복을 우선시하는 특징을 가진 '횰로'는 기존 소비자들의 패턴과는 다른 소비 경향을 보입니다. 자기표현 욕구가 강하고 개성이 중요한 mz세대는 자신에게 가치 있다고 판단한 물건이라면 가격을 불문하고 과감하게 소비합니다. 꼼꼼히 따져보고 나에게 필요하고 내가 보기 좋은 것이라면 가격을 존중하는 특징도 가졌습니다.

이를 위해 가장 많이 활용하는 마케팅은 '캐릭터화' 전략입니다. 제품만 덩그러니 있는 것보다는 각 제품에 mz세대를 위한 의미를 부여하고 이를 캐릭터로 우회하여 표현하는 것입니다. 캐릭터마다 스토리를 부여하고 이를 꾸준하게 확장시켜 발전하는 것이 전략의 핵심입니다. 이 과정을 통해 소비자는 해당 캐릭터와 소통하고 있다는 느낌을 받으며 이런 호감이 곧 제품의 소비로 이어지는 것입니다.

특히나 비대면이 강조되는 2019년~2021년, 소비 채널의 구도에도 변화가 생겼습니다. 온라인은 언택트에 특화된 채널인 만큼 코로나19 이후 높은 성장세를 보였습니다. 온라인을 포함한 무점포는 오히려 전년 동기 대비 19.9% 성장세를 보였습니다. (2020년 7월 누적 기준) 반면, 다수의 사람이 밀집하여 감염 우려가 큰 다중이용시설이나 의류, 화장품 등 생필품을 주로 취급하는 사업은 성장이 부진해졌습니다.

침체한 오프라인 시장은 사람 간의 접촉을 감소시켜 다시 부흥하기 위해 노력하는 중입니다. 그중 하나가 점원과의 접촉을 최소화하는 무인화 점포 기술의 도입입니다. 그리고 물리적 접촉이 줄어든 만큼 온라인 및 디지털 세상에서의 소통은 더욱 확대되었습니다. 소통과 접촉이 온라인으로 이동하는 디지털 콘택트 현상이 나타나고 있는 것이죠.

라이브커머스는 소통이 원활한 까닭에 온라인쇼핑보다 훨씬 더 생생한 현장감이 느껴집니다. 또한 홈쇼핑 대비 방송 규제 수준이 낮은 편이라 참여 소비자 취향을 고려하여 자유롭게 구성할 수 있습니다. mz세대 소비자에게 새로운 경험을 선사할 수 있는 방송 구성이 가능하다는 것입니다.

라이브커머스 시장에 온·오프라인 유통사, 배달 서비스, 디지털 플랫폼 등이 다양하게 참여하고 있습니다. 이제는 백화점, 편의점 등도 오프라인 침체를 극복하기 위해 진출하는 추세입니다. 롯데백화점은 코로나19가 터지기 이전인 2019년 12월부터 '100 라이브'를 운영 중이며 현대백화점도 2019년 3월에 네이버와 협업하여 '백화점 윈도 라이브'를 출시하였습니다. 편의점 GS25는 2019년 5월 라이브커머스 플랫폼 '그립'

을 통해 기획전을 열기도 했습니다. 군이 코로나가 아니더라도 비대면 온라인 거래는 필연적으로 찾아올 시대의 흐름이었던 것입니다.

온라인 유통사와 배달 서비스 업체도 온라인 상거래 플랫폼 및 배송 운영 노하우를 강점으로 내세우며 라이브커머스 시장에 진출하고 있습니다. 티몬의 경우 이미 2017년부터 '티몬 온'을 운영 중이며, 11번가도 SNS 공동 송출 방식으로 '라이브 11'을 선보이고 있습니다. 뒤이어 '쿠팡'과 '배달의 민족' 또한 배송 경쟁력 향상을 위해 라이브커머스 시장에 진출했습니다.

네이버와 카카오 같은 국내 대표 디지털 플랫폼 기업도 마찬가지입니다. 방대한 소비자 기반 데이터와 쇼핑 운영 노하우를 보유한 네이버는 '네이버쇼핑 라이브'를, 국민 대다수가 사용 중인 카카오톡도 '쇼핑하기'라는 라이브커머스 플랫폼을 도입하기 시작했습니다.

소상공인 매출 증대를 위해 정부, 협회 등에서도 라이브커머스 행사를 확대 중입니다. 한국 최대 라이프스타일 브랜드인 LG Fashion(LF)은 일찍이 라이브커머스를 도입한 이른바 라이브커머스 얼리어답터입니다. LF는 e커머스를 필두로 온라인 트래픽을 유도하기 위해 적극적인 노력을 기울였고 2015년 이후 계속해서 연간 30%의 꾸준한 매출 상승세를 기록 중에 있습니다.

## ⏻ 사람과의 교류로 성장하는 라이브커머스

라이브커머스는 채팅을 적극적으로 활용한 실시간 소통의 장을 마련하여 쇼핑을 더 높은 차원으로 안내했습니다. 라이브 비디오 스트리밍이 마치 진행자와 한 공간에 있는 것 같은 느낌을 줍니다. 채팅은 진행자와 시청자 간에 소통할 수 있는 연결고리의 역할을 충실히 수행합니다. 이 두 특성으로 인해 일방적이고, 소통이 부족한 e커머스의 한계를 명확하게 뛰어넘었습니다.

이에 그치지 않고 실시간 고객 지원 서비스의 가능성을 더해 주었다는 것도 커다란 장점입니다. 라이브 시청자들은 더 이상 번거롭게 고객 서비스 티켓을 작성할 필요가 없습니다. 궁금한 것이 있다면 실시간 채팅으로 문의에 대한 답변을 받을 수 있습니다. 과거 직거래 시장이 떠오르기도 합니다. 차이가 있다면 공간적 제약이 사라졌다는 것입니다. 구매자는 집에 앉아서 방송을 즐기면 됩니다. 생방송을 시청하는 동안 방송 진행자와 대화도 할 수 있습니다. 진행자가 자신의 댓글을 놓쳐도 괜찮습니다. 스태프가 질문에 신속히 대답해 주기 때문입니다.

라이브로 진행되기 때문에 사용자는 원하는 제품 정보를 즉시 얻을 수 있습니다. 또한 집에서 해보기 어려운 내구성 테스트 등을 진행자에게 요청할 수도 있습니다. 다양한 정보가 오가는 상황은 시청자들이 훨씬 더 적극적으로 소비에 참여하게 만드는 촉매제가 됩니다. 구매자와 판매자의 상호작용이 곧 구매 전환율을 대폭 상승하게 되는 계기가 되는 것입니다.

## ⏻ 라이브커머스 없는 판매는 이제 없다

시간이 흐를수록 온라인 시장에서 라이브커머스를 이용하지 않는 소매업자들을 찾아보기 힘들어질 것입니다. 그러나 라이브커머스는 유튜브 채널과 인스타그램 계정을 만들듯이 쉽게 접근할 수 있는 분야는 아닙니다. 짧은 분량의 홈쇼핑이라더라도 PD, 작가, 촬영감독, 조명감독 등 수많은 인력이 필요합니다. 라이브커머스는 이 모든 역할을 한 사람이 다해야 하므로 다른 SNS 매체보다 접근성이 떨어집니다.

세부적인 어려움도 있을 수 있습니다. 생방송의 특성상 예기치 못한 상황이 발생할 가능성이 큽니다. 연륜과 경험이 부족한 초보 진행자가 이를 모두 통제하는 것은 어려운 일입니다. 방송국에서도 통제하기 힘든 상황이 발생할 가능성도 존재합니다. 또한 동시간대에 접속하고 있는 고객만 진행자와 소통할 수 있으며, 충분한 고객층을 보유하지 못했다면 생방송 시청자수를 일정하게 유지하기 어렵다는 점도 있습니다. 이를 위해 별도로 마케팅을 한다면 배보다 배꼽이 큰 상황까지 벌어질 수 있습니다.

이밖에도 방송되었던 라이브 비디오의 보관 문제, 방송 종료 후 실시간성을 상실한 콘텐츠의 유용성, 가치 반감과 같은 문제 등 고려해야 할 사항이 많습니다. 생방송 콘텐츠의 수명이 너무 짧게 느껴질 수도 있고 예전 영상을 보관하는 일이 가치 창출에 도움이 되는지도 고민될 것입니다.

모든 신기술은 일장일단이 있습니다. 라이브커머스 또한 예외가 아닙니다. 그러나 많은 계획과 준비를 요구하는 서비스라 할지라도 좋은 계획과 제품, 트래픽이 갖춰져 있다면 도전할 이유는 충분합니다. 라이브커머스 시장은 더욱 확장될 것이고 발전을 거쳐 혁신적인 서비스로 거듭날 것입니다. 이 책은 라이브커머스에 대해 여러분이 가질 수 있는 다양한 고민을 해결해 주는 지침서가 되어 줄 것입니다. 당신의 밝은 미래를 만들어줄 라이브커머스 시장, 뛰어들 준비가 되셨습니까?

# contents

part
1

◉LIVE

# 라이브커머스,
# 신조어가
# 아니라고?

라이브커머스가 익숙하지 않은 사람들이 있는 것은 아직 초창기이기 때문이다. "그거 홈쇼핑 아니야?"라든지 "모바일쇼핑 말하는 거야?"라는 반응이 나오는 것도 라이브커머스의 개념이 아직 명확히 정립되지 않은 시대이기 때문이다. 이 것은 마치 TV를 보면서 쇼핑을 하게 된다는 홈쇼핑 개념이 처음 나왔을 때와도 비슷하다. 핸드폰으로 물건을 주문한다는 모바일 커머스가 지금은 현실화되고 이제는 당연해진 것처럼 말이다.

그래서 더더욱 라이브커머스라고 하면 거창하게 들릴지도 모르겠다. 하지만 라이브커머스는 온라인으로 생방송하면서 상품을 파는 행위를 통칭하는 말이다. 그러니 전통적 매체인 TV 또는 PC를 이용한 온라인 홈쇼핑 또한 어찌 보면 라이브커머스의 일환이라고는 하겠다. 라이브커머스는 예전부터 있어 왔고, 코로나19와 함께 급부상하면서 성장한 개념이다. 시대적으로 '언택트'가 중요해졌다는 점, '모바일'을 이용한다는 점, 그리고 '인플루언서'가 생생한 후기를 들려준다는 차이가 있을 뿐이다.

여기서 기존 커머스와 차별을 둔다면 작은 화면에 흥미를 끄는 컨텐츠로, 흥미롭게 팔아야 한다는 점이다. 따라서 기획에서 쇼진행, 구매 및 배달이 한꺼번에 모두 일련의 프로세스처럼 일어나야 한다. 이 과정에는 행사 기획자, 인플루언서, 플랫폼 제공자 그리고 딜리버리 서비스가 하나의 플랫폼처럼 움직인다. 이 생태계에 누가 핵심일까? 상품일까? 매력 있는 인플루언서일까? 탄탄하고 쇼핑하기 쉬운 플랫폼일까? 아니면 사고 없이 배달되는 서비스일까?

# 라이브커머스,
# 그 장황한 역사

## ⏻ 라이브커머스가 뭐지?

실시간 방송들이 미국의 쇼핑의 미래다.

출처 : 블룸버그(what-is-livestream-shopping-it-s-the-future-of-u-s-e-commerce)

라이브커머스를 검색해 보라. 무엇이라고 나오는가?

아, 그렇구나 하는 사람들도 있겠지만 이 정도 정의만으로는 감이 오지 않는 사람이 더 많을 것이다. 그도 그럴 만하다. 우리가 알고 있는 '라이브커머스'는 그리 긴 역사를 가진 개념이 아니다. 이에 대해 전 세계적으로 경험이 부족하고 여전히 시행착오를 필요로 하는 초창기 단계이기에 어떻게 보면 '라이브커머스'가 무엇인지 정확히 아는 사람은 2021년 현재 거의 없다고 보면 된다.

그래서 필자는 이 책을 쓰기 시작했다. 책을 읽는 독자 분들은 다양한 목적이 있을 것이다. 책을 통해 단순히 정보만 알고 싶은 사람들도 있을 것이고, 이 책을 토대로 라이브커머스를 시작해 보려는 사람 또는 더나아가 성공하고픈 사람도 있으리라 생각한다. 필자는 앞으로 '라이브커머스'가 없는 판매는 없을 것이라고 본다. 누구나 홈쇼핑을 하고 누구나 온라인쇼핑을 하며 누구나 라이브커머스의 판매자이자 구매자가 되는 사회. 이것은 거스를 수 없는 시대적 흐름이다.

따라서 필자는 이 책이 모든 사람들에게 도움이 되는 '라이브커머스 입문서'가 되기를 희망한다. 그래서 이번 장에서 라이브커머스의 역사와 특징을 저자가 알고 있는 대로 상세히 설명할 예정이다. 필자의 뜻대로 일정 부분 정의를 내리기는 하겠으나 독자에게 있어 '라이브커머스'는 무엇인지는 각자 다를 것이다. 따라서 필자의 지식을 바탕으로 독자들이 있는 그대로의 판단을 내리는 것이 라이브커머스에 대한 가장 현명한 접근법이라고 하겠다.

Q. 라이브커머스 전문가라는데, 믿어도 될까?

A. 아직 어느 누구도 정확히 잘 모른다는 점을 이용하여 '라이브커머스 잘 하는 법 강연', '라이브커머스 교육' 등을 소재로 한 강사, 블로거, 유튜버 등이 상당히 넘쳐난다. 필자가 강연을 다니며 알게 된 것은 좋은 강연을 하는 사람들도 많지만 '사기꾼'도 많다는 점이다. 필자는 자기가 아는 만큼, 경험한 만큼 설명하고 판단은 강연을 들은 시청자들에게 맡기는 것이 강사의 도리라고 생각한다.

그런데 간혹 '당신도 나만 따라오면 1시간에 월 1000만 원 수익은 일도 아닙니다', '제 강연을 들은 사람 중에 실제로 1시간 스트리밍으로 1000만 원을 번 사람이 있습니다', '제가 바로 인플루언서입니다. 저만 따라하시면 돈 많이 법니다.'라며 확실한 수익을 보장하거나 성공을 확신하는 경우들이 있다. 이 경우는 제발 조심하라고 말하고 싶다. 사실인 경우도 있는지 모르겠으나, 성공한 사람의 생활 패턴을 따라 한다고 해서 내 인생도 성공하는 것이 아님은 말하지 않아도 독자들이 다 아시리라 믿는다.

'라이브커머스' 시대를 하나의 흐름으로 이해하고, 현 셀러들이 어떻게 활동하는가를 배우며 앞으로 나아가야 할 길은 스스로 만들어가야 한다. 강연 내용을 봐야지 강연자의 명성에 따라다녀서는 안 된다. 내가 잘 모르는 부분을 누군가가 잘 알려주면 좋겠다는 생각이 드는 것은 당연하지만, 아직 미지의 차원이라면 교육이 아닌 견해로 이해하고 판단은 독자가 하기를 당부 드린다.

## ⏻ 라이브커머스는 중국에서 시작했다!

시점에 따라 다를 수는 있겠으나, 최초 라이브커머스는 중국에서 시작했다고 생각한다. 블록체인 기술부터 인공지능 기술, 5G 그리고 빅데이터 등 모든 첨단 기술에 중국이 오랫동안 공을 들여왔다는 사실을 모르는 사람은 없을 것이다. 그 덕에 e커머스 거래 규모도 세계 1위이다. '메이드 인 차이나'라고 하면 '싸구려 덤핑'처럼 여기던 시절도 이제는 옛말. 흔히 사용하는 '위챗', '틱톡', '타오바오' 같은 어플이 전 세계적으로 사용되며 '영상' 그리고 '라이브'의 중심은 중국으로 넘어가게 된다.

|  |  |  |
|---|---|---|
| 장다이(Zhang Day)<br>팔로워 수 : 405만명 | 쉐리(Xue Li)<br>팔로워 수 : 141만명 | 자오다시(Zhao Daxi)<br>팔로워 수 : 30만명 |
| 2014년 5월에 타오바오 쇼핑몰 오픈, 신상품 출시 때마다 타오바오 매출 순위 최고. | 2015년 1월부터 8월까지 8개월간 매출 2억 위안(약 350억 이상) 정도로 추정. 옷 가격은 220위안에서 240위안 사이 | 대학 재학 중 타오바오 쇼핑몰 오픈, 2013년 졸업 당시 직원수 100여 명의 의류업체로 성장. |

〈그림1〉 2초에 5000개 판다… 업계 쥐고 흔드는 중국판 아프리카 VJ '왕홍'
출처 : 글로벌 이코노믹(https://news.g-enews.com/2016.04.14.)


## 중국 주요 라이브커머스 플랫폼 발전 과정

| 유형 | 플랫폼 | 발전과정 |
|---|---|---|
| 전자<br>상거래<br>플랫폼 | 모구지에 | 2016년 3월 라이브방송 기능 도입. 회계연도 2020년 2분기 전체 거래액 중 라이브커머스가 39.1% 차지. 전년 동기 대비 115.2% 매출 증가 |
| | 타오바오 | 2016년 5월 라이브방송 기능 도입. 2019년 타오바오 라이브를 통한 거래액 2천억 위안(약 34조원) 돌파. 3년 연속 150% 이상 성장 |

| | | |
|---|---|---|
| 전자<br>상거래<br>플랫폼 | 징둥 | 2016년 9월 라이브방송 기능 도입. 2018년 8월 '달인대회'에서 지원 프로그램 |
| | 왕이카오라 | 2019년 8월 라이브방송 기능 도입. 2019년 '카오라ONE'우 모집 프로젝트 진행 후 만 명 이상 왕홍 인재 확보 |
| | 핀둬둬 | 2019년 11월 첫 라이브방송 진행. 2020년부터 저장, 광동, 허베이 등지에서 '시장/현장 산업단지 라이브'를 진행. 산업단지 특화 콘텐츠 추진 |
| 라이브<br>스트리밍<br>플랫폼 | 콰이쇼우 | 2016년 초 라이브방송 기능 도입. 2018년 6월 요우잔, '쇼트 클립 커머스 가이드' 솔루션 발표. '콰이쇼우 미니샵' 추가 BJ의 미니샵 오픈 가능 |
| | 도우인 | 2017년 11월 라이브방송 기능 도입. 2019년 2월 BJ모집 프로젝트 발표. 2020년 3월 스마티잔 창업자 뤄융하오와 계약 체결 |
| | 도우위 | 2016년 11월 라이브방송 중 타오바오, 징둥 등 전자상거래 플랫폼 링크 공유 서비스 도입. 2020년 4월 특급 BJ들이 후베이성 농산품 판매 방송 진행. 후베이성 발전, 개혁위원회 등 지역기관들이 적극 후원 |
| | 위챗 | 2019년 3월 텐센트 라이브방송 클로즈베타 테스트 진행. 5월 위챗 공중계정 라이브방송 기능 도입. 7월 텐센트 라이브 커머스 방송 클로즈 베타 테스트 진행. 위챗 미니 프로그램에 텐센트 라이브방송 HTML5 화면 추가 |
| | 하오칸스핀 | 2020년 4월 바이두가 하오칸스핀에 라이브커머스 기능 추가. 전자상거래 솔루션 플랫폼 '카이띠엔니우' 오픈 |

출처 : 플래텀 차이나 리포트(중국 라이브커머스 보고서 中)

2000년, 중국의 온라인 커머스 비율은 1%를 넘지 못했다. 그러나 지금은 50%를 넘어 폭발적인 상승세를 보인다. 중국은 PC보다 모바일 대중화 속도가 훨씬 빠르다. 이는 자연스럽게 소비 시장에도 영향을 미치며, 수많은 기술도 모바일 커머스 시장에 맞춰 발전했다. 중국의 라이브 커머스 시장이 빠른 속도로 성장할 수 있는 이유다.

2005년, YY.com을 비롯한 몇 개의 초창기 플랫폼을 필두로 2012년에는 시장 규모 2억 위안 달성, 2020년도에는 45억 위안을 달성해 라이브 스트리밍 도입 이후 무섭게 성장하고 있다. '에브 브라이트' 중국 증권에 따르면, 자국의 라이브커머스 시장이 2018년부터 2019년까지 180억 달러(원화 22조)에서 2019년 63억 달러(원화 76조)로 수직으로 상승했다고 평가했다. 라이브커머스 시장이 중국 전체 e커머스 시장(723억 달러)의 9%를 차지하니 그 위세를 실감할 수 있다.

자타공인 중국 최대의 상거래 기업은 알리바바의 타오바오다. 타오바오 또한 2016년 라이브 시장에 뛰어들었고 아직까지도 중국 라이브커머스 시장 전체를 선도한다고 보아도 무방하다. 라이브커머스가 가장 뜨거운 날은 중국의 블랙프라이데이라고 비유되는 광군제(11월 11일)다. 2019년 광군제 동안만 타오바오는 라이브커머스를 통해 20억 위안을 팔았다. 전체 매출(2684억 위안) 대비 7.5%를 차지했다.

중국 라이브커머스의 성장 이유를 세 가지로 추려보자면, '첫 번째 빠른 결제 시스템, 두 번째 왕홍의 역할, 세 번째 스트리밍에 대한 열광적 호응'이라고 본다.

### ▶ 빠른 결제 시스템

앞 도표와 설명에서도 알 수 있듯이 압도적인 중국 소비자 숫자, 스마트폰의 보급화, 빨라진 인터넷 속도, 급격하게 진화한 기술, 플랫폼간의 경쟁은 중국을 라이브커머셜의 중심으로 만들었다. 그중에서도 결정적인 성장 요인은 세계에서 가장 빠른 결제 시스템이라고 본다. 2013-2014년 텐센트와 알리바바는 위챗페이와 알리페이를 론칭했는데, 현재의 중국 모바일커머스를 끌고 온 주 동력이었다. 모바일 결제가 엄청나게 쉬워졌기에 징동.com과 알리바바는 자신들만의 라이브 스트리밍 플랫폼을 발매했다.

## ▶ 왕홍

그리고 라이브커머스의 중심에 모바일 화면을 장악한 왕홍이 있다. 왕홍은 중국만의 용어인데, 소위 우리에게는 인플루언서란 용어로 통한다. 온라인상의 유명인사를 의미한다는 점에서는 같지만 인플루언서는 제품판매에 중심을 둔 왕홍보다 더 큰 개념이다. 왕홍은 라이브커머스 시장이 성장하는데 결정적 역할을 한다. 라이브커머스가 인기 있으려면 3가지만 지켜도 된다. 먼저 재미있어야 하고(엔터테인먼트 성격), 고객에게 제품을 잘 이해시킬 수 있는 능력이 있어야 하며, 세일즈를 실제 일으킬 능력이 필요하다. 이 세 역할을 갖춘 이들이 바로 왕홍이다.

모바일로 왕홍들의 설명을 듣고 직접 질문을 하고 구매하는 방식은 그야말로 대성공이었다. 왕홍은 라이브커머스 산업에서 모바일 라이브 스트리머가 된다. 중국에는 현재 이러한 왕홍 스트리머가 2백만 명에 이른다고 한다. 흥미롭게도 그들 중 단 1%만이 백만 팔로워를 데리고 있다. 나머지는 만 명 정도 거느린 롱테일 산업을 구성하고 있다. 물론 그 1%가 부를 움켜쥔다. 그리고 알리바바와 같은 대기업은 이러한 왕홍과 전속 계약을 맺기도 한다. 라이브커머스를 통해 실시간으로 그들이 좋아하는 왕홍을 볼 수 있다는 점, 그들에게 표현을 할 수 있다는 점, 그들의 말에 신뢰를 한다는 점이 동시에 작용하여 시너지를 낸 것이다.

## ◐ 스트리밍에 열광

　또한 라이브커머스의 성장에는 소비자의 라이프 스타일과 소비 성향에 대한 분석도 필요한데, 중국의 경우 라이브 스트리밍을 통한 판매에 거부감이 약하다는 특징이 있다. 라이브 스트리밍 콘텐츠 소비자들이 30대 이하가 많다는 점, 그리고 이들이 새로운 제품에 대한 지식을 라이브 스트리밍으로 얻고자 하는 성향이 강하다. 라이브커머스의 사용자는 80%가 30대 이하로 분명 젊은 세대가 팬이다. 다만 중국의 젊은 세대의 구매력과 시장 크기는 타의 추종을 불허해서, 라이브커머스의 잠재성이 여전히 매우 커 보인다.


## ⏻ 미국은 어떨까?

미국 소비시장에서 라이브커머스의 비중은 미미한 수준이었다. 그러나 코로나19로 인해 개인 소비활동이 중요해진 이 시점에서 대형 온라인유통망의 라이브커머스 도입이 확대되는 중이다. 2019년 기준, 미국 전자상거래 시장규모는 약 3,650억 달러로 세계 2위였다. 그러나 라이브커머스 비중은 5% 미만이었다.

　최근 아마존(Amazon), 구글(Google), 페이스북(facebook) 등 글로벌 기업의 진입으로 시장 규모는 빠르게 성장하는 추세다. 미국 시장에서 2019년 아마존 라이브(Amazon Live)로 라이브커머스가 시작된데 이어 2020년 7월 구글 샵루프(Google Shoploop)가 론칭되는 등 중소 플랫폼 중심의 시장구조의 변화가 시작됐다.

Get Fit | Amazon Live

〈그림2〉 피트니스 지도자인 캐이트 오스틴은 아마존 라이브에서 1시간짜리 운동 프로를 진행한다.
출처 : 블룸버그 (what-is-livestream-shopping-it-s-the-future-of-u-s-e-commerce)

## ▶ 아마존

아마존 인플루언서 프로그램은 2017년에 이미 런칭되었다. 최근 변화라면 2019년 인플루언서의 '최애템'을 소개하고 아마존 링크를 걸어 클릭 횟수에 따라 수익을 얻게 하는 기능이 생겼다는 것. 라이브 스트리머에게도 이 프로그램을 제공하면서 아마존 라이브는 더욱 활성화되었다. 패션, 뷰티, 요리, 피트니스, 가전에서 자동차관련 제품까지 다양한 카테고리에서 활약 중이다. 인플루언서나 라이브 스트리머들에게는 'Amazon Live Creator'이라는 앱을 통해 라이브 스트리밍 및 실시간 커뮤니케이션 서비스를 원활하게 하도록 지원한다. 팔로워들이 늘어날수록 많은 혜택과 더 많은 인센티브를 제공함으로써 더 영향력 있는 인플루언서들을 매혹한다.

## ▶ 구글

구글은 2020년 7월 영상 쇼핑 플랫폼 샵루프(Shoploop)를 런칭했다. 이용자가 다양한 제품 관련 90초 분량의 영상을 보고, 마음에 드는 상품을 '저장'하거나 셀러의 웹사이트에서 바로 구매할 수 있다. 이는 제품 광고 효과는 물론 영상을 제작하고 업로드하는 'Shoploop creator'들의 인기 측정도가 되기 때문에 인플루언서들에게 많은 호응을 얻고 있다. 구글은 뷰티 제품에 주력하는 경향이 있고 모바일 버전 지원에 충실한 편이다.

## ▶ 페이스북과 인스타그램

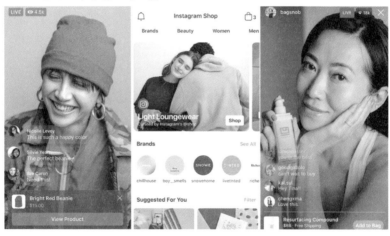

〈그림3〉 Facebook Shops: 온라인 상점들이 페이스북과 인스타그램 상에서 개설된다.
출처 : https://www.bbc.com/news/technology-52726268

2019년 12월, 페이스북은 비디오쇼핑 플랫폼 패키지드(Packagd)를 인수하고, 마켓플레이스(Marketplace)와 페이스북 라이브(Facebook Live)를 통한 라이브커머스 기능을 추가했다. 현재 페이스북 마켓플레이스는 월간 10억 명의 활발한 사용자를 보유하고 있으며 지속적으로 전자상거래 시장 확대를 위해 노력하고 있다.

인스타그램은 작년 세포라, 자라 등 대형 브랜드에게 유저의 피드 (feed)나 스토리에서 바로 결제할 수 있도록 하는 기능을 제공했는데, 최근에는 개인 쇼핑웹사이트를 운영하는 크리에이터(creators)에게도 이 기능을 제공해 소비자가 바로 구매 가능하도록 했다. 특히 인스타그램의 경우 IGTV의 라이브 및 스토리 기능에 소비자들이 익숙해진 것을 전략 삼아 쉽게 라이브커머스 시장에 진입이 가능할 것으로 예상된다.

중국과는 달리, 북미에서는 라이브커머스가 아직 크게 활성화되지 않았으나 미국 홈쇼핑 채널 QVC의 지속력을 분석해 보았을 때, 전화가 아니라 원터치로 실시간 질문 및 할인 등을 적용할 수 있는 편리성을 활용해 소비자들의 호응을 얻을 수 있을 것으로 기대되고 있다.

라이브커머스 성공 요소 중 하나인 '인플루언서'를 고려하면, 북미의 인플루언서 시장은 탤런트 활용도나 창의성을 보아 새로운 라이브커머스에 충분한 적응력과 유연성을 가지고 있다. 현재 유명 플랫폼들은 앞다투어 라이브커머스 사업을 확대 중이므로 앞으로 소비자들의 쇼핑 습관에 지대한 영향력을 행사하게 될 것으로 보인다.

# 한국의
# 라이브커머스 시장

누가 코로나19로 이렇게 세상이 바뀔 것이라고 상상이나 했을까? 모든 경제 체제가 침잠하는 가운데, 유일하게 이득을 본 업계가 이 라이브커머스라고 해도 과언이 아니다. 이전부터도 일각에서는 라이브커머스가 뜰 것이라고 전망은 해왔지만, 그 시기가 이리 빠를 것이라고는 예상도 못했다는 이들이 다수다. 2020년부터는 민간 기업뿐만 아니라 정부기관까지 라이브커머스에 관심을 보이고 있다. 코로나로 인해 언택트 경제가 활성화되고, 소비 판로를 뚫기 위한 가장 흥미로운 세일즈 채널 중 하나가 라이브커머스이기 때문이다.

라이브커머스의 성장은 라이브커머스를 촉진하는 새로운 플랫폼의 등장이 주도했는데 이는 기존 플랫폼의 진화와 관련이 깊다. 2019년 런칭한 그립(Grip)은 국내 라이브커머스의 선두주자로서 모바일에서 라이브방송을 통해 판매자와 소비자를 이어주는 라이브커머스 전문 플랫폼

〈그림1〉 모바일커머스 플래폼 어플리케이션 '그립' 론칭(2019.02.21)
출처 : https://platum.kr/archives/116665

이다. 지난 6월 기준 약 2,400개의 브랜드가 입점했고 하루 최대 100개
이상의 라이브방송이 송출되었다.

한편 인스타그램 등 소셜미디어를 통해서도 수많은 인플루언서들이
라이브커머스에 참여하고 있다. '잼라이브'는 퀴즈쇼 플랫폼이었지만 라
이브방송으로 퀴즈쇼에 참여하며 상품 구매까지 가능한 라이브커머스
플랫폼으로 진화하였다. 다른 목적을 가졌던 플랫폼이 라이브방송이 가
능해지고 직접 구매와 결제가 용이해지면서 커머스 플랫폼으로 변모하
는 추세다.

특히 올해 많은 이용자를 확보하고 있는 네이버와 카카오 같은 플랫
폼에서도 이미 라이브커머스를 서비스를 하고 있고, 그립 및 소스라이
브 등 국내 스타트업에서는 자체 라이브커머스 플랫폼을 구축하여 브랜
드와 협업을 하고 있다.

유통업 자체에서 주도권을 잡고 진행하는 케이스가 있다. 이 경우에는 컨텐츠 기획에서 배달까지 유통 기업이 전담한다. 물론 인플루언서나 플랫폼은 파트너와 협업을 하고 있다. 한마디로 우리나라도 e커머스 시장을 둘러싼 판이 점점 커지고 있는 상황. 국내 포털부터 유통 대기업, 이커머스 업계까지 라이브커머스 시장에 공을 들이고 있다. 롯데백화점의 LF를 비롯, 티몬 등에서도 라이브커머스를 시작한 것이 이에 속한다고 볼 수 있다.

그러나 중국 시장처럼 여러 비즈니스 모델이 만들어져 있는 것은 아니다. 우리나라는 우리나라만의 라이브커머스 모델을 만들어가는 중이다. 중국 라이브커머스와 가장 큰 차이점은 왕홍이라는 중간 판매 역할과 즉시 결제 시스템이었다고 볼 수 있다. 우리나라에서는 현재 왕홍의 역할은 국내의 수많은 인플루언서들이 대체하고 있으며, 라이브커머스 플랫폼이 우후죽순으로 생겨나면서 결제 시스템 역시 간소화되고 있는 추세다.

### ▶ 카카오커머스

카카오는 이전에 보였던 행보처럼 커다란 혁신을 일으키기보다는 자신들의 영역을 활용해 라이브커머스 플랫폼의 확장을 택했다. 카카오커머스라는 이름으로 카카오톡 '더보기'의 '쇼핑하기'에 '라이브'를 추가했다. 카카오쇼핑 라이브 서비스를 시작한 셈이다. 채팅 시스템 또한 카카오톡과 같다. 영상을 시청하면서 물건을 구매할 수 있는 라이브커머스의 방식을 따르면서도 카카오톡이 가진 범용성을 최대한 활용한 것이다. 카카오톡의 채널, 친구 맺기, 알림 시스템 또한 적용되었고 카카오톡 '라이브' 카테고리에서는 방송 일정, 방송 중인 상품, 놓친 라이브 등을 시청할 수 있다.

### ▶ 네이버쇼핑 라이브

〈그림2〉 네이버 PC버전에도 쇼핑 라이브가 생겼다. (2021.05.11.)

'쇼핑 라이브'는 네이버가 라이브커머스 시장에 내놓은 브랜드다. 네이버 또한 자신들이 가진 강점을 최대한 활용했는데, 스마트스토어를 확장의 매개체로 삼았다. 스마트스토어를 사용하는 소상공인들이 실시간 채팅 및 생방송을 통해 판매자에게 상품을 직접 판매하는 서비스를 제공한다. 다른 라이브커머스 플랫폼과 유사하게 스마트폰 하나면 쉽게 방송을 할 수 있도록 기술적 지원을 하고 있다. 네이버가 가진 브랜드 파워와 기술적 지원 등과 같은 이유로 판매자와 구매자 모두 늘어나는 추세다. 서비스를 시작한 2020년 3월부터 6월까지 라이브커머스를 이용하는 판매자와 라이브방송 수 모두 660%, 790% 상승했다. 불과 3개월 만에 언택트 시장에서 라이브커머스가 한 줄기 빛이 되어줄 수 있다는 사실을 수치로 증명해냈다.

## ▶ 롯데백화점 100라이브

유서 깊은 오프라인 쇼핑몰 롯데백화점도 온라인 시장에 뛰어들었다. e커머스 '엘롯데'와 롯데백화점 몰을 활용해 라이브커머스 채널을 발매했다. 명칭은 '100라이브(100LIVE)'. 100라이브는 기존의 라이브커머스 플랫폼을 살짝 비틀어 백화점 매니저, 인플루언서, 쇼호스트 등을 판매자로 설정해 구매자가 직접 복합상가와 백화점 등에서 쇼핑하는 느낌이 들게 해준다. 또 하나의 특징은 패션뿐만 아니라 지역 명물과 같은 특산품 판매에도 응용 중이다. 지난 여름, 대구 달성의 농특산물을 생방송으로 판매해 3일 만에 2천 건 이상의 주문을 받아내 8천만 원에 가까운 매출을 달성했다.

위의 사례 외에도 '협업의 용이성'도 라이브커머스 시장이 가진 장점 중 하나다. 네이버가 카카오 플랫폼과 협업해 라이브방송을 진행하는 때도 있고, e커머스에서 자체 기획을 통해 라이브커머스를 진행하기도 한다. 어떠한 방식이든, 고객을 즐겁게 해줄 수 있는 콘텐츠와 빠르고 안전한 거래는 필수 덕목이다. 그 이유로 라이브커머스 시장의 확대는 곧 라이브커머스 콘텐츠 시장과 모바일 결제 솔루션이 더욱더 발전하게 하는 계기가 되어줄 것이다.

## ⏻ 빠른 변화, 그리고 소비자의 판매자화

스마트폰이 대중화되면서 라이브커머스 시장이 성장할 것임은 이미 예견된 일이었다. 게다가 우리 일상이 확연히 달라졌다. 비대면 비접촉 사회적 거리 두기는 반드시 지켜야 하는 사회적 규칙이 되었고 학교는 온라인 수업으로, 기업은 재택근무나 탄력근무제를 시행하는 상황이 되고 있다. 쇼핑도 오프라인에서 온라인으로, 더 나아가 모바일로 넘어올 수밖에 없다. 이 추세라면 오프라인 쇼핑보다 우선되는 온라인쇼핑의 대세로 라이브커머스가 떠오를 것은 자명하다.

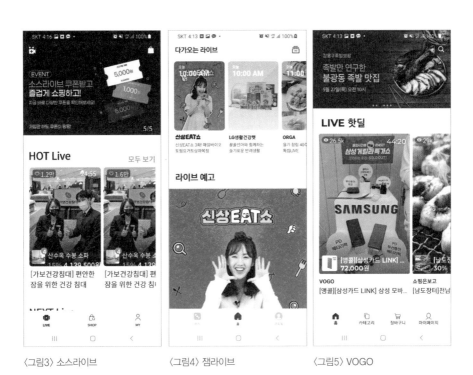

〈그림3〉소스라이브          〈그림4〉잼라이브          〈그림5〉VOGO

그동안 일부 홈쇼핑이나 소셜커머스, 인스타그램 페이스북 유튜브 등의 개인 SNS에서 간간이 운영되었지만 최근에는 대형 백화점, 양판점, 면세점 등 대형 오프라인 유통회사들까지 확장되었고, 네이버쇼핑이나 카카오커머스 등의 대형 플랫폼 회사들도 라이브커머스 시장에 선전포고를 던졌다. 여기에 그립(GRIP), 소스라이브(Saucelive), 잼라이브(Jamlive), VOGO 등 라이브커머스 전용 플랫폼 업체도 여럿 등장했다.

대기업 유통 업체부터 중소기업, 소상공인들까지 라이브커머스에 진출하는 이유는 무엇일까? 포스트 코로나 시대를 대비하면서 단시간에 높은 매출을 올릴 수 있는 신선하고 매력적인 통로이기 때문이다.

노동력이 곧 돈이었던 시대와 다르게 현대 사회는 수익 구조가 완전히 달라지고 있고, 그 방식의 중심에 라이브커머스 시장이 있다. 과거에는 돈이 돈을 버는 구조였다면, 라이브커머스는 완전히 다른 세상이다. 투자금이 거의 들지 않기에 실패가 두렵지 않다. 개인 사업을 해서 내 물건을 판다고 했을 때 물건을 떼어오는 것부터 시작해서 홍보 채널을 구하고 필요하다면 사업장을 내고 또 마케팅까지 고민해야 할 것이 많고, 해야 할 것 역시 많고 비용도 여러모로 들어간다. 하지만 라이브커머스는 네이버든 그립이든 기존에 있는 플랫폼에, 플랫폼이 확보한 고객을 기반으로 하기 때문에 상대적으로 들어가는 비용이 적다.

라이브커머스는 1인 미디어와 1인 마켓을 기반으로 많은 자원을 가지지 못한 중소상공인들, 판매자와 소비자 역할을 동시에 가진 셀슈머(Sell-sumer)에게 보다 유용한 기회를 제공한다. 과거 전통적으로 소극적인 수용자로 이해되던 미디어 이용자들은 선택적 미디어, 콘텐츠 이용뿐 아니라 적극적 능동적 공유자, 창작자의 역할까지 수행하게 되었다.

특히 1인 미디어의 확산은 모든 이용자들이 창작자로서 손쉽게 콘텐츠를 생산, 공유할 수 있도록 하였다. 또한 커머스 맥락에서 수동적인 소비자뿐 아니라 제품을 자신의 필요와 취향에 맞게 취합, 가공하여 소비하는 모디슈머(Modisumer), 직접 제품을 생산하는 프로슈머(Prosumer)가 등장하면서 1인 마켓, 즉 세포 마켓(Cell market)이 성장했다. 이들은 매장도 필요 없고 카메라도 필요 없다. 오직 휴대폰 하나만 있으면 거실, 주방, 안방, 야외 어디서든 촬영하고 판매할 수 있는 것이다. 손님이 언제나 오실까 기웃거릴 필요가 없다. 기존 구매자들이 포진해 있는 플랫폼들이 너무나 많다. 게다가 홈쇼핑 등 다른 방송에 비해 지켜야 할 형식도 절차도 거의 전무후무한 상태다. 셀러가 원하는 방식대로 바로 시작할 수 있다. 남녀노소 누구나 할 수 있으며, 나이가 많으면 방송을 하기 꺼려지던 과거와 다르게 나이가 많으면 더 좋다. 살아온 세월이 자산이 되어 말 그대로 스토리텔링이 자연스럽게 이루어진다.

시대와 트렌드에 민감한 사람은 이미 자신의 경제적 활동 터전도 오프라인에서 온라인으로 이동했다. 물론 수수료 등이 발생할 수는 있으나 기존 사업비에 비할 바가 아니며, 더군다나 유튜브나 다른 매체보다 상대적으로 경쟁이 치열하지 않은 블루오션이다. 앞으로의 가능성을 생각해 볼 때 지금부터 미리 자리를 확보해야 새로운 수요들을 끌어 올 수 있다. 지금부터 시작한다면 추후 소셜커머스 2, 3세대로 플랫폼의 아이콘화까지 노려볼 수 있다.

그립, 네이버, 카카오, 인스타그램, 틱톡 등 다양한 플랫폼에서 라이브커머스를 지원하면서 판매자들은 많은 투자나 특별한 기술 없이 스마트폰만 있다면 라이브커머스를 시작할 수 있게 되었다. 판매자의 관점에서 라이브커머스는 현재와 같이 대면 접촉을 기피하는 소비자들에게 제품을 실감나게 소개하고 실시간으로 소통하며 판매할 수 있는 유일한 창구이며 물리적 제약 없이 다양한 지역의 폭넓은 소비자층에게 다가갈 기회인 셈이다.

실시간 소통을 통해 재미와 신뢰를 주고 한시적인 할인 혜택 등을 통해 즉각적 구매를 유도할 뿐 아니라 충성도를 높일 수 있는 라이브커머스는 실속과 재미를 동시에 추구하며 동영상 플랫폼에 익숙한 MZ세대에게 가장 적합하다. 하지만 코로나19로 촉발된 라이브커머스의 성장은 제품과 판매자의 다양성을 높이고 보다 높은 연령층도 유입하며 고객층을 확대할 것으로 전망된다. 그럴수록 경쟁의 심화를 가져올 것이며 차별화는 어려워질 것이다. 모든 커머스의 핵심인 제품의 품질과 가격 경쟁력이 갖춰졌을 때 라이브커머스에서 콘텐츠의 기획과 진행자의 역량이 더욱 중요한 이유다.


## ⏻ 1인 라이브커머스 셀러로 성공하려면

인플루언서 트렌드가 유명인에서 일반인으로 움직여가듯, 유명인을 통한 광고보다는 나의 창의성과 제품의 진실성을 보여주면서 엄청난 광고비를 들이지 않아도 마케팅 효과를 볼 수 있다. 브랜드 스토리텔링 또는 브랜드 마케팅에서 '소셜', 즉 소비자와의 소통 및 이해가 큰 영향을 미치고 있기 때문이다.

인플루언서들의 활약이 중요해진 만큼 미래 인플루언서 마켓의 모습을 예상하고 트렌드에 맞게 준비하는 것 또한 마케팅 전략에서 빠져서는 안 되는 요소다. 커뮤니티 형성에 포커스를 맞추고 마이크로 인플루언서들의 성장에 맞추면서 플랫폼의 변화와 어떻게 발전해 나아갈지를 눈여겨봐야 한다.

이제 우리는 예전과는 다른 삶을 맞이할 준비를 해야 한다. 라이브커머스 성장의 핵심은 e커머스의 편리함과 엔터테인먼트의 결합이 만들어낸 결과로, 소셜네트워크 플랫폼에 e커머스라는 장치를 추가하는 것에 그치지 않고 새로운 '소셜커머스'를 생성하는 것으로 이해해야 한다.

지금까지 작은 스타트업들이 인플루언서 마케팅을 이용해 D2C 모델로 단기간 안에 빠른 성장을 이루었다면, 마켓이 점점 더 포화되어 갈수록 브랜드 고유의 색은 사라질 가능성이 높다. 특히 대기업들이 인플루언서 마켓을 찾으면서 소기업은 인플루언서에서 새로 떠오르는 키워드인 크리에이터(creators)를 찾아 색다른 전략을 내세워야 할 필요가 있다. 라이브커머스도 유명인보다 공감대 형성이 가능한 마이크로 인플루언서들에게 집중하도록 바뀌어 갈 것이다. 그때를 대비하여 지금 차별화된 콘텐츠를 만들고 나의 역량을 늘려가야 한다고, 이 시대를 살아가는 수많은 셀러들에게 전하고 싶은 말이다.

# 쇼호스트 VS
# 라이브커머스 셀러

## ⏻ 라이브커머스는 'TV홈쇼핑의 축소판'이다?

라이브커머스는 'TV홈쇼핑의 축소판'이다? 인정. 맞는 말이다.

라이브커머스는 TV홈쇼핑과 같다면 같은 것이다. 다만 TV가 아니라 모바일에서 쇼핑을 하는 것이 차이일 뿐이다. 그런데 여기서 또 엄밀히 따지고 들어가면 차이점이 굉장히 두드러진다. 라이브커머스의 특성은 기존 TV홈쇼핑이나 일반적인 모바일쇼핑과는 매우 다르다. 게다가 TV 시청자가 줄어가는 현대사회에서, TV광고의 영역을 더욱 코너로 몰아 부칠 만큼 라이브커머스는 저력 있는 매체라고 할 수 있다. 그리고 이러한 차이점 때문에 많은 쇼호스트 역시 라이브커머스 셀러로 전향하고 있는 것이 현실이다.

〈그림1〉 '홈쇼핑 공화국' 쇼호스트 학원은 '북적'(2015.01.31.)
출처 : http://www.inews24.com/view/880420

## ● 송출 수수료

먼저 TV홈쇼핑은 송출수수료가 있다. 우리나라 전체 TV홈쇼핑 회사들은 연간 좋은 채널을 확보하기 위해 케이블TV, 위성 방송 등(SO)에 지출하는 송출수수료가 연간 2조 정도라고 한다. TV홈쇼핑 회사의 매출의 절반 가까이가 송출수수료로 나간다. 홈쇼핑 회사는 그러면 이 송출수수료를 어디서 충당할까? 당연히 업체다. 업체로부터 판매수수료를 높게 책정하여 받는다. 상황이 이렇다 보니, TV홈쇼핑에서 물건을 판매하기 위해서 투입되는 비용이 클 수밖에 없고, 제품을 판매하는 사업자 입장에서는 마진이 많이 남지 않는다.

그러나 라이브커머스는 촬영을 위한 준비도 큰 공이 들어가지 않고, 송출 수수료도 없다. 그러니 플랫폼 회사에서 업체들에게 판매수수료를 많이 받을 이유도 없다. 오히려 수수료를 낮게 책정하여 더 많은 업체를 유치하려고 한다. 온라인으로 진행되기 때문에 가능한 일이다. 업체 입장에서는 송출료 등 초기 비용에 대해 부담이 매우 적다. 라이브커머스가 TV홈쇼핑과 동일한 매출 발생을 위해 필요한 수수료가 TV홈쇼핑에 비해 1/10밖에 안 된다. 따라서 제품 판매자는 비교적 마진을 많이 남길수 있다.

### ▶ 동시다발적 방송

TV홈쇼핑은 한정된 채널에서 정해진 편성대로 방송을 해야 한다. 한정된 채널의 한정된 방송사, 한정된 시간 안에 제품을 올리고 방송을 하려면 적지 않은 비용이 발생한다. 업체 입장에서는 편성 시간대, 주어진 시간을 온전히 산 것이기 때문에 한 번에 한 제품만 편성표에 맞추어 방송해야 한다. 모바일 라이브커머스는 한 플랫폼 내에서도 동시 다발적으로 판매 방송을 할 수 있다. 물론 카카오쇼핑 라이브 등 일부 플랫폼에서는 상품을 MD가 큐레이팅해서 라이브방송을 하는 곳도 있다. 그러나 현재 네이버, 쿠팡, 그립 등 대부분의 플랫폼에는 그다지 어렵지 않게 입점해서 방송을 할 수 있어 업체로서는 진입장벽이 낮다.

### ▶ 비전문성, 비규격화

TV홈쇼핑은 전용 스튜디오에서 전문 장비를 갖춘 상태에서 전문 쇼호스트가 방송한다. 그러나 라이브커머스는 휴대폰 카메라 한 대로 원하는 시간, 원하는 장소에서 편안하게 방송을 한다. 지하상가에서 옷가게를 하는 사람이 본인 매장에 휴대폰을 삼각대에 올려놓고 매장 내 옷을 바로 판매할 수도 있고, 소개하고 싶은 상품을 집 주방에서 편안하게 조리해서 보여줄 수도 있다.

## ▶ 심의 규제

가장 중요한 점인데, TV홈쇼핑은 방송 심의 규제가 엄격하다. TV홈쇼핑은 한정된 재원인 전파를 통해 송신되는 방송이다. 따라서 보다 엄격한 심의를 거치게 된다. 제품에 대한 멘트, 쇼호스트가 드는 팻말의 문구 등 모든 것이 사전에 방송심의를 받고 진행한다. 그래서 쇼호스트들이 직설적으로 원하는 단어를 뱉지 못하고 답답하게 말하는 경우가 많다.

그러나 아직 라이브커머스는 방송이 아니라 통신 매체로 분류가 된다. 이 때문에 방송심의 규제를 받지 않는다. 그래서 동일한 상품이라도 라이브커머스에서는 훨씬 더 자유롭게 언어를 표현할 수 있다. 방송 중에 인플루언서나 브랜드 관계자, 매장 스태프 등 다양한 전문가들이 출연하고, 느끼는 그대로 발언을 거침없이 하기도 한다. 물론 이런 자유로움은 소비자에게 잘못된 정보를 전달할 수 있기 때문에 앞으로 어떤 새로운 규제가 등장할 가능성은 있으나, 아직까지는 셀러의 양심에 맡기는 편이다.

## ▶ 소통의 방향

그리고 TV홈쇼핑은 당연히 일방향적이다. TV홈쇼핑은 쇼핑 호스트가 일방적으로 제품을 설명한다. 기존에 강조 포인트를 기반으로 대본이 있으며 이를 반복해서 말하곤 한다. 물론 구매율에 따라 순서를 바꾸거나 강조 포인트를 달리하는 경우도 있다. 그러니 판매하는 상품을 보여주면 시청자는 궁금한 점이 생겨도 삼켜야 한다.

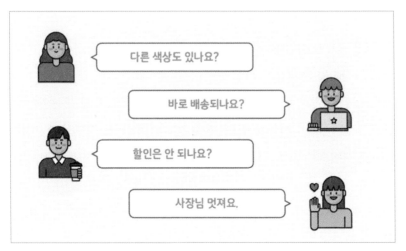

〈그림2〉 소통의 방향 출처 : http://www.kocca.kr/trend/vol23/sub/s13.html

하지만 소비자 입장에서 궁금증을 바로 해소할 방법은 적다. 그러나 라이브커머스에서는 쌍방향 소통이 가능하다. 시청자들이 댓글로 궁금한 것을 바로 물어보고 소통할 수 있다. 방송의 진행에 적극적으로 참여하고, 질문하는 과정에서 소비자는 제품을 간접적으로 체험하는 경험을 할 수 있다. 상품 설명란에는 적혀 있지 않은 먹는 방법까지 물어보면서 제품을 충분히 보고, 만지고, 알아본 뒤 산다는 장점이 있다.

게다가 시청자가 방송에 적극적으로 참여하고 함께 이끌어 가기 때문에 상품 정보만 물어보지 않는다. 그래서 예상하지 못했던 재미있는 상황이 벌어질 수 있고, 재미있는 오락의 기능이 있어 더욱 즐거운 쇼핑을 즐길 수 있다. 또 사용 후기나 질문이 실시간으로 바로 노출이 되기 때문에 온라인쇼핑몰처럼 Q&A나 콜센터가 없어 비용적으로도 매우 절감이 된다.

### ◉ 높은 구매 전환율

한국의 소비자는 장바구니에만 넣고 구매버튼을 누르지 않는다는 특징이 있다. 좋게 말하면 마지막까지 신중한 소비를 하는 것이지만, 이것이 판매자에게는 바람직하게 느껴지지 않을 수밖에 없다. 홈쇼핑에서도 마찬가지다. 이걸 살까? 말까? 고민하고 궁금한 것이 생겨도 풀지 못하는 사이, 시간이 지나 방송이 끝나 버리면 그대로 끝. 그러나 라이브커머스는 소비자가 구매를 하게끔 실시간으로 유도를 한다는 점에서 구매 전환율이 훨씬 높게 나타난다. 실시간으로 궁금증을 해소해줌으로써 소비자에게 구매 욕구를 자극하고, 구매로 이어지게 만든다. 라이브 화면에서 바로 구매버튼을 누르고, 구매로 이어지는 여정도 매우 간편하게 설계되어 있다.

### ⏻ TV홈쇼핑과 라이브커머스는 완전히 다른 걸까?

아니다. 당연히 공통점도 있으니 사람들이 헷갈려하는 것 아니겠는가. 카메라 렌즈 앞에서 상품을 판매한다는 점은 당연하게도 똑같다. 방송을 보고 상품을 구입하려는 시청자들의 심리는 TV나 모바일이나 동일하다. 그렇기 때문에 상품의 셀링포인트를 잡아서 어떻게 보여줄 것인지,

**T커머스 · TV홈쇼핑 비교**

| T커머스 | 방송 구분 | TV홈쇼핑 |
|---|---|---|
| 데이터 방송 | 방송 구분 | 텔레비전 방송 |
| 녹화방송 | 방송 형태 | 생방송 |
| 전체 화면의 1/2(나머지는 데이터 영역) | 화면 제한 | 없음 |
| 리모컨 · 상담원 · ARS 등 | 주문 방식 | 상담원 · ARS 등 |
| 10개 | 채널 수 | 7개 |
| · K쇼핑, 쇼핑엔티, 신세계쇼핑, SK스토아, W쇼핑 (T커머스만 운영) · GS MY SHOP, CJ오쇼핑플러스, 현대+Shop, 롯데OneTV, NS Shop+ (TV홈쇼핑 겸업) | 채널명 | · GS홈쇼핑, CJ오쇼핑, 현대홈쇼핑, 롯데홈쇼핑, NS홈쇼핑, 홈앤쇼핑, 공영홈쇼핑 |
| 방송법 제9조 제 5항 | 법적 근거 | 방송법 제9조 제5항 |
| 데이터 방송채널 사용사업자(DP) | 법적 지위 | 텔레비전 방송채널 사용사업자(PP) |

*자료: 한국TV홈쇼핑협회
그래픽: 김지영 디자인기자

〈그림3〉 T커머스와 TV홈쇼핑의 비교 (머니투데이 2018.09.18.)
출처 : https://news.mt.co.kr/mtview.php?no=2018091718531786027

어떻게 설득해야 제대로 매출이 올라가는지 등을 TV홈쇼핑 못지않게 연구하고 공부해야 한다.

그렇기에 쇼핑 트렌드에 누구보다 민감한 쇼호스트들은 이미 발 빠르게 모바일쇼핑 시장으로 진출했다. TV홈쇼핑에서 이미 유명한 쇼호스트들도 모바일커머스에서 왕성하게 활동하는 모습을 쉽게 찾아볼 수 있다. 쇼호스트들은 화려한 방송 경력만큼 퍼포먼스 또한 뛰어나다. 거기다가 이미 방송으로 이름을 알린 인플루언서 중의 인플루언서다. 기본적으로 카메라 앞에서 매력적으로 정보를 전달할 수 있는 이미지와 재능을 타고난 사람들이다. 마케터의 명확한 기획 포인트만 그들에게 잘 전달된다면 그 포인트가 방송현장에 그대로 녹여지는 것쯤은 식은 죽 먹기다.

말하고자 하는 바는 이것이다. 라이브커머스가 기술적으로는 완전히 다르다고 볼 수 있지만, 셀러에게 요구하는 역량은 쇼호스트와 크게 다르지는 않다. TV에 대한 인식이 예전과 많이 달라진 요즘, 수많은 쇼호스트들이 라이브커머스의 세계로 달려 나오는 것은 어찌 보면 당연한 섭리인 셈이다.

## ⏻ 쇼호스트만이 라이브커머스 셀러가 되는 걸까?

많은 기업이 라이브커머스 시장을 이용하는 만큼 라이브커머스 시장에서도 쇼호스트는 중요한 존재다. 라이브커머스 시대 성과 창출 경쟁력은 라이브 쇼호스트의 역량이 되었다. 쇼호스트는 소비자에게 물건을 소개하는 것은 물론, 시청자의 질문이나 요구에 즉각적으로 피드백할 수 있는 능력이 요구되기 때문이다. 심지어 몇몇 기업에서는 아예 라이브커머스 전담 '모바일 쇼호스트'를 모집하고 있다. 네이버쇼핑 라이브 등 다양한 라이브커머스 플랫폼의 라이브 판매 방송에 대한 기획 및 송출, 쇼호스트 출연 지원 등을 제공하는 추세다.

그리고 그 지원만큼 요즘은 모바일 쇼호스트들 또한 물밀듯이 쏟아져 나오고 있다. 라이브커머스는 누구에게나 방송 기회가 열려 있기 때문이다. 꼭 숙련된 셀러가 아니더라도 방송을 켜는 것은 아무런 문제가 되지 않는다. 달리 표현하면, 특별한 자격이 없어도 모바일 쇼호스트라는 직업으로 활동할 수 있다는 이야기다. 방송경력이 없어도 누구보다 진행을 잘하는 쇼호스트나 인플루언서도 많다. 평소 주변 사람들에게 좋은 제품, 좋은 상품을 추천해 주는 것을 좋아하는 사람, 다녀온 맛있는 식당을 알려주고, 직접 사용하는 좋은 제품들을 알려주고 싶은 사람 등 모바일 쇼호스트는 이런 디테일한 특징 하나만으로도 출발할 수 있다.

라이브 커머셜 쇼호스트의 가장 중요한 자질은 쌍방향 소통이다. 일 방향에서 벗어나 시청자들과 함께 소통하면서 공감대를 형성, 물건을 판매할 수 있는 능력이 중요시되고 있다. 늘 소비자 입장에서 생각하며 상품에 접근하고, 물건을 '팔기'보다는 시청자들과 대화하며 진짜 궁금했던 것을 속 시원하게 해결해 주고 싶다는 마음이 있어야 한다. 때로는 동네 언니 같고 또는 동네 동생 같은 그런 친근감과 신뢰도를 쌓는 것이 매우 중요하다.

그렇다고 해서 라이브커머스는 모바일 1인 방송이기 때문에 개성만이 중요하다? 그건 천만의 말씀이다. 판매자 마음대로 개성껏 하는 것이 라이브라고 생각하고 있다면 말리지는 않겠다. 그러나 결과는 매출에서 알 수 있다. 아무런 전략없이 방송하는 셀러와 치밀한 전략하에 조금이라도 더 물건이 멋있게 나오고, 방송을 조금이라도 더 재밌게 나오도록 구성한 사람과 어떻게 매출이 같을 수 있겠는가. 라이브커머스는 모바일의 특성상 TV홈쇼핑보다 오히려 채널 집중 시간이 짧기 때문에 판매자는 더 전략적이고 영리하게 판매 방송을 해야 한다.

셀러는 혹시 모를 상황에 대비되어 있을 때 더 빛을 발하며, 투입 시간과 비용 대비 매출을 최대로 끌어올릴 수 있다. 그렇다면 당신이 전문 쇼호스트 과정을 수료한 것이 아닌 이상, 어디에서 승부를 보아야겠는가? 바로 기획이다. 고객들의 귀에 꽂힐 만한 셀링 포인트와 그 키워드를 엣지있게 어필할 수 있는 전략을 먼저 세우고 간다면, 전문 쇼호스트에게 주눅들 필요는 없다. 그 기획을 어떻게 짜야 하는지, 차근차근 저자의 경험담과 함께 밟아가 보기 바란다.

# 04

# 누가, 언제, 무엇을,
# 어떻게, 왜?

전통적인 형태의 e커머스는 제품 검색, 주문, 구매, 배송까지 해결해 주었다. 그러나 소통에 대한 욕구를 만족시키지는 못한다. 실시간 방송을 통해 판매자나 인플루언서에게 궁금한 점을 바로 질문하고 여과 없이 대화를 나눌 수 있는 라이브커머스가 등장했다. 라이브커머스는 안전하게 소통을 보장하는 동시에 시청자들의 온택트 욕구를 충족시켜 준다. 느끼도록 한다. 함께 라이브방송을 시청하던 소비자들끼리 대화하며 교감하기도 한다.

이 파트에서 이야기하고 싶은 것은 '교감'이다. 앞서 역사적 배경과 사회적 시대적 흐름을 설명했지만 우리와 상당히 동떨어진 이야기로 느껴질 수 있다. 라이브커머스의 '교감' 능력은 소비자를 사로잡는다. 제품 정보나 경험을 공유하는 방식이 직관적이며 실감나는 라이브 영상을 중심으로 바뀌고 있다. 라이브 영상의 장점은 현장감과 생동감이다. TV홈쇼핑과 유사하게 스튜디오에서 전문 인력이 진행하는 경우도 있다. 그러나 이는 라이브커머스의 일부분일 뿐이다. 라이브커머스에 참여하는 판매자가 증가하면서 제품과 콘텐츠도 다양해지고 있다. 이렇게 여과되지 않은 날것의 매력은 새로운 재미를 준다.

〈그림1〉 라이브커머스에서의 교감능력
출처 : https://www.holobase.io/research/5c9c69370381d7000166c684

그리고 이 '교감'이 신뢰로 이어진다. 제품의 산지, 공장, 매장 등을 둘러볼 수도 있고 판매자와 직접 소통하면서 제품의 속성과 품질을 보다 정확하게 판단할 수 있기 때문이다. 사전 제작이 완료된 동영상은 일방향 커뮤니케이션이다. 소비자가 아닌 판매자가 원하는 정보와 모습만 보여주기 때문이다. 그러나 양방향 소통인 라이브커머스는 실시간 방송에 참여하는 소비자의 질문이나 요구에 즉각적으로 반응하면서 관계를 형성하고 신뢰를 쌓을 수 있다. 앞서 라이브커머스가 무엇인지, 얼마나 커질 잠재력이 있는 시장인지 알아본 것을 토대로 하여, 여기서는 1인 셀러가 되기 위해 갖추어야 할 마인드를 설명하려 한다.

## ⏻ 누가 파느냐

시장에는 수많은 제품과 판매자가 경쟁한다. 라이브커머스가 아니더라도 그렇다. 그래서 현대 마케팅 환경에서 진정성은 매우 중요하다. 라이브커머스는 소통을 통해 진정성을 보여주고 신뢰를 얻는 데 효과적이다. 그리고 이 신뢰도가 쌓이면 '유명 셀러 OOO이 파는 물건'이라는 것 하나만으로도 네임밸류가 쌓인다. 이 온택트 시대에, '누가' 하나만으로도 사람들이 신뢰를 보인다는 것은 뛰어난 자산가치라고 할 수 있다.

따라서 물건뿐만 아니라 내가 '누구'인지를 보여주는 것은 굉장히 중요하다. 쇼호스트와 다르다는 것도 이런 의미에서다. 한마디로 라이브커머스 셀러만의 매력이 필요하다는 의미다. 매력이 곧 경쟁력이고 자산인 시대다. 컨텐츠나 상품이 중요하지 않다는 의미가 아니다. 라이브커머스 셀러는 상품을 잘 포장해 올려 두고 홍보를 해서 고객이 들어오길 기다리는 게 아니라 본인이 플랫폼 안팎을 가리지 않고 활동하며 '라이브커머스 셀러'로의 본인을 셀링해야 한다.

그래서 스스로에 대한 스토리텔링이 매우 중요하다. 그런데 막상 시작하려고 보면 1인 셀러로 어떻게 콘셉트를 잡아야 할지 난감할 수 있다. 상품의 장점만으로는 한계가 있다. 그리고 좋은 콘텐츠를 끊임없이 창출해 내는 것도 무리다. 꾸준히 그리고 점차 누적되는 구매자들로부터 최대의 구매 전환을 이루기 위해 만드는 전략이다. 그리고 그 과정에서 '나'라는 캐릭터를 잘 파악하는 것은 기본이다. 나는 어떤 특징을 가진 사람이고, 내가 좋아하는 것이 무엇이며, 내가 잘 팔 수 있는 판매 상품이 무엇인지 파악해야 한다. 그냥 온라인몰에서 스마트스토어 등을 여는 것과 달리, 라이브커머스에서는 인물, 특히 1인 셀러 단계에서는 내가 직접 '출연' 해야 하기 때문이다.

## ● 콘셉트를 좁혀라

두루두루 판매가능한 사람이 되는 것은 훨씬 나중의 일. 초기 셀러는 자신의 콘셉트를 명확하게 잡고, 점차 발견하게 되는 자신의 재능과 인사이트를 확장해 나가는 것을 권장한다. 판매방송의 콘셉트에 주 타겟이 고려되어야 하는 것은 물론이다. 물론 상품에 따라 주 타겟은 달라질 수 있다. 그러나 먼저 내가 상품을 주로 누구에게 팔 것인지를 명확히 하고 거기에 어울리는 나의 페르소나를 설정해 가야 한다.

예를 들어 내가 '화장품'에 대한 지식이나 관심이 많아 화장품 판매 셀러로 나서려고 한다고 가정해 보자. 같은 화장품이라도 기초화장품 색조화장품이 다르고 피부타입이 건성인지 지성인지 악성인지에 따라 다를 것이다. 아니면 유아와 어린이, 임산부를 대상으로 하는 순한 제품이 있을 것이고, 이런 부분에 그리 민감하지 않고 건강한 20-30대 여성을 위한 것인지에 따라서도 다르다. 남성용인지 여성용인지, 노년층용인지, 청장년층용인지, 기능성이라고 한다면 주름개선인지 수분공급인지 따라 천차만별이며 이에 따라 다른 콘셉트 또한 차별화를 두어야 한다.

20-30대를 위한 기초 화장품은 화장을 짙게 하지 않아도 단아함이

느껴지는 셀러가, 40-50대 주름개선 및 색조 화장을 위한 제품이라면 화려하고 말솜씨 좋은 셀러가, 남성용 기능성 화장품이라고 한다면 멀끔하면서도 와일드한 이미지의 남성 셀러가 떠오른다. 주 타겟 또한 이와 같이 다를 것이다. 연령층에 따라 차이도 있을 수 있겠지만 혼자 사느냐 4인가구가 함께 사느냐에 따라 다를 것이며, 선물용인지 본인 사용을 위한 것인지 따라서도 다르다.

#### ◉ 나와 내 방송에 어울리는 닉네임

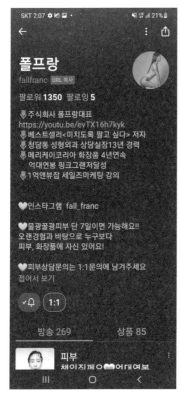

〈그림2〉 폴프랑 안은재

〈그림3〉 트렌드몬스터 이장우 박사

내 프로그램과 나의 셀러 이름을 정하는 것은 내 가게의 간판을 다는 작업이다. 배가 고파 식당가에 들어섰다고 해보자. 가장 구미가 당기는 곳은 어디인가? 일단 간판을 보고 결정하지 않는가. 사람이 있는지 없는지 기웃거려도 보고 냄새를 맡아도 보는 것은 그다음이다. 일단 여긴 어떨까라는 생각을 들게 하기 위해서 가장 중요한 것이 간판, 즉 닉네임을 정하는 일이다.

어떤 밥집은 기사식당의 분위기에 복작복작하고 단란한 분위기이겠지만, 어떤 밥집은 이탈리안풍의 고급 레스토랑 분위기를 자아내기도 한다. 그런데 기사식당이나 고급 레스토랑의 이름이 둘 다 '순심이네'라거나 '카를로스 비스트로'라고 해보자. '카를로스 비스트로' 기사식당과 '순심이네' 레스토랑은 아무리 생각해도 무엇을 파는 곳인지 선뜻 들어가기 힘들 수 있다.

별명은 단순히 호명을 위한 것이 아니라 그 안에 많은 정보를 담고 있다. 별명에는 인적 특성이 고스란히 반영된다. 또한 친밀감을 느낄 수 있고 기억하기가 쉽다. 나의 자원은 무엇인지, 무엇에 특화되어 있는지, 누구와 친밀하게 소통하고 싶은지를 생각해 보자. 꼭 상품과 관련되지 않았어도 괜찮다. 내가 동물이나 연예인과 닮았다면 거기서 별명을 따와도 좋다. 다만 의미를 담아주어야 한다. 나의 별명을 의미 없게 허비하는 것은 너무 아까운 일이다. 내 판매방송에 어울리는 기억하기 쉬운 홍보 채널이 곧 별명이다. 이것만 활용이 잘 되어도 소기의 목적은 달성했다고 볼 수 있다.

## ⏻ 언제 팔까

언제가 판매의 적기인지를 골라내는 것도 능력이다. 그러나 그전에 지켜야 할 것을 먼저 설명하겠다. 상품을 주기적으로 라이브방송을 통해 정해진 요일, 정해진 시간에 반드시 노출해라. 이것은 고객들과의 약속이다. 음식이 아무리 맛있는 맛집이라도 여는 시간대가 매일같이 다르면 고객의 발길은 끊기게 된다. 성실하라. 그것이 내 커머스를 성장시키는 힘이다. 너무 당연한 얘기지만 방송을 언제 하는 것이 좋을까? 한번 생각해 보자.

### ▶ 남들이 쉴 때 나는 일하는 시간

21년 3월 1일 휴일, 네이버에 오전 방송을 단 한 명만 했다. 남들처럼 쉬고 있을 때 자신도 쉬고 싶을 것이다. 그리고 많은 사람들이 쉬는 이유가 있을 것이다. 하지만 다른 사람들이 쉴 때 라이브방송을 해야 한다. 남들 일하는 평일 낮에는 방송을 해도 대부분의 시청자는 주부들이 볼 거고 주부들이 구매해 주는 제품이라면 그나마 괜찮다. 하지만 휴일에 남들이 시간이 남아서 이런저런 방법으로 휴식을 하면서 시간을 보낼 때 나는 라이브방송을 해야 한다. 경쟁이 적어서 고객들이 더 몰리게 된다. 우연하게 들어와서 시청하게 되는 것이다. 이럴 때는 불특정다수를 대상으로 하는 제품이 좋다. 다양한 사람들이 구매하는 식품이나 의류가 적당할 것이다. 네이버에서 혼자 방송하니까 제일 큰 화면으로 단독으로 라이브방송을 송출해 준다. 네이버 라이브방송에 시청자들이 아무리 많아도 송출되는 라이브방송이 많은 것보다는 시청자가 적은 시간대라도 혼자 방송하는 게 훨씬 반응이 좋다. 라이브방송의 장점인 집에서 가볍게 방송을 할 수 있다는 점을 잘 활용해서 남들이 집에서 시간을 보내고 있을 때 라이브방송을 해보는 것을 적극 추천한다.

## ▶ 상품에 어울리는 시간대

상품에는 잘 맞는 요일과 시간대가 있다. 상품뿐만 아니라 내가 판매하려는 대상, 타겟에 따라 달라질 수 있다. 예를 들어 내가 '골프용품'을 판매하려고 한다. 그럼 잠재적 구매자가 방송을 볼 수 있는 시간에 방송을 해야 한다. 그런데 애매하게 평일 오후 3시에 방송을 연다고 해보자. 골프를 주로 치는 사람들은 누구인가? 최근에는 젊은 층에서도 많이 치지만 그래도 주 고객층은 운동이 가능한 정도의 40-50대 직장인, 임원진 층이다. 되도록이면 퇴근 시간에 차 안에서 편안하게 보거나, 아니면 집에서 여유를 누리며 볼 수 있는 시간이 더욱 좋지 않을까? 골프 방송이 주말 낮 오전에 올라오는 것은 다 이유가 있어서다. 반드시 평일에 팔아야겠다면 최소 퇴근 시간까지 고려하는 것이 맞다.

## ▶ 단골이 없을 때

시간은 곧 약속이고, 약속을 잘 지키는 사람에게 신뢰가 생기는 것은 사람 간의 당연한 이치다. 그러다 보면 단골이 생기고, 처음에는 버벅거리던 멘트도 술술 나오게 된다. 단골 시청자가 있다면 닉네임을 말해주며 친근감을 표시하는 것도 좋다. 결국 친한 사람에게는 뭐 하나라도 더 팔아주고 싶은 것이 인지상정이다. 만약 단골이 없다면? 이 시간대에 잘 들어올 것 같은 고객을 대상으로 이야기를 나눠보라.

> "야식이 땡기는 이 시간, 넷플릭스 보면서 먹기 좋은 볶음국수 한번
> 보실래요? 저는 이 제품을 어떻게 먹느냐면요. (젓가락으로 면을 휘감
> 으며) 이렇게 해서 한 입에 쏙~"

고객의 많고 적음을 따지기보다 이들과 소통을 하는데 주력해야 한
다. 시간 약속도, 그리고 타겟층이 좋아할 만한 시간대를 고르는 것도
결국 라이브커머스만이 가질 수 있는 장점이다.

물론 적기가 아닌 시기를 적기로 만들어버리는 방법도 있다. 타임특
가 세일이다. 이목이 확 집중되면서 '지금 아니면 안돼!'라며 소비자가
오히려 그 시간을 기다리게 만드는 방법이다. 이 외에도 소비자의 시간,
'언제'를 잡아두는 방법은 많다. 그것이 셀러의 역량이고 영향력이다. 그
리고 그 배경에는 '신뢰'가 있음을 잊지 않길 바란다.


## ⏻ 무엇을 팔까

누가 파느냐 만큼 중요한 것이 무엇을 파느냐이다. 무엇을 팔 것인가가
곧 나의 정체성이다. 라이브커머스에서 콘텐츠와 스토리텔링의 중심은
어쩔 수 없이 '상품'이 된다. 상품과 관련 없는 콘텐츠는 도태되기 쉽다.
잠깐은 기발하고 재미있다가도 판매로 이어지지 못하기 때문이다. 라이
브커머스에서는 판매 상품을 선정할 때 지속적인 콘텐츠를 만들 수 있는
것, 내가 관심 있어 하며 내가 잘 팔 수 있는 것을 선정해야 한다. 한번

유입된 구매자들이 구매에 만족한다면 지속적으로 나의 상품을 구매해 줄 잠재 고객이 될 가능성이 높으므로 내가 좋아하고 관심 있는 상품을 팔아야 한다.

〈그림4〉 내가 좋아하는 것을 팔자!

그러나 내가 좋아한다고 내가 팔 수 없는 것을 팔아선 안 된다. 다시 말하면, 나와 어울리지 않는 물건을 파는 것은 아무 의미가 없다. 고객들은 실제 생생한 사용감을 보고 싶은 것인데, 나와 관련 없는 물건을 보여주어 봤자 금방 돌아서게 되기 때문이다.

의류의 경우 구입할 때 직접 옷을 입어 볼 수 없는 고객을 대신해 입었을 때의 모습을 보여주거나 다양한 각도에서의 모습을 보여줄 수 있고, 컬러별 느낌 차이를 보여주거나 다양한 코디를 보여주기도 한다. 그런데 여성 옷을 파는 남성 셀러가 있다고 해보자. 반짝 화제는 되겠지만 다른 여성 셀러에 비해 메리트가 있다고 보기는 힘들 것이다. 같은 여성복을 남성 1인 셀러가 옷을 보여주며 설명만 하는 것. 이것은 텔링(telling)이다. 여성 1인 셀러가 직접 입은 모습을 보여주며 옷을 판매하는 것. 이것이 쇼잉(showing)이다. 구매자들은 어떤 방송을 더 끌린다고 느끼겠는가. 텔링과 쇼잉 중에 더 구체적인 조언과 정보라고 생각하는 것은 어느 쪽일까? 연극에서도 과거에 있었던 일을 배우들이 그랬다더라며 말로 하는 것과 재연하는 것에 대한 반응이 다르다. 하물며 마음을 움직여 구매욕구를 불러일으키는 것은 텔링일까, 쇼잉일까.

온라인 스토어에서는 잘 팔릴 만한 것을 떼어 왔다가 그저 팔면 됐었다. 설명도 업체에서 제공하는 만큼만 보여주고 물건 판매와 배송, A/S만 잘 해주면 되니까. 그런데 라이브 스토어에서는 절대 그럴 수가 없다. 내가 관심이 있을 뿐만 아니라 내가 이용해 보고 좋다고 느낀 것, 거의 나와 동일시되는 것을 팔아야 한다. 물론 여성복을 너무 잘 알아서 누구보다 기똥차게 옷에 대해 패션 트렌드를 담아 잘 설명하는 남성도, 살림 한 번 해보지 않았지만 그런 나조차도 어려움 없이 살림을 할 수 있게 도와주는 상품이라는 콘셉트로 방송을 풀어나갈 수 있겠지만 게스트 없이 1인 셀러로서 혼자 상품을 충분히 설명하고 판매해야 하는 초기 단계에서 효율적인 선택이라 보긴 어렵다. 판매하는 상품은 고객이 기대하는 셀러의 정체성 그 자체가 된다. 따라서 내가 좋아하는 카테고리나 되고 싶은 셀러의 이상적 모습이 아니라, 내가 방송의 기획부터 출연까지 모두를 담당해야 하는 1인 셀러로서 가장 자신 있게 상품을 설명하고 내게 어울리는 상품 카테고리를 골라야 한다.

어떤 카테고리의 물건을 팔 것인지 확정한 다음에는 어떤 테마로 나를 표현할 것인지를 정해야 한다. 1인 셀러를 통해서 물건을 산다는 것은 사람들이 단순히 물건을 구매하는 것이 아니라, 셀러의 라이프 스타일 조언이나 좋은 상품을 셀렉해서 제안하는 안목을 믿기 때문이다. 판매방송을 진행할 때 '어떤 테마로 사람들을 사로잡을 것인가?', 더 나아가 '어떤 테마로 사람들을 지속적으로 내 고객으로 유지할 수 있을 것인가?'에 대한 방향 설정이 필수적이다.

## ⏻ 어떻게

*사람들은 상품을 사는 것이 아니라 기업이 문제에 접근하는 방식을 구매한다.*

—버나뎃 지와

어떻게 팔까. 내가 팔 대상을 고려해 보라. 의외로 답이 빨리 나온다. 물론 다양한 상품을 많은 사람들에게 최대한 많이 파는 것이 좋겠지만, 판매 채널은 너무나도 많다. 그렇게 좋은 상품이라면 쿠팡에서 사든 백화점에서 사든 다 똑같은 것이 아닌가? 그런데 왜 나한테서 사야 하는가? 내가 팔려는 물건을 구매하는 이들은 무엇을 좋아하는가? 고객이 나에게서 살 이유가 있으려면, 내가 상품에 접근하는 방식이 차별화되어야 한다.

우선 상세하게 제품에 대해서 따져보자. 고객의 요구사항에 맞추어 어떠한 정보를 주어야 하는지 먼저 꼼꼼하게 정리해 보는 것이다.

| 고객의 요구 | 준비해야 하는 정보 |
|---|---|
| 누구에게 필요한 것인가? | 잠정 고객의 연령대, 지역, 직업, 역할 등 |
| 사용하기 좋은 시기는 언제인가? | 계절, 이벤트 시기, 유행 등 |
| 얼마인가? | 가격, 할인율, 경쟁사와 비교, 최저가, 특가세일 시기 등 |
| 예쁜가? 실용적인가? | 인체공학적 디자인, 제조 과정, 외관상 특징, 소재 등 |
| 안전한가? | 판매처, 유통기한, 제조일자, 제조 과정, 치명적인 병력 등 |

위의 리스트 외에도 소비자의 궁금증이 더 있을 수도 있고 또는 상품에 따라 불필요한 내용일 수도 있다. 중요한 것은 판매하는 제품을 중심에 두지 말고 구매층을 중심에 두고 생각해야 한다는 점이다. 주 소비층에 대해 상상하고 그들의 환경을 분석하는 것이 우선이다.

### ◉ 안 사려고 했는데, 사게 되네?

위와 같은 방법은 물건을 제대로 팔려는 사람들에게는 당연한 일이다. 그럼 여기서 한 가지 더. 특정 대상을 한정하는 순간, 그 물건은 원래 사려던 사람들만 사게 만든다. 라이브커머스의 장점은 소통. 살 생각이 없었던 사람들도 홀려 버리는 기술이 필요하다. 이것은 단순히 '말빨'의 문제가 아니다. 우선적으로 제품에 대한 믿음이 있어야 한다. 그리고 두 번째는 단점을 장점으로 강화해야 한다. 안 사는 사람들은 왜 안 사는가?

*"너무 많이 사다 놓으면 집에 자리만 차지하잖아요."*

이런 이야기를 들었다고 '아, 그러시구나' 하고 포기할 생각인가? 말해줘라. 선물하라고.

"명절날 주변에 선물 안 할 수도 없고 뭔가 주긴 줘야겠는데 그렇다고 햄세트? 성의 없을 것 같고, 올리브유? 너무 식상하잖아요. 이번 빅세일 상품 사 놓으면 걱정이 없어요. 명절 선물로 얼마나 센스 있어요? 지금 안 사시잖아요? 이제 명절 당일에 생각날걸요. '그때 살걸!' 하고."

*"저는 초딩 입맛이라 안 달면 안 먹어요."*

"잘 생각해 보세요, 이게 진짜 딱이에요. 시중에 나가서 음식 먹으면서 내 입에 딱 맞게 간 잘되어 있는 음식 있어요? 찾기 너무 힘들어요. 또 단거 먹고 싶은 날이 있으면 매운 거 먹고 싶은 날도 있고 다 다르잖아요. 이 음식은 간이 약하게 되어 있어서 조금 달게 먹고 싶으면 올리고당 약간 넣으면 되죠. 맵게 먹고 싶으면 고춧가루 약간만 뿌리면 돼요."

안 사는 이유를 사야 하는 이유로 만들어버려야 한다. 생각을 전환시켜야 한다. 제품을 사지 않는 이유가 있는 고객은 바꾸어 말하면 그 점만 개선되면 살 의향이 있다는 뜻이다. 식당에서 가장 무서운 고객은 젊은 남자 고객이라는 말도 있지 않은가. 잘못되어도 아무 피드백 없이 그냥 나가버리니까. 사지 않는 이유를 말하는 사람을 잡아라. 그 사람이 나중에 충성 고객이 된다.

## ▶ 다른 채널에서는 안 그렇던데

사지 않는 이유 이야기를 하니 떠오른다. 제품을 팔다 보면 경쟁사와 꼭 비교를 하는 경우가 생긴다. 그래서 특정 물건을 팔기 전에 경쟁사와의 비교가 필요하다. 한마디로 셀링 포인트를 찾아야 한다. 앞서 이야기했다. 왜 나에게서 사야 하는가를 찾으라고. 가격이 싸니까. 품질이 좋으니까. 양이 많으니까. 기능이 더 많으니까. 모든 상품의 장점이나 특징을 나열해 보면 어떤 것보다 월등히 뛰어나고 좋은데 싸게 파는 물건은 없다. 내 물건이 싸다면 그 점을 판매 전략으로 삼으면 되는 것이고, 내 물건이 더 비싸다면 무언가 하나는 경쟁사에 비해 특출난 부분이 있으니 가격이 있는 것이다. 그러니 기본적으로 경쟁사와의 제품 비교는 꼭 해보고 판매하길 바란다.

그리고 소비자가 먼저 경쟁사와의 비교를 하는 이유를 기억해라. 내 제품에 관심이 있기 때문이다. '나에게 왜 네 물건을 사야만 하는지 이유를 만들어줘!'라는 신호이다. 왜 비교를 하냐며 억울해하거나 속상해서 손님을 놓치는 일은 없어야 한다.

## ▶ 상품은 내 목숨과도 같이

상품을 소중하게 다루면 보는 이들도 그 상품의 가치를 높게 평가한다. 자존감이 높은 사람과 자존감이 낮은 사람이 있다면 어느 쪽을 더 높게 평가하는지는 말하지 않아도 알 것이다. 스스로 사랑하는 만큼 상품을 사랑해 주어야 한다.

조금 더 쉽게 말하면, 따뜻해서 모락모락 김이 나야 할 음식을 방송하겠다고 오래 방치했다가 다 식은 채로 내보낸다거나, 예쁘게 입고 나가야 할 옷을 다려 놓지도 않은 채 꾸깃꾸깃한 채로 두지 말라는 의미다. 보기 좋은 떡이 먹기 좋고, 동대문 상가에서 안 살 거면 만지지 말라며 전시된 옷에 예민하게 반응하는 데에도 다 이유가 있다.

하나 더! 상품에는 저마다의 짝꿍이 있다. 음료에는 유리컵이, 한 끼 음식에는 수저가 필요한 것처럼 말이다. 또는 상품의 디자인 등에 따라 어울리는 분위기가 따로 있다. 조명까지 합쳐지면 환상적이다. 최적의 짝꿍을 찾아 세팅해 주는 것을 잊어서는 안 된다.

## ⏻ 왜?

스스로를 설득시켜라. 이 제품을 나는 왜 파는가를 말이다. 나부터 믿지 않으면 상품을 팔 수가 없다. 재미있게도 방송되는 내 모습 안에서, 내가 아무 말하지 않아도 사람들은 무언의 수많은 정보를 얻어간다. 그리고 나의 반응에 무언가 이상함을 느꼈을 때, 그들은 의심을 한다. 당신이 왜 이 물건을 팔아야 하는지 스스로 납득시켜라. 어떤 매개체를 통해서 팔든, 우리는 셀러다. 셀러의 기본 소양은 하나뿐이다. '신뢰.' 공감이 있을 때 신뢰가 생기고 그래야 판매가 된다.

## 05

# 한 시간에 천만 원, 가능할까?

"시간은 돈이다."라는 격언은 우리에게 익숙하다. 벤저민 프랭클린이 한 말이다. 어릴 때 이 말을 들었을 때는 그저 시간이 소중하다는 뜻으로만 이해했었다. 소중한 시간을 허투루 보내지 말자. 이렇게만 생각했다. 시간은 우리에게 한없이 많은 것인 줄 알았고, 너무나 느리게 흘러가기 때문이다.

그러나 머리가 크고, 직장 생활을 하다 보니 진정한 의미를 알게 되었다. 이 표현을 좀 더 분석하자면 우리는 결국 우리의 '시간'과 '돈'을 맞바꾼다는 소리다. 그런데 직장생활의 의미를 깨닫게 되는 순간이 왔다. 나는 문득, 정말 소중한 시간을 너무 적은 돈과 바꾸고 있다는 생각을 하게 됐다.

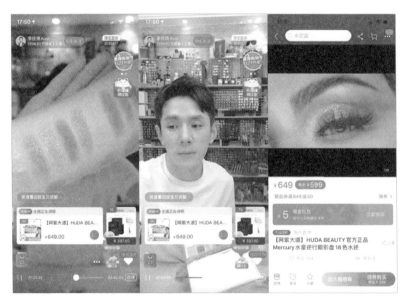

〈그림1〉 중국의 톱 뷰티 인플루언서 Jaiqi Li
출처 : 포브스 https://www.forbes.com/

가족들과의 오붓한 시간, 친구들과의 추억 여행, 갖가지 모든 것들이 돈으로 보이기 시작했다. 평범하지만 기억에 남을 만한 수많은 일들이 회사의 강압에 의해 돈으로 환산되고 있었다. '이럴 시간에 일이라도 더 했으면 그게 얼마야?'라고 생각하며 가족을 소홀히 대하게 되었고, 친구들과 여행을 떠나는 비행기 안, 기차 안, 차 안에서 노트북을 켜며, "너희끼리 이야기하고 있어. 나는 이거 오늘 마저 끝내야 해서."라며 커리어우먼 티를 팍팍 냈던 그 시절. 나는 시간이 돈인 것은 알았지만 무엇이 더 가치 있는 일인가는 전혀 몰랐던 때였다.

돈을 모아났다고 해도 소득은 어떻게 더 늘려야 하지? 나이를 더 먹으면 일도 못할 텐데. 내가 언제까지 살 줄 알고? 여유가 없어지니 일도 더 잘 되지 않고, 주변에 짜증도 늘고 자꾸만 화가 났다. 나는 그때 너무 많은 것을 단단히 착각하고 있었다.

시간이 돈이라고 했다. 돈이 시간이 아니라, 돈을 아끼고 사랑할 것이 아니라 내 시간을 아끼고 사랑해야 했던 것이다. 내 시간에는 더욱 가치 있는 것들을 채우기 바빠야 했다. 가족, 친구, 이웃을 만나며 더 가치 있는 것을 해야 했다. 그런데 나는 돈을 아끼고 돈을 버는 것이 내 시간을 아끼고 버는 것이라 생각했던 것이다. 마음을 달리 먹은 이후 내 삶은 완전히 달라졌다. 돈도 중요하지만 스스로의 인생과 행복이 더 중요했다.

내 인생에 행복한 기억을 남길 수 있는 일이 있다면 잠깐 멈춰도 하루는 건너 뛰어도 괜찮다고 생각해야 한다. 너무 조급해 할 필요 없이 해야 할 때 열심히 하고, 쉴 수 있는 시간을 만들 수 있는 '여건', '환경'이 중요한 것이다. 그리고 그 여건과 환경은 무엇으로 만들어지는가? 그게 바로 '돈'이다.

은퇴를 맞이하신 분들 중 연금도 꼬박꼬박 나오고 노후 대비가 잘 되어 있는 분들도 많이 봐왔다. 그런데 이분들 중 많은 분들이 일을 그만두고 허탈감과 우울증을 느낀다. 인생에 낙이 없고 취미가 잘 안 생긴다고 한다. 자식들과 가족들 먹여 살리느라 밤낮으로 일을 했고 시간을 돈으로 바꿔왔지만 이제 그 많은 시간을 오롯이 자신의 것들로 채울 수 있는데도 불구하고 취미 하나 하고 싶은 것 하나 없다는 사실이다. 나는 이것이 인생의 가치를 잘못 매겼기 때문이라고 생각했다. 더 이상 나에게 아무 가치 없는 일에 몰두하는 삶을 만들지 않으리라 다짐했다.

그렇다고 '돈'이 가치 없는 것이냐? 그런 의미는 아니다. 내 인생, 내 시간이 얼마만큼의 가치를 갖느냐 하는 것을 수치로 보여주는 것이 결국 '돈'이다. 나는 얼마나 생산적인 인간인가. 쉽게 말해서 나는 내 시간에 다른 사람들보다 얼마만큼의 '돈'을 벌 수 있는가. 나는 내가 한 시간에 천만 원의 가치는 지닌 사람이라고 생각한다.

직장인과 오프라인 사업자는 한 시간에 천만 원을 벌 수 있다는 말에 결코 동의하지 못할 것이다. 그들의 말도 맞다. 직장인이 혁신적인 프로젝트에 성공해도, 사업자가 하루 2,000그릇이 넘는 음식을 팔아도 시급 천만 원에 도달하는 것은 불가능하기 때문이다. 개인의 능력이 아무리 뛰어나다 하더라도, 시간과 공간의 제약을 거스를 순 없다. 시공간이 그들의 시급을 제한한다. 그리고 시공간의 제약을 뛰어넘는 가치를 창출할 수 없다면, 냉정하게 이야기해서 그만큼이 그들의 가치다.

*그렇다면 정말 '시급 천만 원'은 현실에서 일어날 수 없는 뜬구름 잡는 소리일까.*

시대가 흐르고 제도가 변하면 생각도 변해야 한다. 2021년 기준 대한민국의 최저 시급은 8,720원. 이것을 월급으로 환산하면 1,795,310원, 연봉으로 환산하면 약 2,150만 원이다. 물론 우리나라 직장인의 평균 월급과 연봉은 이 수치보다 높을 수밖에 없다. 위의 데이터는 어디까지나 최저 시급으로 분석한 결과이기 때문이다.

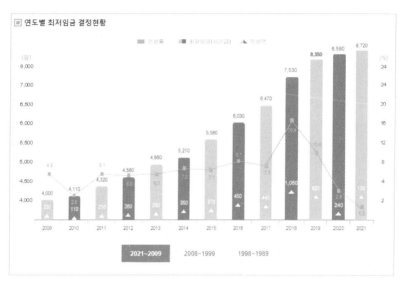

〈그림2〉 대한민국 최저시급제도 출처 : 네이버 최저임금위원회

　그렇다면 월급의 기준은 무엇일까? '월급'의 기준이란 '개인의 생산성' 이다. 내가 1시간에 얼마만큼의 생산성을 증명할 수 있느냐가 시급을 만들고, 그것이 월급과 연봉으로 귀결된다. 남들이 쉽게 해낼 수 없는 일을 해내기 위해 노력하는 대기업 취업 준비생, 높은 월세를 내면서도 영업을 이어가는 번화가의 음식집의 공통점은 무엇일까. 모두 정해진 시간 안에서 최대한의 생산성을 끌어내기 위해 어쩔 수 없이 고통의 시간을 감내한다는 점이다. 그래서 이들에게는 한계가 있다.

　개인이 아닌 기업의 단위로 넘어가보자. 배달의 민족, 화해, 무신사 등 성공한 e커머스 기업들의 시급은 천만 원을 뛰어넘는다. 어떻게 가능한 일일까. 시공간의 제약을 받지 않는 온라인 시장에 뛰어들었기 때문이다. 온라인 시장에 뛰어들고 능력을 펼쳐, 생산성을 증명해낸 셈이다. 이제 다시 한 번 스스로에게 물어보자. 나의 한 시간이 정말 이만큼의 값어치도 없는가?

독자들도 그리고 필자 역시도 그만한 가치는 있는 사람이라고 생각한다. 이제 열심히 발로 뛰며 애를 써야 많은 돈을 버는 시대는 지났다. 서울에 있는 사람이 부산에 있는 사람을 만나는 데에 1초도 걸리지 않는 세상이다. 한 사람이 동시에 100명, 1,000명을 만나는 것 역시 어려울 것 없는 세상이다. 정말 이런 나의 한 시간이 천만 원의 가치도 없을 것이라 생각하는가?

우리가 온라인 시장으로 눈을 돌린다면, 시급 천만 원도 불가능한 목표가 아니다. 누구나 쉽게 접할 수 있는 접근성과 시간과 공간에 구애받지 않고 수익을 창출해 낼 수 있는 온라인 시장의 특징이 우리를 도와줄 것이다. e커머스 시장의 확장과 같이 라이브커머스 시장 또한 폭발적으로 성장하고 있다. 지금 이 시간에도 라이브커머스 시장의 경쟁은 치열하고 혁신적인 판매 전략과 새로운 쇼 진행자가 거듭 등장하고 있다. 이들이 자신의 생산성을 구매자 앞에서 '증명'해 낸다면 시급과 월급, 연봉의 제약은 존재하지 않을 것이다.

## ⏻ 내가 돈을 쫓지 말고, 돈이 나를 쫓게 하라

구매자 앞에서 생산성을 증명해 내는 방법이 나의 시급을 결정하는 가장 중요한 잣대다. 그 증명을 이뤄내는 방법에는 무엇이 있을까. 첫걸음은 판매할 상품을 결정하는 선구안이다. 많은 판매자가 팔고 있는 상품, 소위 '인기 있는 상품'을 판매하기로 하는 것은 양날의 검이다. 일정한 수익을 낼 수 있다는 긍정적인 가능성도 있지만, 수익이 정해진 범위를 벗어나지 못한다는 단점이 있다. 최악의 경우에는 나보다 인지도가 높은 판매자에게 경쟁력에서 밀려 낮은 수익을 기록할 가능성도 있다. 그렇다고 해서 남들과 차별화된 지나치게 특이한 상품을 판매하는 것이 능사일까. 그렇다는 보장은 없다. 물건에 대한 명확한 이해와 시대의 흐름을 읽을 수 있는 능력이 없다면 소비자는 도대체 저 물건을 왜 사야 하는지 의문만 가질 것이다.

이 사이의 간격을 포착해 낼 수 있는 선구안이 필요하다. 판매하려고 마음먹은 제품에 대해 나 자신이 만족한다면, 그것이 자신감이 되어준다. 힘이 실린 목소리와 억지로 팔아야 한다는 마음에 새어 나오는 목소리는 그 근본부터가 다르다. 소비자는 누구보다 빠르게 그 미묘함을 눈치 챌 것이다. 좋은 물건을 선택하는 것, 그것이 내 가치를 증명해 내는 첫 번째 방법이다.

좋은 물건을 선택했다면 구매자에게 팔아야만 수익으로 연결된다. 여러 전략이 있겠지만, 가장 흔하게 접하는 실수는 바로 반복과 과잉 설명이다. 좋은 판매자는 좋은 작가와 같다. 물건을 판다는 행위 자체가 좋은 문장으로 이루어진 한 편의 글을 쓰는 것과 같기 때문이다. 훌륭한 작가는 퇴고를 두려워하지 않는다. 자신이 작성한 문장을 과감하게 쳐내고 삭제하는 것을 두려워하지 않는다. 구태여 설명할 필요가 없는 문장을 구분해 내고 골라낸다. 자신이 열심히 작성한 초고 일부라 하더라도 말이다. 훌륭한 판매자 역시 '해야 할 말'과 '하지 않아도 되는 말'을 구분하는 능력을 갖췄다. 여기서 중요한 것은 '필요 없는 말'이 아니라 '하지 않아도 되는 말'의 차이다. '필요 없는 말'을 하는 판매자는 아무도 없다. 그러나 경험이 부족한 판매자는 '하지 않아도 되는 말'이 '해야 할 말'이라고 생각해 열심히 제품을 홍보한다. 그리고 낮은 수익에 좌절한다.

여성용 화장품이 피부에 좋은 성분으로 만들어졌고, 세안 후에 순서대로 바르는 것을 누구나 알고 있다. 구태여 이 지루한 이야기를 반복해 구매자의 흥미를 떨어뜨릴 이유는 없다. 그 시간에 이 화장품이 다른 화장품과 비교했을 때의 가장 큰 차이점을 설명하는 것이 현명한 전략이다. 구매자들이 알고 있는 정보를 반복해서 설명해서는 안 된다. 채팅의 반응을 유심히 살피고, '해야 할 말'과 '하지 않아도 되는 말'을 즉각적으로 구분해야 한다. 대본 쓴 것이 아까워서, 괜히 불안한 마음에 이 둘을 구분하지 못한다면, 지루한 책을 덮는 독자와 같이 구매자는 '나가기' 버튼을 누르게 된다.

판매되었다면 끝이냐, 그럴 리 없다. 그 이후 고객관리 역시 내 가치를 증명하는 방법이다. 컴플레인이 들어올 수도 있고, 그 이후 상품 문의가 또 들어올 수도 있다. 이들을 관리하는 능력이 있어야 그 값어치가 지속되는 것이다. 판매부터 환불 및 재구매까지, 완벽한 파이프라인만 구축된다면 그다음부터는 일이 매우 쉬워진다. 간단한 프로세스만 거친다면, 돈은 파이프를 타고 우리에게 자연스럽게 도착한다. 우리가 돈을 쫓는 것이 아니라 돈이 우리에게 알아서 올라온다.

## ⏻ 내 가치가 결정되면 삶의 여유가 생긴다

우리가 가진 시간 속에서 그 무엇보다도 가치 있는 것이 '나 자신'이다. 내가 하고 싶은 것, 내가 좋아하는 것, 내가 원하는 것을 얻으며 살아가기 위해서는 내 가치를 증명해야 한다. 그리고 자본주의 사회에서 내 가치를 남들에게 여실히 증명해 주는 것이 '돈'이다. 결국 '시간이 돈'이라

〈그림3〉 나는 시간당 얼마의 가치가 있는 사람인가?
출처 : 실물 천만 원  https://www.vingle.net/posts/2811942

는 말은 '내' 시간이 '돈'이라는 말이며, '돈' 그 자체에 매몰되기보다는 '돈=가치있는 것'이기에, 내가 얼마나 가치 있는 존재인지를 증명해 내라는 말이다.

내가 가치 있는 존재가 되면, 내가 시간을 쓰는 대상들 역시 그 가치가 올라간다. 시급 1만 원의 사람이 친구들과 보내는 두 시간은 2만 원의 가치를 지닌다. 그러니 같이 밥 먹고 차 마시면서도 2만 원이 넘으면 손해를 보는 것이라서, 전전긍긍하게 된다. 결국 2만 원이 넘으면 손해인 사람들끼리 모여 2만 원 이내의 두 시간을 보내게 된다. 내 가치가 부족하면 내 지인들 앞에서 궁색한 모습만 보이게 되고, 내 사람들 역시 그만큼의 사람으로 대하게 된다. 그러나 내가 한 시간에 천만 원의 가치가 있다면? 같이 보내는 두 시간 동안 무슨 걱정이 있겠는가. 남들에게 오히려 대접을 하게 된다. 그러니 이들의 시간 또한 그 이상의 가치를 지니게 된다.

실제로 라이브커머스를 시작하고 나서, 한 시간에 천만 원의 가치 창출은 이제 당연지사가 되었다. 내가 특별해서가 아니다. 프롤로그에서도 이야기했지만, 나는 그저 평범한 사람일 뿐이다. 당신도 가능하다. 아직 실천에 옮기지 않은 것뿐이다.

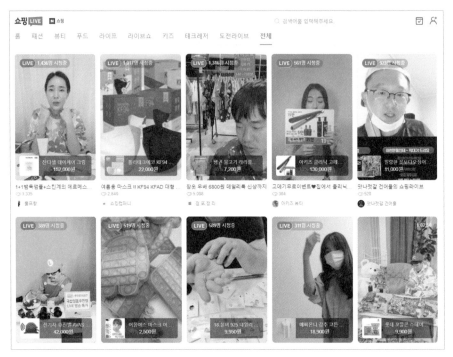

〈그림4〉 네이버쇼핑 라이브 전체 1위 중인 폴프랑 (2021.05.07. 외 다수)

이 책을 통해 여러분이 한발 더 도약할 수 있기를 바라며 다음 파트를 작성했다. 셀러로 성장하기 위한 기초부터 함께 닦아 올려보자.

part
2

◎LIVE

라이브커머스,
셀러로
도약하기

쇼핑 트렌드에 민감한 쇼호스트들은 이미 발 빠르게 모바일쇼핑 시장으로 진출했다. TV홈쇼핑에서 이미 유명한 쇼호스트뿐만 아니라 입담 좋은 개그맨, MC들 또한 모바일커머스에서 쉽게 찾아볼 수 있다. 화려한 방송 경력만큼 퍼포먼스 또한 훌륭하다. 반면, 일반인 모바일 셀러 또한 무수히 등장하고 있다. 쇼호스트 아카데미 과정을 굳이 밟지 않아도 예전보다 쉽게 모바일을 통해 방송 진출이 가능하다. 라이브커머스는 누구에게나 방송 기회가 열려 있고 진입장벽이 낮은 만큼 꼭 숙련된 셀러가 아니더라도 방송을 할 수 있다.

달리 표현하면, 특별한 자격이 없어도 셀러라는 직업을 가질 수 있다는 뜻이다. 방송 경력이 꼭 진행력을 보장하는 것은 아니어서 적성인 양 진행을 잘 하는 인플루언서도 많다. 하지만 내가 진행자 겸 판매자라면 혹시 모를 상황에 항상 대비해야 한다, 투입 시간과 비용 대비 매출을 최대로 끌어올려야 한다.

이때, 가장 필요한 건 역시 기획이다. 방송 경력이 조금 부족해도 방송진행을 잘 할 수 있는 기획을 사전에 충분히 협의한다면 그래도 만족스러운 결과를 얻을 수 있다. 기본적으로 쇼호스트들은 카메라 앞에서 매력적으로 정보를 전달할 수 있는 이미지와 재능을 타고난 사람들이다. 이들과의 경쟁에서 살아남는 방법이 기획이다. 마케터의 명확한 기획 포인트가 대본에 녹아 있다면, 방송 현장에서도 전달이 쉬워진다. 라이브커머스 방송만큼 기획보다 더 시급한 일은 없다. 고객들의 귀에 꽂힐 만한 셀링 포인트와 그 키워드를 엣지 있게 어필할 수 있는 전략이 지금 당신에게 가장 필요하다.

# 가게 오픈 전,
# 사전 준비

퀴즈부터 ASMR까지, 판매만 하는 것이 아닌 재미를 추구하는 라이브커머스. 일명 펀슈머(즐거움+소비자)를 잡으려면 쇼핑에 엔터테인먼트적 요소를 가미하기 위해 셀러는 다양한 콘텐츠를 구상해야 한다. 현재네이버를 비롯해 카카오와 같은 포털사이트는 물론 11번가, 티몬과 같은 온라인 커머스 플랫폼에서도 적극적으로 라이브커머스를 진행 중이기에 어디에서 시작하면 좋을지도 초보셀러에게는 큰 고민거리다. 그럼라이브커머스는 어떻게 해야 성공적으로 진행할 수 있을까.

여기 적혀 있는 내용은 셀러 겸 판매자로서 무엇을 준비해야 하는가를 적은 것이다. 사전 준비는 아무리 많이 해도 현장에서 항상 모자라게느껴진다.

# ⏻ 1. 목적 설정

셀러에게는 또 다른 목적이 있을 수는 있어도, 라이브커머스는 크게 두 가지 목적을 가지고 가야 성공한다. 하나는 매출을 극대화하는 것, 그리고 둘은 브랜드 인지도를 높이는 것이다. 세부적인 계획과 섭외는 그 다음의 문제다.

## ▶ 매출의 극대화

이것은 라이브커머스가 아니어도 어디든 마찬가지겠지만 라이브커머스는 특별히 더 상품이 매력적이어야 한다. 오래 두고 보는 것이 아닌, 단기간에 소비자의 이목을 끌어야 하기 때문이다. 그리고 그 매력이 곧 매출로 이어지게 되는데, 가장 매력을 끌 수 있는 부분이 가격이다. 오죽하면 '착한 가격'이라는 말도 있지 않은가. 특히 방송 진행 중에 공개되는 라이브방송 전용 히든 세일, 라이브방송 시간 한정 구매 혜택 등 고객이 구매해야만 하는 요인을 만들어주는 것이 가장 중요하다. 라이브방송 전후로 기획전, 프로모션을 미리 고민하고 있어야 한다.

## ▶ 브랜드 인지도 제고

상품을 판매하는 것도 목적이지만 동시에 홍보 자체가 목적이기도 하다. 그래서 라이브커머스는 주로 신제품 및 신규 서비스 런칭을 소개하기 위해서 이용하는 경우가 많다. 제품의 가격, 혜택은 중요하다. 동시에 고객들이 방송을 통해 제품을 간접적으로 체험할 수 있는 기획 또한 중요하다. 채팅 창에서의 소통이 중요한 것은 말할 것도 없고, 방송에 참여한 고객들에게 100원 특가, 체험권 등 브랜드 경험 기회를 제공하는 것 또한 좋은 방법이 될 수 있다.

## ⏻ 2. 제품 선정

필자는 일주일 방송분의 제품을 미리 선정한다. 이유가 있다. 방송용 제품은 당연히 진행자 본인이 써본 것 중에 품질이 좋기로 판명난 것으로만 해야 하며, 종류가 중복되면 안 된다. 예를 들면 현재 토너를 사용 중에 있으며 품질이 정말 좋다고 해 놓고, 며칠 뒤 다른 회사 토너를 가져와서 본인이 사용하는 제품이라며 방송하면 누가 신뢰를 갖고 제품을 구매하겠는가. 그렇다면 한달에 거의 20일의 라이브커머스 방송을 하고 싶은데 제품을 어떤 식으로 구성해야 할지 고민이 커진다. 토너와 에센스, 수분크림, 앰플, 세럼, 클렌징 세트, 마스크팩, 미용기계 등 2주 뒤에 다시 똑같은 제품을 돌린다면 과연 시청자들이 좋아할까? 제품 선정은 미리해 두고 내가 왜 이 제품을 선정했는지 이유 또한 꼼꼼하게 체크해 두기 바란다.

한 가지 더 꿀팁! 판매 품목은 줄이고 수량은 많이 준비하는 것을 권한다. 방송을 하다 보면 고객들이 어떤 제품 사고 싶은데 또 언제 판매하는지 등을 물어본다. 소통이 중요하다고는 하지만 여기에 너무 얽매일 필요는 없다. 시청자는 원하는 제품을 다시 판매해 달라고 말하지만 막상 빠르게 제품을 준비해서 들고 오면 시청자도 적고 판매량도 저조할 때가 있다. 제품 판매 계획은 시청자의 요구에 끌려다니는 것보다는 어느 정도 간격을 두고 판매하는 것이 좋은 듯하다.

　제품이 많으면 설명에도 점차 딜레이가 생기고, 준비한 멘트 또한 다하지 못하는 경우가 있을 수 있다. 그래서 진행에 차질이 생기게 되면 오히려 시청자에게 그것이 더욱 미안한 일이 된다. 시청자는 제품이 많은 만큼 궁금한 것이 많은데 답변을 제대로 해주지 못하기 때문이다. 시청자 또한 제품을 고르기가 힘드니 그냥 포기해 버리기도 한다. 제품선정은 소품목 대량주문! 그리고 같은 품목 내에서 브랜드는 최소화하기 바란다.

〈그림1〉 제품 선정은 소품목 대량준비가 필요하다.

## ⏻ 3. 방송 기획

　본격적인 방송 기획 단계에 들어갔다면, 내가 방송을 했을 때의 모습을 하나하나 상상하면서 세부적인 계획을 짜야 한다. 대략 1시간 남짓한 시간 동안 내가 무엇을, 어떻게 설명할 것인가 정해야 하고 이것이 소비자들에게 있어 어떻게 먹혀들어갈 것인지 고민을 해봐야 한다. 제품의 특장점은 어떻게 표현할 것인지, 제품/서비스에 대한 간접 경험을 어떻게 제공할지, 시청 시간을 늘리기 위한 이벤트 기획이나 실시간 소통 방식은 어떻게 할 것인지 등을 고민해야 한다.

기획 단계에서 한번씩 놓치고 가는 부분이 있는데, 바로 '소통'이라는 점이다. 그것도 내가 잘 전달한다고 끝나는 것이 아니다. 댓글 창의 리액션과 호응, 반응 정도를 살펴야 한다. 한마디로 실시간 쌍방향 소통을 어떻게 할 것인가에 대한 문제이기 때문에 실시간으로 올라오는 댓글들을 확인하고, 이벤트 진행과 합격자를 발표하는 순간까지 신경 써야 한다. 예상되는 반응을 유추해 보고 그에 대한 리액션을 어떻게 할 것인지 머릿속으로 그려두어야 한다.

## ⏻ 4. 진행자 섭외

라이브커머스의 진행자는 한 명이 아니다. 콘텐츠, 기획, 내 상품에 따라 진행자가 맡는 포지션도 제각기 다르다. 어떤 역할들이 있고 각자의 룰은 무엇인지 알아보자.

### ▶ 쇼호스트(셀러 / 진행자)

이 책에서 셀러라고 부르는 역할이다. 라이브커머스에서 감초 같은 역할이다. 앞에서 언급했던 쇼호스트의 전공 분야라고 할 수 있다. 라이

〈그림2〉 그립 쇼호스트

〈그림3〉 그립_프로모션

브커머스 방송 한 시간이 지루하냐 지루하지 않느냐는 셀러의 역량에 달려 있기도 하다. 제품 소개는 물론, 방송 중 쉴 새 없이 이야기를 하면서 현장을 더욱 생생하게 살리는 중요한 역할을 한다. 라이브방송이니 만큼 돌발상황이나 사전에 예상하지 못한 변수가 나올 수도 있는데 이런 일들을 유연하고 능숙하게 넘기는 능력도 필요하다. 초보 셀러에게 가장 어려운 부분이 바로 여기에 해당한다.

셀러는 본인이 주는 쿠폰, 적립금을 이해하고 결정하고, 고객들에게 설명할 줄 알아야 한다. 진행자가 라이브커머스 회사가 제공하는, 또는 결제시스템에서 제공하는 혜택(간편결제를 하면 추가 적립금 등)을 모두 이해하고 고객들에게 최고의 혜택이 돌아갈 수 있도록 유도하는 게 가장 좋겠지만 그게 어렵다면 최소한 자신이 설정한(판매자가 설정한) 쿠폰과 적립금은 이해하고 있어야 한다. 이조차도 모르고 있다면 고객들이 봤을 때는 이 진행자는 진짜 아무런 준비없이 딱 방송만 한다고 생각하기 쉽다. 방송시간만 떠들고 사라지는 진행자로 인식되기 쉽다. 업체에서 꼭두각시를 앉혀놓고 판매하고 있다고 인식하게 되고 신뢰성을 잃게 된다.

## ◉ 제품 담당자(판매자)

제품에 대한 이해도가 가장 높은 사람을 의미한다. 보통 특정 제품이라면 해당 회사의 사장님이 될 것이다. 제품 담당자의 출연은 방송의 신뢰도를 높일 수 있다. 그러나 매번 제품 담당자를 모셔올 수는 없는 일이다. 결국 셀러가 제품 담당자의 역할까지 해야 할 것이다. 판매자로서 상품에 대해 이해하고 있는 것은 당연지사. 상품의 특장점뿐만 아니라 당일 판매 주력상품과 같은 정보 역시 캐치하고 있어야 한다. 한번에 한 물건만 파는 경우는 거의 오지 않는다. 보통 상품이 30~40개 이상이 되면 고객들은 밑에 있는 상품까지 스크롤을 열심히 내려가며 찾아보지 않는다.

세트상품이 무엇이 있는지 또한 잘 파악해서 상품목록에서 모아 놓는 것이 좋다. 셀러가 "a제품 구입하실 때는 b상품, c상품도 함께 구입하셔야 효과가 좋아요"라고 말했는데 a제품은 2번째 b제품은 30번째, 이렇게 있으면 구입하는 사람도 불편하고, 같이 구매할 확률이 그만큼 떨어진다.

　행사를 하기로 정했다면 잘 기록해 놓고, 고객들에게도 글씨로 공지해야 한다. 방송에서 이야기하고 쓱 지나가 버리면 잘 못들었거나 나중에 온 사람은 알 수가 없다. 방송 공지가 당장 어려우면 종이에 적어서 화면에 보여주는 것도 좋다. 또는 옵션에 추가해 두고 확실하게 제품을 보내주어야 한다. 계획에 없던 행사는 예상치 못한 고객의 반응을 가져온다. "나 어제 샀는데……", "어제 산 거 취소하고 오늘 살 수 있어요?", "어제 1개 샀는데 오늘 1개 더 사면 2개 산 걸로 해주면 안 돼요?" 어떻게 대처할 것인가? 방송에서 말만 하고 기록을 남기지 않으면 서로 오해를 할 수 있다. 그러면 판매자, 소비자, 시청자까지 어색해지고 불편해진다. 갑작스런 행사 상황은 다른 직원들도 도와줄 수가 없다. 고객들의 댓글에도 대응을 해줄 수가 없다.

　또한 현장에서 판매가, 상시할인가, 라이브가 등을 달리 설정할 것이라면 이에 대한 것도 잘 인지하고 있어야 한다. 본인만 인지할 것이 아니라 방송 관련자와는 모두 공유해야 한다. 제품을 급하게 올리거나 할 때 셀러는 라이브방송 중이다. 방송을 중지시키고 회의를 할 수 없다. 결국 나중에 방송이 종료되고 다시 고쳐야 한다. 안 그래도 바쁜데, 일을 두 번 하게 되는 셈이다.

### ▶ 셀럽 및 인플루언서

팬덤은 모든 기업들이 인플루언서를 섭외하려 노력하는 이유이며,

〈그림4〉 그립 '유상무'님 방송 화면
출처 : http://m.hdnews.co.kr/a.html?uid=72147&section=sc10&section2=
(2019.11.28.)

그만큼 구매량에 대한 기대치도 크다. 제품의 주요 타겟층의 팬덤을 보유한 셀럽이나 인플루언서를 섭외하면 실시간 방송 조회수와 매출이 달라질 수 있다. 대신 셀럽을 초청할 때는 판매하려는 제품과 잘 어울리는지 이미지부터 스캔하자. 팬덤이 아무리 많아도 상품과 어울리지 않는 셀럽이 온다면 매출에 도움이 안 된다. 또한 셀럽이 해당 제품에 대해 얼마나 애착이 있고 사용을 해보았는지, 상품이해도가 높은지 등도 체크해야 한다. 마지막으로 셀러와 조화가 잘 맞는가, 화면상에 담겼을 때도 잘 어울리는가 등을 고려해 보기 바란다.

그립에서는 가장 인기있는 셀럽이 유상무 씨라고 할 수 있겠는데, 자신만의 개성있는 방송 컨셉과 소비자 할인 혜택을 무기로 다양한 카테고리의 제품을 모바일 라이브방송을 통해 선보이며 왕성한 활동을 보이고 있다. 그러나 셀럽이 초대되었다고 해서 내 물건도 완판이 될 거라는 생각은 버려야 한다. 셀럽 초대는 내 방송을 도와주기 위해 부르는 것이지만, 시청자 중에는 단지 셀럽을 보려고 오는 사람도 있다. 셀럽이 오더라도 시간 또는 시기를 잘못 잡으면 시청자수에 큰 변동이 없을 수도 있다. 예를 들어 2020년 12월 28일 밤 방송에서는 연말인데다 월요일이었고 드라마 〈펜트하우스〉의 인기가 너무 좋아서 그리퍼들에게는 큰 낭패였다. 한 시간이나 방송을 한 유상무 씨조차도 누적 시청자수가 늘지 않았다. 하고 싶은 이야기는 셀럽에게 너무 의존하지 말아야 한다는 것이며 방송이 잘되느냐, 못되느냐는 결국 외부적 요인도 함께 고려해야 한다는 뜻이다.

# 어떤 플랫폼이 어울릴까?

플랫폼들마다의 특징이 있다. 그리고 자기에게 맞는 플랫폼이 있다. 이번 장에서는 유명한 다섯 가지 플랫폼을 소개하고자 한다. 필자는 그립과 네이버쇼핑 라이브를 주로 사용하는데, 셀러로서 두 플랫폼을 비교하며 느낄 수 있는 생생한 경험담도 함께 담아보았다.

| 구분 | 네이버<br>쇼핑라이브 | 카카오<br>쇼핑라이브 | 그립 | 소스라이브 | TVON |
|---|---|---|---|---|---|
| 참여방법 | 기획라이브 : 제휴 신청<br>오픈라이브 : 자체 진행 | 카카오 쇼핑<br>사전승인 | 입점 신청 | 입점 신청 | 제휴 문의 |
| 촬영 장비 | 스마트폰 | DSLR 등<br>전문장비 가능 | 스마트폰 | 스마트폰 | 라이브 : DSLR 등<br>셀렉트 : 스마트폰 |
| 화면 형태 | 세로 | 가로 | 세로 | 세로 | 세로 |
| 주요 타깃 | 2030여성 | *2030여성 | 1030여성 | 30중반<br>기혼여성 | *2040 |
| 접속 방법 | 네이버쇼핑<br>(PC, 모바일, 앱) | 카카오쇼핑, 카카오TV,<br>카카오쇼핑 LIVE 채널<br>(PC, 모바일) | 그립 앱 | 소스라이브 앱 | 티몬 홈페이지<br>티몬 앱 |

〈그림1〉 라이브커머스 플랫폼 비교 분석(출처 : 미디언스)

## ▶ 네이버쇼핑 LIVE

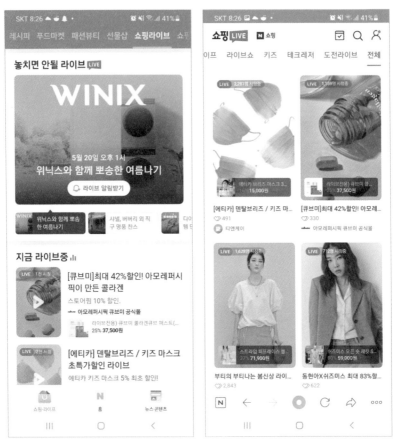

〈그림2〉 네이버쇼핑 라이브 메인 화면 　　〈그림3〉 현재 진행 중 쇼핑라이브

'네이버쇼핑 LIVE'는 두 가지 라이브로 분류한다. '기획라이브'와 '오픈라이브'다. 기획라이브를 실행하려면 방송일에서 3주 전까지 쇼핑사업팀 제안 및 제휴를 통해 방송 날짜를 확정해야 한다. 또 최소 1시간 이상의 방송 시간을 확보해 두어야만 실행이 가능하다.

오픈라이브는 '네이버 스마트스토어'의 등급이 '파워' 이상이면 자신이 원하는 시간, 예약한 시간에 라이브를 시작할 수 있다. 기획라이브는 네이버쇼핑 LIVE 상단 메인 배너에 노출되어 고객의 유입이 용이하고, 캘린더를 통해 방송 일정을 체크할 수 있다. 캘린더의 알림 기능을 이용하면 네이버페이를 지급하는 보상을 이용해 소비자에게 알림 기능을 전파하고 있다.

두 라이브 모두 네이버라는 이름 아래 '네이버쇼핑', '네이버페이'로 이어지며 연관 사업 간에 자유롭게 교류할 수 있다. 특히 네이버페이를 사용하는 회원은 페이로 간편한 결제가 가능하며 적립 혜택도 누릴 수 있다. 네이버 메인 페이지에서 노골적으로 밀어주기 때문에 접근성이 뛰어나 잠재 고객의 상승을 기대할 수 있다.

### ◉ 카카오쇼핑 LIVE

'카카오쇼핑 LIVE' 또한 익숙한 UI를 이용해 유입 고객의 상승을 꾀하고 있다. 카카오 역시 카카오페이 시스템을 운용하고 있기에 카카오페이를 이용해 결제한다면 혜택을 누릴 수 있다. 카카오톡과 동일한 채팅 방식을 제공하고 있다는 것이 큰 메리트다. 라이브를 처음 접하는 고객들은 카카오쇼핑 LIVE에 쉽게 적응한다. '쇼핑하기'를 통해 접속할 수 있고, 카카오TV를 통해 채널에 접근할 수 있다. 카카오쇼핑 LIVE 채널을 친구 추가해 채팅창을 통해 방문할 수도 있다. 카카오쇼핑 LIVE 또한 입점 업체 사전 승인이 필요하고, 일반 쇼핑몰도 사전 협의를 통한 승인을 받아 입점할 수 있다. 카카오쇼핑 LIVE는 가로 화면으로 구성되어 있다. 넓은 화면에 집중할 수 있다는 장점이 있지만, 채팅창이 표시되는

〈그림4〉 카카오톡으로 온 메시지       〈그림5〉 카카오쇼핑 라이브

부분이 적어 화면 구성을 어떻게 이용하는지가 판매자의 중요한 논제가 될 것이다.

　카카오쇼핑 라이브는 카카오톡을 이용한 고객과의 실시간 채팅, 카카오 선물하기, 카카오톡 샵 태그를 통한 입점 등 노출 경로가 다양하다는 점이 장점이다. 또한 콘텐츠 제작 경험과 기술이 부족한 판매자들에게 기획부터 연출, 판매까지 일괄적인 서비스를 제공해 주는 것도 커다란 장점이다. 실시간 방송의 돌발상황을 제어하고, 고객에게 신뢰를 주는 것이 카카오가 지향하는 라이브커머스 방송이다. 전문가들은 카카오가 장기적으로 카카오M 소속 연예인, 카카오 TV의 라이브 기능을 쇼핑과 연결할 가능성이 큰 것으로 분석한다. 실제로 김성수 카카오M 대표는 "콘텐츠와 커머스를 통해 셀럽 커머스 사업으로 확장해 나갈 것"이라는 의견을 밝힌 적이 있다. 다수의 일반 판매자들보다는 셀럽이나 기업의 라이브커머스로 성장할 계획인 듯 보이며, 홈쇼핑과 비슷한 양상으로 성장할 가능성을 엿볼 수 있다.

## ▶ 그립

최근 많은 셀럽이 입점해 입소문을 타고 있는 '그립'은 라이브커머스에 특화된 플랫폼이다. 100만 회를 훌쩍 넘는 누적 다운로드수가 그 인기를 증명한다. 앱의 특징으로는 상단 배너를 통해 방송이 예정된 커머스의 일정 확인이 가능하다. 밑으로는 진행하고 있는 수많은 라이브커머스 방송을 확인할 수 있다. 1인 라이브커머스라는 장점을 최대한 활용해 각양각색의 셀러들이 자신의 개성을 마음껏 뽐내며 경쟁하고 있는 것을 두 눈으로 확인할 수 있다. 그립에서 라이브방송을 시작하려면 입점하기 버튼을 통해 신청할 수 있다. 최소 3일 이내로 빠른 승인 절차도 특징이다. 다른 플랫폼과 그립이 차별화된 점이라면 쇼호스트 '그리퍼'의 존재다. 타 플랫폼에서는 판매자가 직접 본인의 물건을 판매한다면, 그립에서는 그리퍼라 불리는 전문 쇼호스트들이 판매자의 물건을 대신 팔아주며 라이브커머스를 진행한다.

〈그림6〉 그립 메인 화면　　　　〈그림7〉 그립 쿠폰 알림 화면

**▶ 소스라이브**

'소스라이브'도 떠오르는 라이브커머스 플랫폼이다. 전체적인 인터페이스는 '그립'과 같지만 한 가지 특징이 있다. 바로 사업자등록증이 없더라도 상품 판매가 가능하다는 것. 방송 시간은 최대 1시간으로 구매자와 판매자 간 더 타이트하고 즉각적인 소통을 강조했다. 또 소스라이브에

는 '소스 메이커'라는 존재가 있는데, 이들은 판매자를 대신해 방송을 진행하기도 하고 판매 콘텐츠를 기획 레벨부터 돕기도 한다. 해외 직구 상품들의 종류, 구매편의도가 높은 점도 소스라이브의 특징이다.

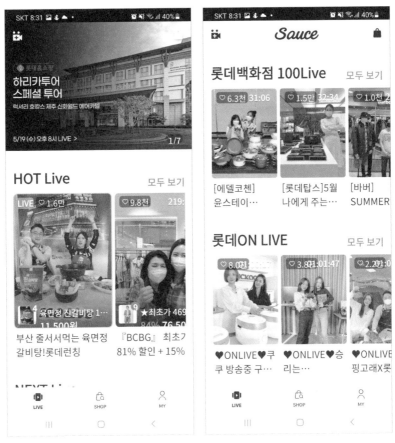

〈그림8〉 소스라이브 메인 화면          〈그림9〉 소스라이브의 다양한 live채널

## 티몬 TVON

<그림10> 티몬 앱 메인 화면    <그림11> 티몬의 라이브커머스 TVON

누적 가입자수가 3,000만 명을 바라보고 있는 티몬에서 실행하고 있
는 라이브커머스 플랫폼은 'TVON'이다. 티몬 모바일과 연계해 잠재 고
객이 쉽게 접근할 수 있도록 개설한 플랫폼이다. TVON 서비스도 크게
두 가지로 분류할 수 있는데, 'TVON 라이브'와 'TVON 셀렉트'로 구분

된다. TVON 라이브에서는 전담 스텝이 방송을 기획하며 스텝이 이벤트 대응과 채팅을 담당하는 역할을 수행한다. TVON 셀렉트는 판매자가 스스로 진행, 판매, 채팅, 이벤트 모두 도맡아 해야 하며 쇼호스트를 섭외하는 것도 판매자의 몫이다. 티몬은 컨펌 후 편성을 하고 방송 진행 가이드를 제공해준다.

## ⏻ 그립과 네이버쇼핑 LIVE, 어느 쪽이 더 유용할까?

위에 대략적인 플랫폼 정보를 적어두기는 했지만 필자는 네이버 라이브와 그립을 애용한다. 다른 플랫폼과는 일장일단이 있겠지만 두 플랫폼이 필자에게 가장 잘 맞고 익숙했기 때문이다. 위 내용은 대외적으로 알려진 정보라면 이 파트에서는 필자의 경험담을 중심으로 작성해 보았다. 필자는 그립과 네이버 LIVE의 사용자로 입점해 본 사람만이 알 수 있는 작은 차이 또한 잘 알고 있다. 이 두 가지 비교를 통해 독자의 플랫폼 선정에 도움을 주고자 한다.

### ▶ 로그인

그립에는 로그인이 필요 없다. 시청자는 번거로운 로그인 절차 없이 방송을 감상할 수 있어, 접근성이 뛰어나다는 장점이 있다. 그립에는 별도의 로그인 과정이 필요하지 않기 때문에 신규 고객의 접근이 타 플랫폼보다 뛰어날 수밖에 없다. 그러나 네이버 라이브 쇼핑에는 로그인이 필수적이다. 로그인하지 않으면 시청을 할 수 없다. 네이버 회원가입을

논외로 치더라도 '시청하기 전 로그인'이라는 절차가 남아 있다. 라이브 커머스 매체를 잘 알고 있고, 물건을 구매하고자 하는 목적성이 뚜렷한 사람에게 로그인은 별로 문제가 되지 않는다. 그들에게 손가락 몇 번 움직이는 것은 큰 문제가 아니다. 그러나 라이브 쇼핑이 생소하고 호기심에 한 번 들어와 본 신규 접속자라면 이야기는 달라진다. 그들에게 로그인의 여부는 큰 차이를 초래할 수 있다. 필요성을 느끼지 못하면 그들은 익숙한 매체로 다시 돌아갈 수도 있다.

## ▶ 인스타그램과의 연동

그립은 '주 고객'이 '기존 고객'이라는 점도 특이하다. 인스타그램에 업로드된 라이브커머스 방송을 보고 그립을 접하는 기존 고객의 수가 상당한 것이다. 이미 인스타그램을 통해 판매자와 구매자 간의 친분이 쌓여 있으므로 기존 고객은 판매자에 대해 더 알고 싶어 한다. 그것이 곧 인스타그램의 기존 고객이 '그립'의 신규 고객으로 전환하는 계기가 된다. 그렇다면 네이버는 어떨까. 한국에서 커다란 브랜드 가치를 가진 네이버는 인스타그램과 애써 협업하지 않는다. 한국의 검색시장을 장악하고 있는 네이버는 굳이 인스타그램이 아니더라도 배너 광고를 통한 홍보와 판매의 성과가 뛰어나기 때문이다. 그러나 라이브커머스 시장의 '상호보완적인 특징'이 네이버를 위협한다. 일방적이고 소통이 오갈 수 없는 배너광고와는 달리 인스타그램의 광고는 댓글로 소통하며 미미하지만, 판매자와 구매자의 친밀감이 쌓일 수 있다. 인스타그램 구매자들은 자연스럽게 라이브커머스 시장의 1세대 고객이 될 확률이 높다.

〈그림12〉 폴프랑 인스타그램

〈그림13〉 폴프랑 그립

## ● 수수료(그립 매출액 11% 네이버 3%)

네이버 라이브커머스는 원래 수수료가 없었다. 하지만 2020년 8월 13일부터 3%의 수수료를 받기 시작했다. 수수료가 생겼다 하더라도, 네이버의 수수료는 현재 플랫폼 중 가장 낮은 수수료율이다. 낮은 수수료율은 판매자가 눈여겨볼 커다란 장점이다.

반대로 그립은 네이버와 비교했을 때 수수료율이 너무 높다. 그립은 11%의 수수료를 떼어간다. 총 수익의 11%가 아니라 매출액의 11%를 떼어가므로 그 영향은 상당히 크다. 판매가의 60%를 공급가로 생각해 봤을 때, 여기에서 그립이 11% 떼고 나머지 판매가로 택배 박스값 및 세금을 정산한다면 수익률은 많이 줄어들게 된다. 여기서 끝이 아니다. 방송을 위한 책상과 의자, 룩스, 의류, 이벤트 물품 등의 구매까지 포함한다면 그립의 수수료가 더욱더 높게 느껴진다.

## ▶ 시청자수

그립 생방송에서 클렌징 세트 매출이 저조해 다음날에는 마스크팩을 추가해서 팔기로 했던 전략을 세운 기억이 있다. 시청자는 곧 매출이다. 매출이 상승할 수 있는 가장 즉각적인 지표가 바로 시청자다.

그립과 네이버를 시청자수를 비교해 보면 네이버가 앞선다. 게다가 그립은 시간이 지날수록 방송을 보는 사람이 줄어드는 추세다. 12월 초보다 방송 숫자가 줄었는데, 누적 시청자도 따라서 함께 줄어들고 있다. 이제는 평일 낮 방송에 100명도 채 들어오지 않는다. 그립을 시작한 지 얼마 되지 않았을 때는 낮 방송에서 매출이 괜찮았다. 다른 판매자들도 낮 방송을 많이 하곤 했다. 그러나 올해 들어 평일 낮 방송 시청자수가 많이 떨어졌다. 월초라 사람이 줄어들었다는 의견도 있지만, 다른 업체에 비해서 경쟁력이 부족하기 때문은 아닐까. 그립은 네이버와 비교했을 때 일반인 판매자가 월등히 많다. 이러한 특징은 그립의 판매자들이 그립의 수익만으로는 만족하기 어려운 결과를 낳는다. 네이버 라이브쇼핑에 비해 시청자를 유입하기 위한 매력이 부족하고 전문성이 떨어지므로 이를 개선할 방안을 찾는 것이 그립에게 주어진 숙제일 것이다.

## ◉ 성장포인트

네이버 라이브 쇼핑 '성장 포인트'가 45만 원 들어왔다. 별다른 생각 없이 메뉴에서 고객 혜택 관리 → 혜택등록으로 쿠폰을 발행했더니 포인트로 지원이 되지 않았다. 포인트 지급으로 설정해 놓지 않은 것이 문제였다. 포인트로 지원을 받으려면 '포인트 지급'으로 설정해야 한다. 쿠폰으로 설정할 때는 10만 원 이상 구매 시 1만 원 증정이 있지만, 포인트는 퍼센트로 밖에 설정할 수 없다. 예를 들어 50만 원 상당의 상품은 5만 원으로 지급되는 것이다. 성장 포인트 자체의 의도는 좋지만, 설정이 애매하다. 보완이 필요하다.

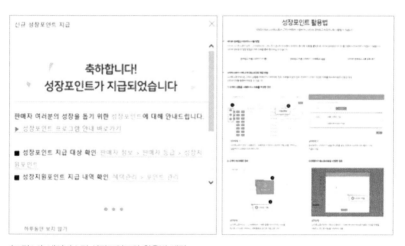

〈그림14〉 네이버쇼핑 성장포인트와 활용법 세팅

## ◉ 영세업자와 전문성

그립은 네이버 라이브 쇼핑과 비교해 시청자수가 적다. 네이버 라이브 쇼핑보다 상표 가치가 부족한 것은 물론 이렇다 할 신규 이용자 유입 마케팅도 아직은 부족한 것이 그 이유다. '기존 판매자'를 유지하기 위한 장치도 점점 사라지고 있다. 영세업자가 많은 그립에서 과도한 '셀럽 밀어주기' 전략도 일반 판매자를 압박한다. 셀럽은 언제나 상위 카테고리에 위치해 구매자의 유입이 쉽지만, 일반 판매자는 일반 판매자들끼리 치열한 자리 경쟁을 벌인다. 상위에 노출되기 위해 판매 상품을 바꾸는 것은 빈번한 일이다. 아직 '셀럽'에 대한 기준이 명확하지 않아, 나름대로 큰 수익을 올리는 일반 판매자의 불만이 높아지고 있다. 매출액에 대한 기준도, 매출 건수에 대한 기준도 존재하지 않기 때문에 셀럽의 기준 자체가 애매하다. 셀럽 밀어주기, 높은 수수료, 유입 마케팅 부족, 기존 판매자 유지 장치의 부족 등이 그립의 전문성을 낮추고 있다.

## ◉ 카메라 인터페이스

유서 깊은 '네이버'이니만큼 모든 면에서 훌륭하다고 생각하면 큰 오산이다. 라이브로 진행되는 방송은 카메라와 관련한 기능이 중요하다. 후 편집을 할 수 없기 때문이다. 그러나 네이버 라이브 쇼핑이 제공하는 카메라 기능은 '필터 적용'과 '화면 밝기 설정', '줌 기능' 세 가지다. 개인에 따라 다르겠지만, 네이버 라이브 쇼핑이 제공하는 카메라 필터는 라이브방송에 어울리지 않는 색감을 가졌다. 밝기 또한 강도를 조절하는 것처럼 적용될 뿐, 화면 전체가 밝아진다는 느낌은 들지 않았다. 피부 상태와 같은 미세한 조절이 불가능한 것도 진행자에게 부담으로 다가올 수 있다.

## ◉ 그립데이 쿠폰혜택의 변경

2021년 1월부터 그립데이 쿠폰에 변동이 생겼다. 5분 시청 시 획득하는 쿠폰은 '3만 원 이상 구매시 3000원 할인 쿠폰', 추가 15분 시청 시 획득 쿠폰은 '10만 원 이상 구매 시 1만 원 할인 쿠폰'으로 쿠폰의 종류가 3종에서 2종으로 줄었다. 2021부터 그립의 수수료는 11%에서 13.2% 늘어난 것도 충격적인데 쿠폰 혜택이 줄어들 것이라고는 생각지 못했다. 그립데이는 판매자는 물론 시청자도 구매에 더 열을 올리는 기간이다. 기간도 1주일이나 되고 약 10%가 할인되는 쿠폰을 지급하기 때문에 그립에서 그립데이의 중요성이 크다고 생각한다. 수수료가 올랐는데 쿠폰 혜택은 줄어들다니. 이 점은 상당히 아쉽다.

또한 구매자가 5만 원 이상 구매 시 적용할 수 있는 쿠폰이 사라졌다. 이는 고객으로서 큰 손실이다. 이전 쿠폰과 비교할 때 40%의 손해를 본다. 할인의 비율에 대한 고민이 필요하다. 그립은 13.2%라는 높은 수수료율을 가진 플랫폼이다. 이를 극복하고자 다양한 셀럽들을 기용하고, 공격적인 마케팅을 펼쳤지만, 여전히 높은 수수료율은 일반 판매자들에게 부담스러운 수치다. 그립은 이에 그치지 않고 3종류의 쿠폰을 2종으로 줄여 다시 한 번 판매자들에게 충격을 선사했다. 이제 그립에서도 제법 가격대가 높은 제품도 팔리는 흐름이다. 판매 금액대가 높아질수록 수수료도 커지기 때문에 그에 맞춰 높은 가격에서 사용할 수 있는 쿠폰 개수가 늘어나야 하는 것이 정상적이다. 그러나 쿠폰의 종류가 감소한 것은 이러한 흐름을 거스르는 전략이다. 그립의 이러한 방향이 어떻게 작용할지는 아직 미지수다.

# 최적의
# 세팅을 찾아라

플랫폼은 다양하다. 장단점을 잘 비교해 보고 나에게 맞는 플랫폼을 선택하는 것이 좋다. 그리고 플랫폼에 맞게 미리 세팅을 해 두면 두 번째, 세 번째 방송은 더더욱 쉬워진다. 1인 라이브커머스는 모든 것을 스스로 해야 한다. 촬영현장세팅, 촬영카메라점검, 카메라위치세팅, 오디오체크, 셀러비주얼점검 등이 있다. 머릿속을 하나의 방송사라고 생각해야 한다. 결국 방송을 해보면서 스스로 느껴야 와닿겠지만, 독자 여러분은 시행착오를 최소화하기를 바라는 마음에 이것저것 필자의 경험을 담아보았다.

## ⏻ 촬영장 세팅

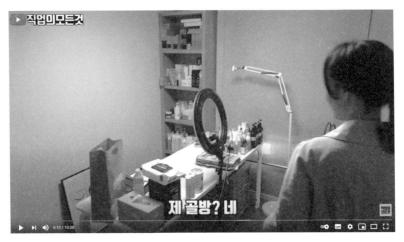

<그림1> 필자의 라이브방송 촬영 환경(집구석 홈쇼핑)

　라이브커머스 방송을 방구석 홈쇼핑이라고 말하는 이유는 어느 장소에서 진행해도 제약이 없기 때문이다. 방송 규모가 커지면 장소를 섭외해야겠지만 어차피 작은 모바일 카메라 안에 잡히는 화면이 그리 큰 공간을 요구하지 않기 때문에 굳이 장소 섭외는 추천하고 싶지는 않다. 판매할 제품에 맞게 방송을 어떤 방식으로 구성하고 진행할지 시뮬레이션을 해보라. 그리고 진행자 입장이 아닌, 소비자의 입장에서 고민해 보라. 그래서 보는 사람의 눈이 편안하고, 궁금증을 속 시원하게 풀 수 있는 방법으로 공간을 세팅하면 된다.

　간단한 예시지만, 제품이 음식이라면 미리 플레이팅해서 나오는 경우도 있지만 간혹 시청자가 이렇게 해달라, 저렇게 해달라 요청할 가능성과 새로운 조리를 하게 될 경우도 고려해서 주방에서 진행하는 것이 좋을 것이다. 또한 방에서 촬영을 하다가 주방으로 옮겨 촬영을 하기에는 카메라 동선도 좋지 않고, 보는 입장에서도 불편하다. 의류 판매라면 입어 보아야 할 수 있으니 카메라 밖에 갈아입을 공간도 세팅해야 한다. 정면 카메라와 후면 카메라를 동시에 사용할 생각이라면 당연히 두 공간 모두 깨끗하게 정돈해야 한다.

## ⏻ 촬영카메라 점검

라이브커머스의 촬영카메라는 당연히 스마트폰이다. 혹은 태블릿으로도 가능하다. 스마트폰은 고객이 화면을 볼 때 어떻게 보일지 알 수 있어서 좋고, 태블릿은 화면이 더 크기 때문에 세세한 오류까지 잡아낼 수 있어서 좋다. 그렇다면 둘 중에 어떤 것으로 촬영하는 것이 더 좋을까? 필자는 스마트폰을 더 추천한다. 태블릿은 삼각대에 설치할 수가 없다. 송출은 스마트폰으로 하고 내 모습이 어떻게 잡히는지는 태블릿으로 하라. 가능하다면 대형 모니터를 설치해서 확인하는 것이 더 좋다.

화면 상에 제품이나 셀러의 모습이 어떻게 잡히는지 확인해야 한다. 특별한 보정 기능을 통해 얼굴을 갸름하게 만들거나, 색감을 화사하게 하라는 뜻이 아니다. 되도록 제품의 색감이 실제와 유사하게 잡는 것이 우선이고, 셀러는 가능한 "예쁘게" 나오는 것이 좋다. 하지만 우선순위가 제품이 먼저라는 것은 잊지 말자. 셀러의 상태점검은 마지막에 한번 더 다루겠다. 여기서는 제품을 어떻게 잡아야 하는지에 대해 이야기하겠다. 당연한 이야기지만 음식은 맛있어 보이게 나와야 하고, 옷은 핏감을 살릴 수 있게 잡아주어야 하고, 화장품은 발색이 중요하다. 라이브커머스에서 화질이 중요한 것은 아니지만 최소한은 해야 한다. 고객의 눈으로 보라. 기본에 충실한 촬영이 판매 후 환불을 막아준다.

〈그림2〉 스탠딩 장치 활용한 세팅

〈그림3〉 야외 촬영 시 다른 폰으로 실시간 확인

　화면을 고정해 두는 것도 좋지만, 도와줄 스텝이 1~2명 있다면 더욱 좋다. 예를 들어 음식을 찍으려는데, 사이즈가 매우 작다. 그러면 내가 음식을 들어서 보여줄 수도 있지만, 만약 엎지르거나 흔들려서 플레이팅이 망가지게 되는 경우도 생각해야 한다. 따라서 카메라를 움직이며 촬영해야 하는 상황이 있을 수 있다. 이때 셀러가 직접 하는 것보다는 스텝의 도움을 받으면 진행을 더욱 매끄럽게 할 수 있다는 장점이 있다.

그 외에도 카톡이나 문자, 앱 등의 알림으로 인해 방송에 지장을 줄수 있으니 미리 알림을 꺼두기 바란다. 화면 상에 잡히는 라인이 어디까지인지 미리 확인해 두자. 화면에 잡히는 부분까지 마스킹 테이프를 붙여놓고 이 선 밖으로 나가지 않게 하거나, 스텝이 이 선 안으로 들어오지못하게 하는 것도 방법이다.

## ⏻ 카메라위치 세팅

영상에 내가 어떻게 나올 것인가, 상품이 어떻게 나올 것인가는 직접 핸드폰으로 확인해 보아야 한다. 화이트밸런스에 따른 색상 변화와 카메라와 대상 사이의 거리에 따른 색상 변화 등도 고려해야 한다.

### ◉ 시청자와 소통하기 좋은 거리감 조정

방송에서 댓글을 읽으면서 진행을 해야 하는데 그러려면 진행자와 핸드폰과의 거리가 가까워야 한다. 그런데 또 너무 가까우면 화면에 진행자 2명, 제품까지 모두 들어오기 힘들 수 있다.

이럴 때는 다른 핸드폰이나 태블릿을 같이 두고 그것을 읽는 방법도있다. 이때 한 가지 단점은 진행자의 시선이 다른 곳을 향한다는 점이다. 테이블을 본다든가 핸드폰을 들고 보게 되면 시청자가 진행자에 대한 집중이 잘 되지 않는다. 카메라를 응시하고 핸드폰 화면을 응시하는 시선 처리는 진행자가 시청자를 쳐다보는 듯해 친숙한 느낌이 들지만 아이패드를 아무리 핸드폰과 같은 위치에 두고 곁눈질로만 쳐다봐도 다른 곳을 쳐다보고 있다는 느낌이 강하게 든다.

이는 카메라와 진행자와의 간격이 매우 가까운 라이브커머스의 방송 특성 때문이다. 홈쇼핑에서처럼 진행자와 카메라의 거리가 먼 경우에는 시선처리가 크게 티가 나지 않는데, 라이브커머스에서는 마치 진행자가 딴짓을 하고 있는 것처럼 보이거나 혹은 핸드폰 너머에 다른 사람이 있는 것까지 티가 나게 된다.

또한 진행자가 전문가가 아닌 이상 자연스럽게 아이패드의 내용을 소화하기 힘든 경향도 있다. 제품설명을 하고 댓글을 보며 질문에 답을 하고, 시청자가 입장하면 인사를 건네는 중간에 아이패드로 전달되는 내용을 아무리 최소화해도 어쨌든 과부하가 걸리는 것이다. 또한 아이패드로 무언가 조언을 하는 방식이나 내용을 사전에 꼼꼼히 조율하기 힘든 개인 라이브커머스 진행자의 경우 아이패드에 내용을 적는 사람의 의도가 정신없이 진행하는 진행자에게 온전하게 전달되기 어렵다.

또 다른 방법은 컴퓨터를 이용해서 촬영용 핸드폰 뒤에 큰 모니터를 두는 것이다. 방송국에서 가장 쉽게 사용하는 방법인데, 집에서 노트북 등으로 가능하다면 이런 방법도 괜찮다고 본다. 물론 누적 시청자수가 엄청 많은 셀럽이라면 댓글 소통이 쉽게 되지 않는다. 실제로 동시 시청자수가 100명만 되어도 댓글에 대응하기 힘들 수 있다.

## ▶ 카메라는 되도록 여러 대

카메라가 한 대이며, 고정되어 있는 경우 진행자의 모든 행동이 실시간으로 잡히고 잠시도 다른 것을 할 수가 없다. 모든 행동 하나하나가 잡히기 때문이다. 뷰티 제품이 아닌 음식판매 방송의 경우에는 보통 진행자가 핸드폰을 셀프봉으로 들고 움직이며 촬영하게 된다. 주방에서 프라이팬에 구워지는 음식을 찍고 식탁으로 음식을 가져와서 먹는 장면을 찍는다. 또는 옆의 사람이 먹는 장면을 클로즈업해서 찍는다. 이렇게 카메라를 움직이고 제품을 찍게 되면 그 사이에 진행자는 잠깐이라도 다른 무언가를 할 수 있다. 물을 먹고 침을 삼키며 얼굴 근육을 풀 수도 있다. 홈쇼핑도 진행자와 제품을 시연하는 것을 번갈아 찍고, 중간중간 제품 이미지를 전체 화면으로 띄우는 경우도 있다.

카메라는 고정되어 있고 얼굴이 거의 꽉 차게 찍고 있으면, 셀러가 잠시도 쉬지 못하고 계속해서 진행에 집중해야 하는 것이다. 그리고 카메라와 거리가 가까우니 침 삼키는 소리도 들리고 표정에 변화가 조금만 있어도 정말 크게 다가온다. 피곤해하는 모습이나 심지어 웃지만 않아도 방송 분위기가 다운되는 것이다. 진행자 혼자 준비하고, 혼자 진행하는 방송인 만큼 시작하기는 쉽지만 그만큼 진행자의 몫이 절대적이다.

## ⏻ 조명 세팅

촬영감독의 눈으로 보았다면 이번에는 조명감독의 눈으로 접근해 보자. 다음 페이지 사진에서 조명이 몇 개일까? 1개라고 대답했다면 땡! 위에 형광등 또한 조명에 속한다. 조명 전문가가 아닌 셀러가 집에서 촬영을 하다 보니 형광등이나 채광 또한 영향을 줄 수 있다는 생각을 놓치고 갈 때가 많다. 낮에는 채광에 따라 빛번짐이 생길 수도 있다. 언제나 동일한 조도를 유지하고 싶다면 암막커튼을 설치하고 조절 가능한 조명을 설치하는 것이 좋다.

암막커튼 준비가 여의치 않다면, 전날 같은 시간대에 미리 조명을 세팅해 두고 예행연습을 해보기 바란다. 카메라 파트에서도 다룬 이야기지만 색감은 맛있어 보이는지, 식욕을 자극할 수 있게 나오는지, 실제 색과 얼마나 유사하게 보이는지, 옷의 재질을 두드러지게 보여주는지 말이다. 조명이 필수는 아니지만, 발색이 중요한 제품이라면 추가로 조명을 세팅하는 것도 추천한다.

〈그림4〉 최소한의 조명 세팅

〈그림5〉 조명이 있어야 실제 화면에서 잘 나온다.

시청자들의 휴대폰 기기에 따라, 내가 아무리 최적의 세팅을 했어도 색이 달리 보일 수 있다. 그 이후 고객의 반응은 자연스레 예상될 것이다. "제가 생각한 옷색이 아닌데요. 환불해 주세요.", "발색이 왜 이래요? 제 입술에 원래 코랄색 잘 맞는데? 코랄 아닌 거 같아요. 환불해 주세요." 고객이 몰려올 때는 행복하지만 환불 요청이 들어올 때는 괴롭기만 하다. 이 경우를 대비하여 미리 소비자에게 공지해 두자.

"화면에서 보이는 색상은 시청자의 카메라 밝기에 따라 달리 보일 수 있습니다.", "색상 차이 또는 단순 변심으로 인한 환불은 불가합니다."

## ⏻ 오디오 체크

방송 전에 수시로 체크해야 하는 것이 음향이다. 다른 기기를 통해 들어 보아야 한다. 사전 체크도 필요하고 방송 직전에도 체크하고 방송 중간중간 체크하자. 1인 방송이라면 시청자에게 물어보는 것도 좋다. 이것도 소통의 한 방법이다. 내 목소리가 잘 들리는지, 배경음은 어떻게 들리는지 등을 물어보면 된다.

배경음 선정도 중요하다. 되도록 저작권 없는 조용한 것을 잔잔하게 틀어 두는 것이 좋다. 물론 상품 분위기와도 맞는 것으로. 혼자 떠들다 보면 너무 삭막한 느낌이 날 수 있기 때문에 틀어두는 것인데, 나중에 셀링 영상을 저장했다가 다른 곳에 올릴 생각이라면 더욱이 저작권을 신경 써야 한다. 저작권에 걸려 영상을 내리거나 삭제하거나 계정을 정지당하는 경우가 올 수 있으니 유의하자.

소리를 낼 때는 말소리 외에도 다양한 소리가 들어갈 수 있고, 오디오가 물리는 경우도 있다는 점을 항상 기억해 두자. 생각보다 우리는 말할 때 다양한 버릇을 가지고 산다. 예를 들면 말하는 사이 사이에 '쯧'하는 소리를 내는 사람도 있고, 코를 '킁'하는 소리를 내는 사람도 있다. 이런 버릇은 애초에 고치는 것이 시청자들의 귀를 괴롭히지 않는 길이다.

## ⏻ 셀러 비주얼점검

집에서 하는 건데 티셔츠만 입고 하면 안될까? 된다. 꼭 메이크업이나 헤어까지 풀세팅을 해야 할까? 안 해도 된다. 라이브커머스의 장점이 바로 '소통' 아니겠는가. 분명 소탈한 옷차림과 상태에서 매력을 느끼는 사람들도 있을 것이다. 그러나 씻지도 않고 눈꼽, 코딱지가 덜렁거리는 채로 방송하는 것을 좋아하리라고 생각하는 것은 아니기 바란다. 일단 사람을 만날 때 기본적인 것은 충분히 갖추자. 이 정도만 해도 시청자는 이해할 것이다.

쇼호스트라고 해서 정장에 단정한 옷차림을 하는 것은 이미 옛말이다. 상품과 가장 이미지가 맞는 옷을 고르는 것을 추천한다. 간혹 어린이를 위한 용품, 장난감이나 동화책 등을 판매하는 분들은 아이들 눈높이에 맞추어서 코스튬을 하는 경우도 있다. 금발머리 가발이나 공주님 분장을 하기도 한다. 즉 제품에 맞는 콘셉트를 짜는 것이 필요하다는 의미다. '직장인에게 맞는 봄컬러 신상 화장품'이 주제라면 직장인다운 옷, 봄에 입는 옷이 필요할 것이다. '주방에 꼭 필요한 주방용품'이 콘셉트라면? 하다못해 앞치마라도 두르고 나타나야 한다는 의미다. 만약 고가의 명품을 판매하고 싶다면? 당연히 그에 맞게 갖춘 옷차림이 필요할 것이다.

이런 콘셉트가 필요하지 않은 제품이라면 가장 무난하고 깔끔한 옷차림을 추천한다. 여기서 튀어야 할 것은 셀러가 아닌 제품이기 때문에 너무 화려하거나 너무 허름한 옷차림을 하는 것은 부적절하다. 중요한 것은 셀러가 아니라 제품임을 잊지 말자.

상체만 나온다고 해서 상반신만 차려입는 것은 추천하지 않는다. 집이라는 것을 시청자들도 다 알기 때문에 어느 정도는 이해할 것이나, 상체는 예쁜 블라우스에 자켓을 입어놓고 아래 몸뻬 바지를 입은 모습이 송출된다고 생각해 보자. 한 시간 동안 셀러가 일어서거나 움직일 일이 없다면 모르겠지만, 정말 카메라조차 움직일 일이 없다고 장담할 수 있을까? 어떤 상황이 올지 모를 때는 최대한 준비해 두는 것이 옳다고 본다.

어떤 것이 도통 좋은 차림인지 모르겠다면 해당 분야의 셀럽들을 한번 살펴보자. 주로 많이 입는 옷들이 있을 것이다. 그들의 방송도 모니터링할 겸 보다 보면 자연스럽게 어울리는 의상과 메이크업, 헤어스타일까지 찾게 될 것이다.

# 철저한 사전 마케팅과 완벽한 콘셉트

앞에서 언급한 정도만 지켜도 사전 준비는 어느 정도 갖춘 셈이므로 시청자 유입률은 일정 수준 확보했다고 볼 수 있다. 그러다가 어느 순간 정체기가 찾아온다. 현재 그립에서 제일 많은 팔로우와 시청자를 보유한 셀럽도 10,000명을 넘기지 못한다. 최근 뷰티꿀팁 카테고리에 셀러도 많아지고, 전에 보이지 않던 남자분들의 라이브방송이 보이기 시작했다. 그리고 제품의 가격대도 점점 높아지는 중이다. 그런데도 뷰티꿀팁에서 시청자수가 200명을 넘기는 사람이 거의 없다. 주말에 250~300명 정도가 시청을 한다면, 평일에는 200명도 넘기기 힘들다.

시청자가 고정되니 매출도 요지부동. 그러면 더 큰 네이버 시장으로 옮기는 것이 답일까? 말처럼 쉽지 않다. 현재 네이버 라이브 또한 3개월에 주문 300건 매출액 800만 원이라는 제약 때문에 신규 셀러가 적은 편이다. 그립은 특별한 제약까지는 없기 때문에 방송을 하는 사람들이 늘어나고 있다. 그래서 신규 그리퍼(셀러)는 많은데 신규 시청자의 유입이 정체되어 있다. 수수료로 인한 수익률 감소와 신규 고객의 창출이 절실해져 있는 상태. 그렇다면 이 한계를 돌파할 수 있는 답은 하나다. 매출 정체는 사전 마케팅이 부족하다는 신호다.

## ⏻ 사전 홍보

라이브커머스는 그야말로 정글이다. 그냥 방송만 켠다고 고객들이 몰려들 것이라고 상상하는가? 천만의 말씀이다. 그저 둘러보러 온 시청자가 물건을 그냥 살리 만무하다. 따라서 사전에 미리 홍보를 좀 해두는 것이 좋다. 예고도 한 번이 아니라 여러 번, 반복적으로 하는 것이 좋다. 보는 사람이 지겹지 않도록 신선한 느낌의 예고 또한 강구해 보길 바란다.

### ▶ 배너 광고를 활용하라!

배너 광고는 주로 카카오나 페이스북, 구글 같은 대형 매체에 건다. 방송 일정만 알려주면 예비 고객이 이탈될 수 있으니, 아예 광고 레벨부터 사전 알람을 준다고 홍보하는 쪽이 유리하다. 방송 도중 광고가 걸려 있는 랜딩페이지를 방송 URL로 설정하거나, 아예 랜딩페이지에서부터 방송 사전알림을 받고 생방송에서만 가능한 이벤트 등등을 띄우는 식의 기획도 효과가 좋다.

◉ 팬덤을 확보하라! SNS 홍보 효과

　어느 정도 팬층을 보유하고 있다면 SNS를 통해 이벤트를 진행할 수
있다. 고정 팬덤이 있는 인플루언서나 셀럽들과 협업할 때 더 좋은 효과
가 나기 때문. 라이브방송 관련 해시태그의 유입량을 늘리거나 검색량
을 늘리는 것도 장기적으로 보면 도움이 된다.

〈그림1〉 인스타그램 배너 광고

〈그림2〉 인스타그램 피드에 사전 홍보

## ◉ 라이브 구독자는 다다익선! 최대한 끌어들일 방법은?

방송이 시작하기 전에도 라이브커머스 기획은 이미 'ing'이다. 미리미리 앱에서 가는 메시지나 문자메시지, 카카오와 네이버의 자체 알람 서비스를 보내 '아, 이 방송이 있었구나'를 떠올릴 수 있도록 하자. 관심, 찜하기, 친구맺기 등을 활용하여 항상 소비자와 연결되어 있는 느낌을 주어야 한다.

## ⏻ 시청자의 시선 가두기1 이벤트

시청률을 높이려면 볼거리가 있어야 한다. 개그맨 셀럽의 등장, 나만의 꿀팁(노하우) 대방출, 현실감 있는 직장인 모델 채용, 코로나 시대에 마스크를 고려한 여러 패션방법 연출하기 등 다양한 볼거리를 제공하는 것이 셀러의 몫이다. 아래는 필자가 시청자를 가두기 위해 사용한 방법이다.

### ◉ 팔로우 이벤트

한번은 팔로우 100명 달성 기념으로 팔로우 이벤트를 하였다. 방송 중에도 팔로워를 늘리기 위해서 방송 중 팔로우하는 사람도 이벤트에 포함될 수 있도록 계획했다. 방송 전까지 팔로우한 사람은 미리 종이에 프린트를 하여 넣어 놨고, 방송 중 팔로우하는 사람은 진행자가 아닌 도움 주는 사람이 옆에서 손으로 적어서 추첨함에 넣기로 했다. 추첨된 사람 중에서는 방송 끝날 때까지 댓글을 다는 사람에게 스타벅스 쿠폰을 드리기로 했다. 단지 추천함에서 뽑은 사람이 당첨되는 것으로 하면 라이브 방송을 실시간으로 시청하는 사람들이 의미가 없어지기 때문에 굳이 방송으로 이를 확인하고 댓글을 달게 했다. 그립에서 진행하는 이벤트를 활용하면 셀러도 시청자도 조금 더 혜택을 볼 수 있다.

〈그림3〉 그리퍼 팔로우하기 방법 출처 : 그립 페이스북 페이지

## ▶ 노래퀴즈와 속담퀴즈

노래제목 맞추기 이벤트도 있다. 노래를 들려주고 제목을 맞추게 하거나, 퀴즈를 내고 제일 먼저 맞춘 시청자에게 쿠폰을 보내주는 방식이다. 물론 이 방식은 팔로우를 안 한 사람도 할 수 있지만 계속 추첨만 진행하거나 상품 소개만 하면 지루해질 수 있으니 변화를 준 것이다. 오히려 이런 이벤트로 인해 팔로우를 역으로 늘릴 수도 있다. 노래와 같은 경우는 퀴즈 형식이 아닌 신청곡을 받아 신나는 음악을 틀어줄 수도 있다.

속담퀴즈는 굳이 속담이 아니어도 된다. 필자는 북한말 맞추기 퀴즈로 진행하기도 했다. 또는 지역 음식 맞추기 이벤트같이 퀴즈 형식의 이벤트는 다양하다. 그립에서도, 네이버에서도 많이 했던 방식이다.

이때 주의할 것은 행동과 영상 사이의 차이(그립 기준 약 9초)가 있어서 댓글이 많아지면 다소 느린 반응을 보일 수 있다. 그리고 이미 이벤트 당첨된 사람이 제목을 또 맞췄을 상황에 대해서 공지를 반드시 해주어야 한다. 이미 받은 사람은 중복당첨이 불가한 것으로 고지해 주어야 불만이 없다. 당첨자는 꼭 체크해 두고 후에 상품을 보낼 주소나 아이디 등을 받아두자. 필자는 1:1 문의 게시판에 이름, 주소, 연락처를 남기라고 했다.

## ◉ 댓글 반복 달기

댓글이 너무 많으면 그것대로 진행이 어렵지만, 댓글이 없으면 없는 대로 진행이 어렵다. 라이브커머스의 기본이 소통이기 때문에 셀러가 30분 정도 이야기하면 30분은 댓글도 읽고 응대도 하는 시간으로 채워야 한다. 그런데 시청자가 아무 반응이 없이 그저 셀러의 재롱만 보고 있다면 어떻겠는가? 당연히 그날의 방송은 어렵다고 봐야 한다.

댓글 이벤트는 이런 타이밍에 활용하기 좋다. 특정 질문을 하나 하고 그에 대한 대답을 유도하거나, '피부 고민을 댓글로 남겨주세요! 그중에 가장 공감되는 사연에 상담과 함께 선물을 드리겠습니다.'와 같은 댓글 유도 또한 도움이 된다. 필자는 '폴프랑 좋아요'라고 쓴 사람이 당첨되는 이벤트를 진행했다. 셀러가 '그만!'이라고 외친 소리에 맞게 마지막으로 댓글을 쓴 사람이 당첨되는 이벤트였다. 이 경우에도 시간 지연을 사전에 미리 계산해 두어야 한다.

## ▶ 선물 보내기

선물로는 기프티콘이 가장 적당하다고 생각한다. 기프티콘으로 경품을 선택한 이유는 따로 있다. 집에 있는 화장품을 당첨자에게 보내면 택배비로 보통 3500원 정도, 박스비, 수고비까지 포함하면 그 이상의 품이 든다. 그러니 4000원대 커피 쿠폰이 진행자에게도 제일 저렴하게 보낼 수 있고, 수고도 훨씬 적게 드는 방법이다. 그리고 화장품을 당첨자에게 보냈을 때 피부에 안 맞거나 이미 갖고 있는 제품이면 경품을 받은 사람도 별로 기쁘지 않을 것이다. 그래서 가격대 조절도 쉽고, 편하게 경품을 보낼 수 있는 기프티콘을 추천한다.

## ⏻ 시청자의 시선 가두기2 커버사진

우스갯소리로 소개팅에서 외모는 예선, 성격은 본선이라는 소리를 한다. 이 말은 외모부터 합격해야 그다음 무언가가 눈에 들어온다는 것인데, 커버사진은 여기서 외모, 예선에 해당한다고 할 수 있다. 시청자 눈에 끌리는 무언가가 있어야 시청자 역시 방송을 보러 들어온다. 방송의 질은 그다음의 문제다. 내 방송을 보고 싶게 만드는 커버사진에 무엇이 있는지 생각해 보자.

〈그림4〉 그립의 커버사진

〈그림5〉 네이버쇼핑 라이브 커버사진

###  얼굴이 있는 방송 커버사진

방송 커버사진은 셀러의 얼굴을 담아야 한다. 셀러 얼굴이 크게 나오게 찍는 것이 수많은 그립 방송 목록 중에 주목을 더 끌 수 있다. 경험담을 하나 들려주려 한다.

방송을 시작한 지 얼마 안되어 눈코 뜰 새 없이 바쁘던 어느날, 방송 커버를 미리 준비하지 못했다는 것을 방송 시작 10분 전에 알았다. 부랴부랴 진행자의 얼굴 없이 제품만 놓고 대충 찍었다. 아쉬웠지만 시간상 어쩔 수 없었고, 방송을 시작하였다. 하지만 불길한 예상은 그대로 적중하였다. 전날 방송보다 시청자의 유입이 확연히 줄었다.

그립 어플의 메인 페이지에서 보니 전날 방송은 떠있는 반면 그날의 방송은 다른 방송에 묻혔다. 방송을 거듭하며 늘어났던 누적 시청자수가 오늘은 92명으로 마무리되었다. 그나마 다행은, 열혈 시청자가 있어 동시 시청자수는 전날 누적 시청자수가 158명이던 때와 비슷하게 나왔다는 점이다.

이 로직은 인스타그램 피드와도 비슷하다. 사람의 얼굴이 들어가 있는 피드는 클릭률이 가장 높다. 순위를 매기면 1. 눈에 확 띄는 얼굴이 있는 방송 커버사진, 2. 칙칙하더라도 얼굴이 있는 사진, 3. 제품사진 순으로 유입률이 나온다. 라이브로 방송을 하고 있을 때는 방송커버 이미지가 1초 정도 보이고 현재의 방송이 실시간으로 보이지만 수많은 라이브방송을 선택하는 시청자에게 1초는 긴 시간이며, 선택에 있어서 자비는 없다.

제품을 최소 1일 전에는 선택하고, 방송 커버사진과 방송 예고 사진을 동시에 찍어 두자. 다음 방송 예고는 방송이 끝나자마자 예고 사진과 함께 올려야 하며, 커버사진은 방송을 시작할 때 사용하자. 참고로 그립에서 방송 예고 사진으로는 가로 비율이 긴 사진을 써야 효과적이다.

## ◉ 마크가 박힌 제품 사진

〈그림6〉 폴프랑 썸네일

왼쪽 사진을 보면, 제품의 상단과 우측에 폴프랑 마크를 넣었다. 제품 사진 하나만으로도 정보가 눈에 쏙 들어올 수 있게 하는 것이 중요하다. 또한 다른 방송과 조금이라도 차별성을 줄 수 있고, 브랜딩 작업을 위해서도 필요하다. 1인 방송은 비용을 안 들이고 개인이 하는 수준이라 아직 미흡하게 보일 수 있다. 그러나 시청자에게는 조금씩 발전해 가는 모습을 보여주고 시청자들에게 친숙함을 부여하고, 스스로 방송을 준비하는 모습을 보여주었을 때 더 신뢰와 애착을 부여할 수 있다.

## ⏻ 셀럽을 따라해 보자

76번째 방송에서 연제 PPC크림과 바디쉐이프겔, 듀얼크림을 판매했다. 얼굴에 바르는 제품이 아니고, 바디에 바르는 제품이라서 다른 카테고리를 상당히 고민했다. 그러다가 개그맨 유상무 씨가 알쓸신템에서 아모레 퍼시픽 제품을 팔고 있길래 일부러 그 옆에서 방송을 해보려고 카테고리를 알쓸신템으로 골랐다. 그러면 새로운 방송이 시작하기 전까지는 알쓸신템에서 2번째, 유상무 옆에서 판매를 하게 된다.

결과는 어땠을까? 새로운 제품이었는데 방송시작 30분 만에 300만 원, 1시간 만에 700만 원으로 쭉쭉 올라가더니 76회의 방송 중 1회 방송 최대 매출을 기록했다. 원조 할머니 꼬리곰탕집 근처에 가보면 굳이 유사 업체들이 많이 들어선다. 다 이유가 있는 것이다. 셀럽이 셀럽인 데에는 이유가 있고, 그 주변에서도 자연스레 고객이 따라붙는다.

## 어설퍼서 아쉬웠던 콘셉트

위 사례는 결과가 좋았던 시선가두기였다면, 여기 소개하는 내용은 준비가 미흡하여 결과가 좋지 않았던 콘셉트 사례다. 콘셉트 기획 자체는 좋았는데 사전 분비가 덜 되어 빛을 못 본 사례다. 이를 계기 삼아 사전 준비가 항상 우선이라는 것을 배웠다.

### "땀복을 함께 판매하려고 계획하였으나 불발"

땀복을 함께 판매하려고 계획하였으나 불발되었다. 업체에서 가격과 사이즈 배송방법 등 협의를 거의 마무리되었을 때 디자인을 한 종류만 준다고 한 것이다. 올블랙 한 종류와 핑크, 회색으로 디자인되어 있는 두 종류가 있었는데 진행자는 올블랙만 갖고 있었다. 그런데 핑크회색만 물건을 주겠다고 한 것이다. 그럼 진행자가 검은색밖에 없는데 방송 진행하기가 어렵다. 특히나 화장품보다 옷은 디자인이 더욱 중요한데 방송에서는 검은색을 보여주고 판매는 핑크회색으로 하기란 사실상 불가능하다. 게다가 올블랙이 좀더 선호도가 높을 것으로 예상되는 데다가 고객분들께 남편분 것도 같이 팔려고 했는데 남자는 핑크회색을 못 입는다. 그래서 땀복을 예고했지만 양해 말씀을 드리고 피피씨크림만 진행했다.

### "5일 만에 5키로 감량비법 전격공개"

제목이 좋아서였을까. 방송을 시작하자마자 누적 시청자수가 빠르게 진행하였고, 동시 시청자수도 20명을 금새 돌파했다.

하지만 결과는 생각보다 판매량이 저조했다. 라이브방송 커버사진이 전신 사진으로 이목을 끌 만한 사진이었고, 제목도 자극적으로 "5일 만에 5키로 감량비법 전격공개"로 하였기 때문에 방송 초반부터 시청자를 끌어들일 수 있었지만 생각보다 제품이 평범했던 것이다. 곡류분말을 파우치에 담은 제품이었고, 가격경쟁력도 부족했다. 그리고 화장품과는 다르게 식품이었고, 유통기한을 물어보는 시청자가 있었는데 제품에 실제 남은 유통기한이 3개월이었다. 방송 중에 순간 거짓말로 실제 배송되는 제품은 유통기한이 더 많이 남은 제품을 보내드린다고 말하고 싶었지만 3개월 남은 제품이 배송될 것을 알기에 솔직하게 말했다. 3개월 남은 제품이 배송될 거라고 또한 제품 자체가 비슷한 다른 제품과 특별하게 차이점이 없었기에 고객에게 제품을 구매하도록 설득하기가 어려웠다. 그리고 계속 판매해온 화장품이 아니다 보니 편하게 방송을 진행하기도 어려웠기에 1시간 50분 동안 방송을 이어 갔고, 누적 시청자가 최초로 300명이 넘었지만 겨우 2명한테만 팔 수 있었다.

# 대본대로 굴러가지 않는 현장, '말' 잘하는 법

초반부에는 당연하지만 대본이 필요하다. 나중에 숙련도가 높아지면 그때그때 유동적으로 대처할 수 있지만, 처음엔 좀 어색해도 대본을 보고 가야 한다. 기계적이고 어색할 수는 있지만 버벅거려서 진행이 느린 것보다야 훨씬 낫다. 방송을 보러 온 사람도 있지만, 기본적으로 판매자에 대한 흥미 반, 물건에 대한 흥미 반인 사람들이기 때문이다. 초반에는 미숙하더라도 기본에 충실하면 충분히 어필을 할 수 있다.

그러나 회차가 거듭되다 보면 대본에 있는 그대로를 읽는 것이 그다지 매력 있는 설명이 아니라는 점을 알게 된다. 그리고 대본이 필요없는 순간이 오게 된다. 사실 현장은 생각대로 굴러가지는 않는다. 어떤 사람이 보러 오고, 무슨 말을 할 것인가는 대본에 없기 때문이다. 그 다양한 변수를 생각해서 어떻게 대처할 것인지 고민해 두자.

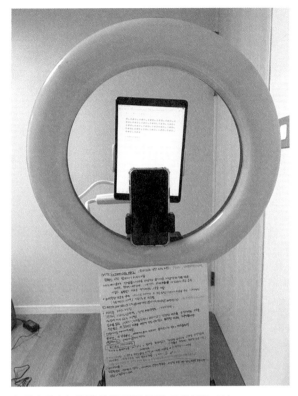

〈그림1〉 필자가 대본을 써서 조명에 붙여놓고 방송하는 모습

## ⏻ 세일즈용 스피치란?

본론으로 들어가기 전에 '글'과 '말'의 차이를 알아야 할 것 같아 적는다. 상품 미팅을 할 때 협력사에서 '상품 설명서'를 보내온다. '부패 방지를 위해 사용되는 합성보존료를 배제하였습니다.' 이 문장을 읽으며 '아, 건강하게 만든 제품이구나'라고 생각을 하게 될 것이다. 그리고는 방송에서 이대로 똑같이 읽으면, 시청자들도 똑같이 생각할까? 아마 아무도 귀

담아 듣지 않을 것이다. 정말 재미없고 지루하게 느껴진다.

말을 할 때는 여기에 '맛'을 더해 주어야 한다. "여러분, 가공식품 많이 드시죠? 왜 야식으로 많이 먹잖아요. 먹고 다음날 일어나면 어때요? 다음날 붓고, 뾰루지 올라오고. 피부까지 생각한다면 먹을 수가 없어요. 그런데 그렇다고 야식 참으면? 인생을 무슨 낙으로 살아요? 그때 드시라고 이 제품이 있는 거죠. 이 제품은 합성보존료 무첨가 제품이거든요."

차이가 보이는가? 대본을 그대로 읽어서는 안 되는 이유도 느껴질 것이다. 특징을 나열하기보다는 스토리텔링을 넣어주고, 이미지를 떠올리게 하며 공감을 불러일으키는 것. 모두 사람의 상상력을 자극하기 위한 방법이다. 외에도 방법은 여러 가지가 있지만 이러한 방법을 세일즈 스피치라고 할 것이다.

## ⏻ 말 한마디를 내뱉더라도 책임을 져야 한다

말에는 힘이 있고 그것이 공적인 자리라면 더더욱 그러하다는 사실을 꼭 알기 바란다. 시청자는 셀러의 말을 믿고 산다. 따라서 생각나는 대로 이야기하지 말고 반드시 고민을 거쳐서, 합의된 내용을 이야기해야 한다. 셀러가 말을 한마디 하면 시청자들은 100마디 말을 한다.

만약 다음날 판매 제품은 이것이다!라고 이야기한다면 최소 10분은 질문을 받게 된다. 아무리 셀러가 지금은 오늘 제품을 설명하겠다고 말해도 내일 제품 질문만 10분 동안 달린다. 그래서 방송에서 판매해야 하는 제품설명이 뒤로 밀린다. 어떤 말을 하느냐에 따라서 다음 댓글의 흐름이 달라질 수 있다.

아직 정확히 정하지 않은 것들에 대한 질문도 있다. 그렇다 보면 진행자가 현장에서 급작스럽게 정하게 된다. 방송 중간 중간에도 전혀 상관없는 질문이 들어오면서 방송 흐름이 끊기기도 한다. 당장 지금 파는 제품의 질문도 많지 않은데, 다음에 팔 제품을 중간에 예고라도 했다간 그 제품의 질문들만 계속 들어온다. 그렇다고 해서 다음날 판매할 제품까지 준비해 올 것인가? 그럴 바에야 오늘 팔지 왜 내일 파는가? 30명 정도에게 말하기 위해서 미리 다음날 제품을 홍보하는 것은 장점보다 단점이 더 많은 행동이다.

생각나는 대로 말하게 되는 것을 주의해야 한다. 한번은 방송 중에 어떤 시청자가 전날 방송했던 제품을 구매하고 싶어했다. 당연히 판매자는 전날 라이브가격으로 제품을 팔고 싶었다. 사실 공급가격은 언제나 같으니까 라이브가격으로 드려도 수익은 충분히 낼 수 있는 상황이었다. 그래서 판매자의 생각에 맞춰서 처음에는 그 제품을 라이브가격으로 드리겠다는 식으로 말씀드렸다. 그리고는 순간 다른 시청자 중에 전날 방송 종료 후에 라이브가격보다 비싸게 산 사람이 있다는 게 생각났다. 결국 필자는 말을 번복해야 했다. 죄송하다고 말씀드리고, 라이브가격 정책을 훼손시킬 수 없다고 양해를 구하고 대신 방송 중에만 증정해 드린다고 했던 사은품을 드리기로 했다. 한 사람에게 잘해 주고 싶어서 형편에 맞게 말했다가는 다른 고객의 신뢰를 잃어버릴 수 있다.

## ⏻ 대본 외우기가 어렵다면?

누가 이렇게 질문한다면 나는 당연하다는 듯 답할 것이다. 보고해라. 누가 뭐라고 하지 않는다. 말을 버벅거리고 막히는 것보다 100배는 낫다. 대신에 시선을 떨구고 줄줄이 읽지만 말았으면 한다. 시선 처리를 위해서 추천하고 싶은 방법은 '프롬프터'를 쓰라는 것이다. 필자는 '노션'이라는 프로그램을 사용한다. 노션은 무료 프로그램이며 테스크탑, 노트북, 스마트폰, 아이패드, 갤럭시탭 등 어느 기계에서나 사용할 수 있고, 같은 페이지를 띄우면 어디서든 동시에 같은 화면을 볼 수 있다.

〈그림2〉 노션(현재 가장 진일보한 생산성 툴)
출처 :https://www.notion.so/ko

　진행자를 도와줄 스텝이 글씨를 타이핑하면 아이패드에서 그대로 볼 수 있으므로 방송에서 매우 큰 도움이 된다. 글자 크기 조절이 안 되고, 멀리서 보기에는 조금 작을 수 있으므로 제목 부분에 가장 중요한 내용으로, 그리고 내용에서는 heading1이라는 종류로 글씨를 써서 진행자가 보기 쉽게 프롬프터를 올려줄 수 있다.

나중에 시청자수가 많아지고 채팅도 많아지면 진행자 혼자 감당하기가 굉장히 어렵다. 인기 있는 인플루언서들은 아예 댓글을 찾아 반응하기조차 어렵다. 제품 설명하다가 질문에 답하고, 방송입장한 시청자 언급에 장바구니 넣은 분까지 언급하기가 여간 어려운 것이 아니다. 정신이 없다. 이런 부분을 모니터링해 줄 사람이 스텝이다. 스텝이 미리 찾아 어떤 분이 물건을 사가셨는지, 제품에 대해 어떤 질문이 들어왔는지 이야기해 주면 빠르게 캐치할 수 있다.

## ⏻ 절대, 절대, 절대 보고 읽지 말 것!

강조하고 강조하지만 라이브커머스는 '소통'의 장이다. 프롬프터만 보고 글씨를 읽어버리면 소통한다는 느낌을 받을 수 없다. 사실 프롬프터가 생기면 셀러 입장에서는 해야 할 일이 하나 더 생기는 셈이다. 셀러는 정말 정신이 없다. 제품설명을 하고 댓글을 보며 질문에 답을 하고, 시청자가 입장하면 인사를 건네는 중간에 어떻게 프롬프터까지 신경을 쓰겠는가? 내용이 아무리 최소한으로 전달되어도 머릿속은 과부하가 걸리게된다. 그래서 셀러는 반드시 사전에 무슨 내용이 올라올 것인지, 무슨말을 할 것인지 숙지를 해야 한다.

그리고 이 부분은 스텝과 합을 미리 맞춰보아야 한다. 프롬프터로 전달하는 것도 상당히 어려운 일이다. 간단하게 적으면 무슨 의도인지 알기 어렵고 길게 적자니 읽어보느라 시간이 다 간다. 이렇게 되면 셀러도, 스텝도 머릿속이 복잡하고 과부하가 걸리게 된다. 그러므로 예를 들어, 댓글창 보고 소통이 필요할 때는 '댓글', 아이디 @@@님이 물건을 장바구니에 넣으셨으면, '장바구니' 이런 식으로 서로 미리 이야기를 해 두어야 바쁜 와중에 당황하지 않고 진행을 할 수 있다.

외워서 말하는 것은 정말 티가 나고, 보고 읽는 것은 더더욱 티가 난다. 그럴 바에는 더욱 잘 정제되고 편집된 CF를 보지 누가 굳이 라이브 커머스에 들어오겠는가. 사전 준비가 되어 있는 상태에서 프롬프터를 보는 것과 아무 대책 없이 시키는 것만 따라 하는 것은 다른 문제다.

## ⏻ 전문가의 도움받기

혼자 진행이 어렵다면 진행 경험이 있는 숙련자의 도움을 받는 것도 하나의 방법이다. 우연히 공중파에서 20년간 리포터로 활동해 온 지인의 도움을 받은 일이 있었다. 오랜 기간 방송을 해온 경험이 있었던 덕일까? 분위기를 띄우는 방법이나 준비된 멘트가 필자와는 비교가 안 될 정도로 매끄러웠다. 그리고 방송을 띄우기 위한 다양한 아이템들이 준비되어 있어서 시청자 분들이 지루할 틈이 없었다.

누적 시청자수가 일정 수치를 돌파하면 간단한 노래나 율동으로 분위기를 띄우고, 마찬가지로 시청자 분 중에 장바구니에 담거나 구입을 했다는 댓글이 달리면 똑같은 방법으로 분위기를 띄웠다. 그리고 무엇보다 시청자 분들에게 왜 제품을 구입해야 하는지 그리고 4종의 앰플이 어떻게 다른지 정확하고 논리적으로 짚어주었다. 왜 전문가가 필요한지, 그리고 쇼호스트, 리포터, MC의 힘이 이 정도구나라며 그 위력을 실감

했던 날이었다.

 게다가 그동안 혼자서 진행했던 이전 방송과는 다르게 차별성 있는 방송을 만들어주어 깊이 감사하고 있다. 재밌는 멘트와 방송 흐름을 자연스럽게 해주는 센스가 돋보였다. 아무래도 진행을 오랫동안 해온 터라 방송에서 많이 듣던 멘트가 익숙하게 느껴지는 부분들이 많았다.

 라이브커머스 방송의 특성상 약간의 아쉬움도 있었다. 텔레비전에서의 방송과 차별성은 시청자들이 이 방송에 오랫동안 머물지 않는다는 점이다. 오늘 누적 시청자수가 신기록을 돌파해서 174명에 도달했지만 동시 시청자수는 크게 차이없는 16명이었다. 16명이란 숫자도 신기록이기는 하지만 직전 방송에서는 누적 시청자수 158명에 동시 시청자수 15명이었던 것과 비교하면 이번 방송에서 시청자들이 보였던 시청 방식은 큰 차이가 없었던 것 같다. 다들 쉽게 들어와서 잠깐만 보고 바로 나가는 형태를 보였던 것 같다.

 사실 자주 봐왔던 개그맨이나 방송인들이 방송을 하고 있으니 리포터가 시청자를 끌어 당기고 오랫동안 방송을 보게 하는 것은 크게 작용하지 않았던 것 같다. 게다가 이 제품은 고객분들로부터 방송 전부터 가장 문의가 많았고, 인스타그램에 홍보한 정도도 가장 컸고, 그립에서 방송을 거듭할수록 계속해서 팔로우와 누적 시청자수가 늘어났던 것에 비하면 숫자가 엄청 획기적으로 늘어난 것 같지는 않다.

 전문가의 도움을 받는 것은 부끄러운 일이 아니다. 내가 부족한 부분을 채워서 시청자들에게 재미와 기쁨을 줄 수 있다면, 전문가를 초빙하는 나의 노력 역시 인정받아야 할 공로이다. 그러나 장단점은 확실히 알아두고 넘어가야 한다. 인플루언서 또는 전문가를 모셔오면 진행자로서의 내 역할이 흔들릴 수 있다. 잘 하는 사람이 옆에 있으니 주눅들어서 그럴 수도 있고, 그냥 감탄만 하고 넋 놓고 보게 되는 경우도 있다.

또는 잘하고 있으니 기대고 맡겨두려고 하는 모습을 보일 수도 있다. 그래서 마음을 잘 다잡고 자기 룰이 무엇인지 명확히 해두어야 한다. 또한 제품이미지와 맞지 않거나 개성이 너무 강한 인플루언서라면 상품이 죽고, 인플루언서의 개성만 남아버리는 방송도 있다. 라이브커머스의 목적을 잊어서는 안 된다. 우리는 물건을 팔아 매출을 올려야 하는 셀러다.

## ⏻ 제품이 많을 때

간혹 '네가 무엇을 좋아할지 몰라 다양하게 준비해 봤어!'와 같은 느낌으로 상품을 준비하는 경우를 보면 약간 위태로운 듯하면서도 동시에 셀러의 셀링 능력을 궁금해하게 되곤 한다.

시청자는 셀러의 모습을 9초 뒤에 본다. 옛날 뉴스에서 앵커와 아나운서가 서로 딜레이를 가지면서 진행하던 것과 같다. 진행자가 말하면 9초 뒤 시청자가 보고, 시청자가 댓글을 달면 다시 9초 뒤 진행자가 대응하게 된다. 그런데 제품이 많으면 이 현상이 심해진다. 시청자도 궁금한 게 많아진다. 무슨 제품에 대해 물어보는지 파악하기 힘들어진다. 그리고 제품이 많으면 시청자도 제품을 고르기 힘들어한다. 오늘은 마스크팩 종류가 3종이고, 토너패드는 2종이다. 셀러는 모든 제품이 좋다고 말하고, 상세페이지도 좋다는 얘기만 있다. 고객들은 무엇이 좋은지 물어보지만 셀러도 각 제품에 대해 꼼꼼하게 말할 수가 없고 결국 장점만 말해줄 수밖에 없다.

제품이 많으면 셀러도 설명하기 힘들다. 제품을 하나 설명하면 100마디는 따라온다. 설명만 후다닥 한다고 끝나는 것이 아니다. 댓글에도 소통을 해야 하고 댓글 내용마저 중구난방으로 물어올 확률이 크기 때문에 매끄럽게 진행이 되지 않는다. 설명하는 사람은 한 명이지만 댓글을 하는 사람은 여러 명이다. 주어도 목적어도 없는 질문 세례를 수없이 받아야 한다.

　－용량이 얼마나 돼요?

　－전에 여기서 구입한 제품이랑 같이 쓸 수 있어요?

　－트러블 심한데 뭐 써야 돼요?

제품이 많으면 질문이 중구난방이다. 제품 수량이 많다면, 여기서 어떤 제품을 말하는지 찰떡같이 알아들을 수 있는가? 지금부터 한 제품씩만 설명하겠습니다라고 말하면 안되느냐고? 아무 소용이 없다. 르씨 제품을 설명하려고 하면 세럼을 물어보고 세럼을 설명해 달라고 한다. 세럼을 설명하려고 하면 르씨를 물어본다. 르씨 설명하겠다고 아무리 말해도 큰 차이는 없다. 방송 중간에 들어온 사람은 진행자가 르씨만 설명하겠다고 말한 것을 모르고 있기 때문이다. 진행자가 지금부터 세럼을 설명하겠다고 말해도 이제 막 들어온 사람은 이미 지나간 르씨 제품이 궁금하니까 바로 댓글로 물어본다.

여러 제품을 다룰 때의 가장 큰 주의사항이다. 독자 여러분께서 능력이 뛰어나고 수많은 상황에 대한 컨트롤 능력이 뛰어난 셀러가 아니라면, 정말 가급적이면 소품종을 대량으로 판매하기를 추천한다.

# ⏻ 좋은 댓글이 있으면 바로바로 캡처하자

<그림3> 라이브방송 중 실시간 댓글                    <그림4> 좋은 후기의 상세페이지 활용

댓글로 기존 구매 고객이 좋은 후기를 적어주면 스텝에게 스마트폰 화면
캡처를 부탁하자.

고객이 제품을 구매한 후에 제품에 직접 남길 수도 있지만 남길 때 혼
자 남기는 거니까 댓글로 남기는 후기와는 느낌이 다르다. 댓글로 남기

는 후기가 훨씬 생생하고 말해주듯이 남겨주고, 짧고 핵심만 남겨져 있기 때문에 좋다.

그리고 제품에 남기는 후기는 사라지지 않지만 방송 중에 댓글로 남기는 후기는 순식간에 사라져서 방송을 보고 있는 사람한테만 보여지고 끝이다. 그러니 좋은 후기는 방송을 보면서 캡쳐해서 남겨두는 것이 좋다. 그리고 제품별로 모아둔 후에 다시 제품을 판매할 때 방송에 활용하면 좋다.


## ⏻ 매끄러운 진행은 매출로 이어진다

모두 아시리라 생각이 들지만 이렇게 매끄러운 진행을 강조하는 것은 결국 그래야 잘 팔리기 때문이다. 이런 날도 있었다. 이벤트 진행 중에 신규 시청자도 많고 새롭게 들어온 사람도 많았다. 게다가 1월 1일 저녁이라서 뷰티꿀팁 방송은 4개밖에 안됐다. 그래서 그런지 더욱 신규 시청자도 많았고 동시 시청자도 많았다. 2시간 반 동안 방송을 했고 최초로 누적 시청자가 590명, 동시 시청자도 115명이었다. 이벤트도 잘 진행되어서 1시간 동안 재미있게 이벤트 추첨을 했고, 이벤트 진행 동안은 4명에게 제품이 팔렸다. 이벤트 동안 셀러는 제품 판매에 대해 언급하지 않았고, 스텝이 댓글로만 몇 번 언급했다.

이벤트를 종료하고 방송을 종료하려고 하니까 기다리고 있던 시청자들이 제품에 대해서 질문하기 시작했다. 그러면서 지금 열어 놓은 제품에 대해서 자연스럽게 대화주제로 넘어갔고, 기다렸다가 주문하는 충성고객과 이벤트라서 새롭게 들어온 시청자들이 만나면서 제품 판매가 활발하게 진행되었다.

　기다렸다가 살 정도니까 제품을 이미 사용해 보거나 아니면 제품판매를 며칠 동안 기다렸던 고객들이 댓글로 좋은 후기와 진행자에 대한 칭찬을 해줬고, 신규 시청자들은 궁금해서 방송을 보면서 구입하게 되는 현상이 발생했다. 이벤트도 잘 진행되었고, 우리가 우려했던 금요일 저녁에는 이벤트만 한다고 말했던 부분에서도 문제되지 않으면서 제품판매까지 진행하였다. 그날은 일일 매출 1300만 원이라는 기록적인 숫자를 갱신한 날이었다.

## 06
# 혼잣말할 거면
# 라이브방송을 왜 하니?

　필자가 방송을 두 달쯤 했을 무렵, 매일 오는 고객도 생기고 방송을 보면서 수다 떠는 고객들도 보이기 시작했다. 슬슬 시청자들이 제품을 판매하는 방송이면서 즐기는 방송이라고 인식하게 된 것이다. 독자 여러분도 이러한 상황에 놓여 있다면 이것은 매우 바람직한 현상이다. 즐거운 방송은 진행자도 편하고, 신규 시청자도 더 유입될 수 있는 상황으로 만들어지기 때문이다. 이번 장에서 이야기하고 싶은 것은 소통에 대한 내용이다. 소통은 단순히 시청자를 즐겁게 하기 위한 방편이 아니다. 셀러 역시 소통이 되어야 방송을 즐겁게 느낄 수 있다.

〈그림1〉 아이패드를 사용할 때            〈그림2〉 세컨폰을 보면서 소통할 때

소통하고 있다는 느낌을 주려면 아이컨택부터 잘 되어야 한다. 시선에는 많은 정보가 들어 있다. 시청자와도 눈을 잘 마주할 때, 나의 팔겠다는 의지가 전달될 수 있다. 앞서 대본을 외우기 어렵다면 프롬프터를 참고하라는 이야기를 했지만 필자는 언제부턴가 아이패드를 치우고 원

래 하던 방식으로 했다.

　방송 중에 진행자가 산만해질 수 있고, 또 하나의 큰 이유는 시선 처리 때문이었다. 시청자와 소통하고 싶다는 생각이 들면 자연스럽게 카메라 너머에 있을 시청자를 상상하게 된다. 그리고 이러한 생각은 카메라와 핸드폰 화면을 응시하는 시선을 만든다. 시청자 역시 이럴 때 본인을 쳐다보는 느낌이 들어서 친숙한 느낌을 받는다고 한다.

　그러나 아이패드를 핸드폰과 같은 위치에 두고 보아도 다른 곳을 쳐다 보고 있다는 느낌을 준다. 물론 일반 방송에서는 카메라와 진행자와의 거리가 그리 가깝지 않아서 프롬프터를 보는지 카메라를 보는지 시청자가 느끼기 어렵다. 하지만 라이브커머스에서는 마치 진행자가 딴짓을 하고 있는 것처럼 보이고, 혹은 핸드폰 너머에 다른 사람이 있는 것처럼 보일 수 있다. 즉, 시선으로 소통하는 가장 좋은 방법은 상품에 대한 정보를 머리에 달달 외우고, 이것을 시청자에게 전달하겠다는 생각으로 카메라를 보는 것이다.


## ⏻ 친분 있는 고객이 있으면 방송이 쉬워진다


　방송을 처음부터 혼자 하는 것은 어려운 일이다. 그래서 처음에는 스텝이 한 명이라도 꼭 붙어 있는 것이 좋다. 그런데 방송의 고정 팬층이 생기면 팬들이 스텝이 되어주기도 한다. 필자는 매일 하는 라이브방송 덕에 점점 팬처럼 방송을 기다리는 사람이 늘었다. 그리고 팔로우 수도 100명을 넘어가면서 그들에게 알림으로 방송 시작을 알려 주었다. 이미 구매를 한 고객들은 방송에 들어와서 눈팅만 하지 않는다. 진행자와의 친분이 쌓였으니 댓글도 조금씩 달아준다.

한번은 라이브커머스 방송을 시작하기 전 친분이 있던 한 고객분이 방송 초반부터 들어와서 이 제품을 본인이 몇 달 전에 써봤는데 효과가 엄청 좋았다고 댓글을 달아 주시고, 다른 시청자의 질문에도 스스로 답변을 달아 주셨다. 그 고객분이 댓글로 후기를 달아주고, 다른 시청자와의 소통으로 방송 분위기도 띄웠을뿐더러 진행자가 제품을 설명하느라 시청자의 질문에 대답을 못할 때, 바로바로 댓글을 달아줘서 구매를 고민하던 시청자들에게 더 신뢰를 가질 수 있게 해주었다. 정말 감사한 일이다.

그렇다면 이런 나쁜 생각이 들 수도 있을 것이다. 실제로 다른 아이디를 만들어서 바람잡이 역할을 맡길 수는 없을까? 어떻게 들키지 않고 한다면 이러한 효과를 기대할 수도 있겠지만 이런 거짓된 행동은 매 방송에서 계속할 수 없을 뿐만 아니라 또 다른 거짓말을 하게 되기 때문에 정말 위험한 행위다. 어렵더라도 실제 이러한 효과가 나타나도록 '노력'을 하는 것이 셀러의 정도를 걸어가는 것이라 생각한다.


## ⏻ 말을 빨리 할 필요는 없다

정신없이 방송에서 재미만을 위해 농담을 하고, 까부는 것은 순간적인 시청자를 늘릴 수는 있겠지만 그런 방송은 쇼핑을 위한 라이브커머스에 들어온 시청자가 다음에도 또 보고 싶어하지는 않는다. 핵심은 다음에도 내가 원하는 제품을 이 진행자가 또 팔까 하는 것이 팔로우를 하냐 안 하냐다. 그러므로 팔로우는 재미있고 웃겨주는 방송이 아닌, 제품이 좋고 다음 방송에서도 좋은 제품을 팔 것이 예상되는 방송에다가 건다. 방송에 들어왔을 때 좋은 제품을 소개하고, 다음 방송에서도 좋은 제품을 판매할 것이라고 진행자가 고객에게 어필하는 것이 팔로우를 끌어들이는 힘이 된다. 참고로 팔로우를 해주면 다음 팔로우한 시청자를 대상으로 이벤트를 한다고 말하는 것도 시청자의 팔로우를 유도할 수 있다.

급하게 말하고 정신없이 댓글에 반응하면 셀러가 그만큼 체력소모가 크다. 진행자도 정신이 없을 정도로 제품 설명하고, 제품구성 및 가격을 말하고 댓글에도 대답하고 새로 들어온 시청자와 인사하고 그러다 보니 정신적으로도 금세 지친다. 말하는 것도 체력소모가 크다는 것은 이 글을 읽는 사람도 이미 알고 있을 것이다. 말은 빠르게 많이 한다는 것은 특히나 여성 셀러에게는 체력적 고갈을 앞당기고 그만큼 방송 시간도 짧아지게 된다.

천천히 이야기하는 것은 또 다른 장점이 있다. 댓글에 대한 대답을 충분히 하면서 새로운 질문 댓글에 대답하는 시기가 지연된다는 것이다. 질문에 대답하는 시기가 지연되면 그 질문을 한 사람의 시청 시간이 늘어나게 된다. 질문을 했다는 것은 이미 제품에 관심이 있고, 살지 말지 고민하고 있는 시청자이므로 너무 지연되지만 않는다면 더 제품을 노출할 시간이 많아진다는 의미다. 때로는 오랫동안 방송을 지켜본 시청자가 대답을 해줌으로써 시청자 분들이 서로 소통을 하기도 한다. 진행자는 제품 설명이나 이전 질문에 대한 대답을 충분히 할 수 있어서 좋고, 질문한 시청자의 시청시간을 늘릴 수 있으면서 시청자 분들끼리 서로 댓글을 주고받으면서 방송이 좀더 활성화된다. 지연이 심해지지 않는 이상, 그리고 답변이 건너뛰어지지 않는 이상 방송 분위기는 더욱 좋아진다.

〈그림3〉 흥미를 끌지 못하면 채널은 바로 넘어간다!(좌우로 넘긴다! )
출처 : 네이버쇼핑 라이브

라이브커머스는 한 채널에 오래 가둘 수 없다고 생각해야 한다. 시청자는 한 라이브방송에 머무르는 시간이 짧고, 라이브방송을 하는 내내 들락날락하고 있으며, 방송이 끝날 때까지도 새로운 시청자의 유입이 계속된다. 누적 시청자수는 라이브로 방송하는 내내 계속 증가하고, 상당수 많은 시청자는 방송으로 들어와서 빠른 판단으로 구매할지 말지 고민 후 다른 방송을 보러 나간다. 방송을 길게 진행하면 할수록 누적 시청자수는 늘어나고, 제품의 구매 여부를 판단하는 시청자수를 늘릴 수 있다. 당연히 신규 팔로우 기회도 늘어나게 된다.

우리가 하는 라이브커머스 방송은 드라마나 예능이 아니다. 이 방송을 보기 위해서 기다렸다가 방송 시작과 들어오는 시청자가 얼마 되지 않을뿐더러 방송을 보는 시간도 매우 짧다. 뒤로가기 클릭 한 번이면 다른 수많은 라이브방송이 그들을 기다리고 있다. 그렇기 때문에 방송을 시작한 지 2시간이 지났지만 새로운 시청자가 들어와서 어떤 제품인지 물어보는 경우도 수두룩하다. 결국 소통하는 방식은 인식을 다르게 가져가야 한다. 라이브커머스에 맞는 인식이 필요하다. 제품에 대해 꼭 해야 하는 멘트는 3분 이내에 짧게 계획해서 방송 중간 중간마다 제품에 대한 이야기, 팔로우에 대한 이야기 등을 하고 나머지 시간에 댓글에 대답하고, 제품에 대한 추가적인 멘트와 시청자와 소통을 해야 한다. 시청자는 다양한 모습을 하고 있다.

- 진행자의 설명을 댓글로 정리해서 달아주는 고객
- 끊임없이 진행자를 칭찬하는 고객
- 제품 너무 좋다고 끊임없이 극찬하는 고객
- 어머니부터 언니, 동생 친구 소개해 주시는 고객
- 진행자에게 그렇게 진행하면 안 된다고 훈계하는 시청자, '직접 바르면서 진행해야 한다, 댓글을 더 빨리 읽으면서 소통해야 한다' 등을 알려주는 분도 있다.

- 기분좋게 적절하게 다른 시청자 댓글에 대답해 주는 고객
- 제품 질문은 대답 안 하고, 셀러가 답하기 어려운 질문 또는 제품의 효과에 대한 질문에 대답해 주는 기존 구매 고객
- 판매하는 제품(같은 종류의 다른 회사 제품) 사용해 봤는데 피부 트러블 올라왔다고 얘기하는 시청자
- 제품에 대해서 안 좋은 거 있지는 않냐고 묻는 시청자
- 진행자가 한 말에 대해서 진짜 그런가요? 진짜 피부과에서 판매하는 제품 맞나요? 하고 확인하고 싶어한다.

시청자는 정말 다양한 모습을 하고 있다. 이 중에서 어떤 질문에 답하고 호응해야 할지 감이 오는가? 혹은 이러한 질문들을 독자도 이미 받아보았는가? 셀러가 어떻게 반응하느냐에 따라, 소통하는 방식에 따라 같은 라이브커머스라도 정말 다른 공간이 된다.


## ⏻ 셀러의 에너지원, 소통

더욱더 소통이 중요한 이유가 있다. 진행자가 1시간 내지 2시간 동안 방송을 진행해야 하는데 제품판매를 하는 방송을 사실 그렇게 오랫동안 하기는 정말 어렵다. 홈쇼핑에서도 그렇게 많은 전문가가 협력해서 진행해도 1시간 정도만 진행한다. 그렇다면 혼자 또는 둘, 셋이서 준비하는 라이브커머스 방송을 1시간 정도 진행하기 위해 준비하는 것은 정말 어려울 것이다. 설명을 길게 준비해도 10분을 넘기기도 어렵고, 그것을 6번 이상 반복하는 것은 말하는 진행자뿐만 아니라 시청자도 고역이다.

진행자 혼자서 준비한 말을 계속해서 한다면 30분도 못하고 지쳐서 그만 하게 된다. 그리고 그 방송을 1시간 동안 보는 것도 지겨워진다.

하지만 시청자의 댓글을 읽고 그에 대한 대답을 하다 보면 훨씬 자연스럽게 방송을 진행할 수 있고, 방송시간을 채울 수도 있다. 그렇게 소통을 20분 정도 하고, 제품 설명 한번 하고, 그렇게 진행하는 것이 방송을 준비하는 진행자에게도 그리고 시청자에게도 좋다. 시청자의 참여도 유도하면서 진행자도 재미있게 방송을 채워나갈 수 있는 방법이다.

## ⏻ '셀럽'과 '셀러'의 차이

그립에서 셀럽으로 계약하게 되면 유리한 혜택을 얻는다. 셀럽은 3번이나 카테고리에 노출된다. 일반 진행자들에게는 서운한 부분이다. 그립을 하면서 느끼는 것은 셀럽은 카테고리를 신중하게 선택하지 않는 것 같다는 것이다.

그들을 위한 자리가 있어서 그런지는 모르겠지만, 셀럽을 향한 배려는 의도치 않게 일반 진행자들끼리의 경쟁을 유도한다. '뷰티꿀팁' 방송은 특히 경쟁률이 치열하다. 그립의 첫 화면에는 카테고리별로 10명까지만 보인다. 그중 2명만이 오른쪽으로 스크롤을 넘기지 않아도 보인다. 10번째 순서라면 몇 번이고 오른쪽으로 스크롤을 넘겨야 한다. 11번째 순서는 어떨까. 어플 첫 화면에서 보이지 않고 아예 '뷰티꿀팁' 카테고리로 이동해야 11번째로 등장할 수 있다.

그러나 셀럽은 다르다. 셀럽 라이브 카테고리에 진열되고, 셀럽이 선택한 카테고리에도 진열되는데 시작 순서에 상관없이 항상 제일 왼쪽에

배치된다. 일반 라이브 진행자는 자신이 방송할 카테고리에 경쟁이 너무 치열하면 고민이 많다. 시작하자마자 뒤로 밀리니 신규 시청자를 확보하는데 어려움이 있다. 하지만 셀럽은 어디서든지 제일 좌측에서 시작한다. 언제나 시청자들이 유입할 수 있는 첫 페이지에 노출된다. 이들은 카테고리를 선정하는데 큰 고민이 필요하지 않다.

셀럽은 어플 최상단에 위치하는 것은 물론 화면 상단에 있는 셀럽 LIVE, 셀럽이 선택한 카테고리에도 등장한다. 일반 진행자는 셀럽과 같은 대우를 받을 방법이 없다. 기준이 존재하지 않기 때문에 높은 매출액도, 매출 건수도 셀럽과 동일한 혜택을 누릴 수 있는 열쇠가 되어주지 않는다. 일반인 셀러 입장에서는 서러울 지경이다.

> "연예인들과는 차별화를 둘 수 있는 것,
> 고객과의 소통"

그렇다고 포기할 수는 없다. 어떻게 하면 나 역시 내 밥그릇을 빼앗기지 않을 수 있는 걸까? 인플루언서들과 강력하게 차별화를 둘 수 있는 것이 고객과의 소통이다. 생각해 보면 연예인 방송의 누적 시청자수가 5000명에 다다를 때가 있다. 그렇다면 과연 그 연예인은 입장하는 시청자들과 인사를 할 수 있을까 하는 생각이 들 것이다. 1시간 정도 방송하면서 누적 150명 정도가 넘어가기 시작하면 닉네임을 언급하면서 인사하기가 벅차진다고 보면 된다. 이 정도가 넘어가면 보통 "○○○ 외 2명" 이런 식으로 화면에 나타나게 되고 제품 설명할 시간이 부족해 지니까 인사는 당연히 포기하게 된다.

그렇기에 일반인 셀러가 카메라를 응시하고 웃으면서 닉네임을 언급하고 인사를 건네는 것이 시청자에게 크게 다가온다. 특히 이미 제품을 구매하고 1:1 문의로 소통을 했던 고객이 방송을 시청하러 들어오면 진행자는 웃음이 얼굴에 나타나고 반가워한다. 조용했던 내 방송에 열성 고객이 들어오니 긴장이 조금 풀리면서 진정한 웃음이 나오는 것이다.

또한 일반 셀러의 방송에서는 댓글이 정신없이 올라오지 않고 좀 더 진지하게 제품에 대해 물어보는 댓글이 올라오고 다음 댓글이 올라올 때까지 대답을 해줄 시간적 여유가 생긴다. 또한 방송 중 제품 및 상담을 원하시는 분은 1:1 문의 게시판에 문의를 남겨달라고 말하고, 방송이 종료된 후 1:1 문의 게시판에 글을 적은 고객과 하나하나 대화할 수 있는 여건이 충분히 된다. 이렇게 정해진 문구로 문의글에 복사하여 붙여 넣기로 대답하는 것이 아닌 진심으로 대답하고 소통하며 고객과 대화를 통한 신뢰감과 교감을 형성하게 되면 진성 고객이 되어 방송을 매번 시청해 주시고 댓글에도 제품 후기를 간단히 적어주면서 방송이 활성화되고, 분위기도 좋아지게 된다.

일반인인 우리에게 강점이 무엇이 있겠는가. 그것은 소통이다. 소통을 잘하기 위해서 놓치고 있는 디테일은 없는지 다시 한 번 고민해 보기 바란다.

part
3

◉ LIVE

현장, 결코
만만하지는
않다!

생생한 실제 촬영 현장에서는 다양한 어려움을 만나게 된다. 방송에 익숙하지 않으면 않은 대로, 익숙하면 익숙한 대로의 어려움이 있다. 반복되는 촬영에 지쳐 버리는 경우도 있고, 현장을 보는 눈이 좁아 어떻게 대응해야 할지 모르고 계속 실수만 연발하는 경우도 있다. 아무리 실전을 대비해 두어도 막상 현장에 놓이면 긴장되고 생각대로 잘 되지 않는 것이 현실이다. 하지만 이 부분까지 머릿속에 있어야 라이브커머스와 친구가 될 수 있다.

〈그림1〉 방송 전 준비해야 할 것들(제품 검수) 출처 : 유튜버 직업의 모든 것

이번 파트에서는 현장에서 일어날 수 있는 방송의 어려움, 해결방안, 개선점을 다루어볼 예정이다.

# 방송 전,
# 준비해야 하는 것들

방송을 하다 보면 플랫폼의 문제인지 방송 진행자의 네트워크의 문제인지 정확히 알 수는 없지만 방송 끊김이 생길 때가 있다. 필자는 약간이라도 도움이 되라고 방송하는 방에 와이파이 증폭기를 설치했다. 적어도 원인이 셀러의 집에서 생겨서는 안 된다고 생각한다.

〈그림2〉 와이파이 증폭기

라이브커머스 방송은 일반적으로 진행자의 집에서 촬영하게 될 것이고, 특히 방에서 방문을 닫고 방송을 진행하게 된다면 와이파이는 벽을 통과할 때 데이터 전송 속도가 떨어지게 되어 있다. 일반적으로는 크게 문제가 없을 수도 있지만 돈을 벌기 위한 방송이므로 이 정도 투자는 아깝지 않다.

방송할 때 사용하는 핸드폰으로 속도 측정을 해보고 최소한 평균 이상은 되어야 한다. 특히나 집에서 할 때 다른 사람이 티비를 본다든가, 인터넷으로 보는 kt 유플러스, 넷플릭스, 유튜브 시청 등은 절대로 안 된다. 2G, 5G 모두 똑같다. 5G로 방송하니까 2G는 괜찮을 것이라는 생각을 하는 독자는 없으리라 믿는다.

참고로 아직 LTE로 라이브방송을 하는 것은 어렵다. 집에서 방송을 시작할 때 LTE로 시작했는데 바로 방송을 중단해야 했다. 와이파이가 끊기는 것과 비교가 안 될 정도로 송출이 더디다. 일단 화질이 나쁘고, 그럼에도 불구하고 끊겨서 진행 자체가 불가능하다. 아무리 잘 터져도 와이파이 5G보다는 못하다. 한번은 크리스마스 이브에 야외에서 방송을 시도한 사례가 있었는데, 계속 끊겼다. 멋있는 건물 조명과 크리스마스 이브 분위기 등으로 시청자들에게 좋은 화면을 보여주기는 했지만 너무 끊겨서 그분은 30분 정도 진행하다가 결국 집으로 돌아와서 방송을 이어 나갔다.

### ▶ 카메라 좌우 반전

필자의 경험담을 공유하자면, 설명을 좀더 알차게 하고 싶어서 사진을 프린트하여 설명할 때 화면에 보여 드리려고 준비를 했었다. 그런데 몇 가지 아쉬운 점이 있었다. 화면에 글씨가 좌우가 바뀌어서 나가고 있었다. 그립에는 진행자의 화면 밑에 화면 좌우 반전 기능이 있어서 바로 바꿀 수 있었지만 그동안 내가 "오른

〈그림3〉 제품 설명을 위해서 준비한 프린트물

쪽에~"라고 말할 때마다 시청자들은 왼쪽을 봤을 것을 생각하니 준비한 것에 비해 그 효과를 보지 못한 것 같아 아쉬웠다. 보는 상품과 받는 상품이 다른 소비자도 있었을 것이다. 게다가 글씨가 좌우 반전이 되니 영 읽기 거북한 글씨를 시청자들이 보고 있었을 것 아닌가. 미리 알았으면 더 좋은 방송을 만들 수 있었을 텐데라는 아쉬움이 남았다. 이런 부분은 꼼꼼히 살펴두도록 하자.

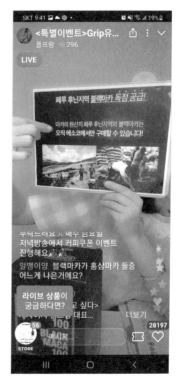

〈그림4〉 실제 방송 화면

## ▶ 화면 색상 및 밝기

앞서 한번 설명했기 때문에 이미 화이트 밸런스 조정이나 조명 설정이 되어 있을 것이라고 믿는다. 여기서는 조금 더 세세한 것을 체크해 보자. 카메라 설정이 자동으로 되어 있어서 가까이 가거나 멀리 가면 색감이 이상하게 바뀌지는 않는지, 제품과 셀러가 같이 나올 때는 어떻게 보이는지 등을 말이다. 또한 추가 조명을 설치했다면 조명 전구의 수명은 넉넉한지, 코드는 잘 꼽혀 있는지 등을 잘 따져보아야겠다. 상품을 설명하다가 중간에 꺼지는 일은 없어야 하기 때문이다. 또한 코드 전선이 잘 깔려 있고 지나다닐 때 불편을 유발하지 않는지도 체크해 두자.

## ▶ 핸드폰 설정 상태 확인

예전에 여행을 갔다가 이런 일이 있었다. 소위 '찍사'를 담당한 언니가 만든 해프닝이었다. 바닷가로 놀러갔던 어느 날이었다. 밤바다도 보고 회도 먹으며 재미있는 사진을 많이 찍었다. 그날은 심지어 한 친구의 생일이라 생일주를 마시는 영상과 생일 축하한다는 친구들의 소감까지 영상으로 남긴 터였다. 숙소로 돌아와 사진과 영상을 보려고 언니가 핸드폰을 켠 찰나, 언니는 크게 충격을 먹었다. 사진은 잘 찍혔는데, 영상 사진에는 온통 언니의 발만 40분에서 1시간 단위로 찍혀 있었다. 간혹 화면이 어둡거나 하늘 또는 어떤 건물의 천장 같은 것도 보였다. 알고 보니 영상을 찍기 위해 버튼을 눌렀다고 생각한 것은 영상을 끈 것이었고, 꺼져 있는 순간에 친구는 생일주도 마시고 우리 역시 생일 축하 메시지를 남겼던 셈이다. 그리고 '종료'인 줄 알고 버튼을 누르며 영상을 다시 촬영하기 시작한 것. 우리도 생일인 친구도 괜찮다고 했지만 언니는 한 친구의 생일, 우리의 여행을 망친 기분이 들었는지 한참이나 우울해했다.

촬영 장비를 잘 만지지 못하면 위와 같은 일이 생긴다. 그저 놀러가서 찍는 것이었으니 망정이지 방송이었다면 어땠을 것인가? 생각만 해도 끔찍한 일이다. 그 시간 그 한번을 위한 노고가 송두리째 날아가는 셈이다. 이런 일을 겪고 싶지 않다면 모든 설정과 세팅을 촬영 직전에 꼭 점검하자. 거치는 잘 되어 있는지 설정에는 틀림이 없는지, 배터리 잔량, 알림 등에 문제는 없는지 말이다.

촬영을 위해 거치된 핸드폰이 제대로 고정되어 있는지 확인해 보자. 튼튼히 고정되지 않아 방송 중에 떨어지거나 움직이는 것도 낭패다. 아직은 보여주고 싶지 않았던 기획 상품이 노출되거나 갖추어 입지 않은 하반신이 노출되거나 뜬금없이 스텝의 얼굴이 등장할 수도 있다. 한번이야 해프닝이고 시청자들도 웃어 넘기겠지만 방송에 지장이 가는 것은 사실이다.

게다가 반복적으로 이런 실수가 나타난다면 시청자 입장에서는 준비되지 못한 모습에 다른 부분까지 신뢰할 수 없다고 생각할 수 있다. 사소한 것을 챙기는 모습에서부터 준비성이 보이기 때문이다. 이것이 제품에 대한 신뢰도로 이어지는 것은 억측이라고 생각할 수도 있겠지만 실제로 그렇다. 시청자는 방송에 그렇게 너그럽지 않다. 애초에 책잡힐 만한 상황은 만들지 않는 것이 좋다. 핸드폰 고정 외에도 스마트폰 카메라가 앞뒤 모두 사용할 수 있게 되어 있기 때문에 전면/후면 카메라 설정이 제대로 되어 있는지, 배터리가 많이 남아 있는지 등을 확인하자. 또는 알림이 오지 않도록 방해 금지모드를 켜는 것도 잊어서는 안 되겠다.

## ▶ 외부적인 요인 차단하기

방송은 의외로 외부적 요인에 영향을 많이 받곤 한다. 특히 방송국도 아닌 집에서 촬영할 때는 더욱 그렇다. '악동뮤지션'의 수현이 1인 방송을 할 때 방문을 벌컥 열고 속옷만 입은 찬혁이 등장한 것처럼 말이다. 코로나 이후 많이 보이는 사례도 있다. 온라인으로 대학 강의를 하는 교수님 무릎 위로 아기가 올라와 모든 학생들이 웃음을 터트린다거나, 수업을 듣던 학생 집 고양이가 책상 위로 올라와 카메라를 가리는 소소하고 재미난 사례도 많다. 가족 또는 룸메이트가 있다면 몇 시부터 몇 시까지는 내가 방송을 해야 하니 조용히 해달라고 하거나, 서로의 시간을 방해하지 않을 수 있는 시간을 활용하자.

화면 말고도 소리로 방해를 받는 경우도 있다. 예를 들어 아파트 관리사무소 방송이 나오거나, 택배 등 누군가가 찾아와 초인종을 울리는 등의 문제다. 이것은 예측하거나 부탁할 수 없는 문제다. 그러므로 방송과 인터폰을 방송 시작 시간만큼은 꺼두자. 이것은 어느 정도 시청자에 대한 예의이기도 하다. 쇼핑에 집중할 수 있도록, 나 역시 나를 찾아온 이들에 성의를 다 보이는 방법이다.

## ▶ 방송 중간에 필요한 필수품 챙기기

휴지, 물티슈, 생수 등은 옆에 반드시 두기 바란다. 한 시간 가까이 말을 하다 보면 목이 마를 수 있고, 휴지나 물티슈는 수시로 필요할 수 있다. 또한 제품에 따라서 여타 필요한 물품이 있을 수 있다. 옷가지는 반짇고리가, 화장품은 스파츌라가, 요리제품에는 위생 장갑이나 랩, 호일 등이 필요할 수 있다. 내가 판매하려는 물건과 고려하여 준비해 두자.

## ▶ 제품명, 가격, 배송비 체크

방송 직전에 한 번 더 체크해야 하는 것, 바로 제품의 정보다. 단품을 똑같은 가격에만 판다면 문제가 안 되겠지만 보통은 이벤트도 많고 구성품이나 같이 짝 지어 파는 제품 등이 있기 때문에 셀러도 충분히 헷갈릴 수 있다. 또한 배송비도 고지를 해주어야 한다. 그런데 상품이 사이즈가 조금 있다면, 무게에 따라 혹은 층수에 따라 또는 지역에 따라 등등 각양각색의 이유로 배송비가 달라진다. 이런 부분들도 한 번씩은 고지를 해주는 것이 좋다. 단순히 화면에만 고지되는 것보다는 셀러가 명확히 알고 있는 것이 좋으며, 셀러 역시 이 정보를 모르고 있으면 말을 전하면서 실수할 수도 있기 때문에 꼭 숙지하기를 권한다.

외우기 어렵다면 깔끔하게 정리된 내용을 미리 프린트를 해서 시청자에게 보여주며 설명하는 것도 좋다. 제품에 대해서 설명할 때, 제품 정보뿐만 아니라 제품의 구성 및 가격도 프린트하는 것이 좋다. 한 화면만 보아도 모든 정보가 눈에 쏙 들어올 수 있어서 인상에 남기기 좋다. 또한 라이브방송 시간에만 가격할인 및 추가증정이 있다는 사실을 강조할 수 있다.

프린트할 때도 특히 좌우를 꽉 차게 내용물을 넣는 건 피해야 한다. 화면 색상과 밝기가 변할 수 있다. 그러면 종이 바깥에 진행자의 얼굴이 이상하게 보인다. 게다가 셀러는 정확하게 카메라에 그 종이를 비추기가 어렵다. 화면에 얼굴이 안 보이게 하기 위해서 카메라에 종이를 가깝게 위치하면 내용물이 짤리게 되고, 내용물이 전부 보이게 하다 보면 종이 바깥으로 진행자의 얼굴이 노출된다. 그렇기 때문에 종이에 내용물을 위치시킬 때 여백이 적당하게 위치시켜야 한다.

〈그림5〉 여백을 고려한 프린트물과 도마를 활용하는 모습

누군가 종이를 넘기는 것보다 배너처럼 하나하나 드는 것이 좋다고 해서 종이로 프린트만 했는데 방송 진행 중에 흐느적거리는 것이 걸렸다. 다이소에서 3000원짜리 도마를 샀고, 그 안에 4개의 얇은 플라스틱 도마가 있었고 거기에 테이프로 붙였다. 당연히 화면에는 야채 그림이 안 나오게 뒷면에 붙였다.

# ⏻ 이벤트 상품

어떤 이벤트가 있는지 역시 셀러의 체크 포인트. 이벤트를 자주 하다 보면 셀러는 물론 고객들도 다 안다. 연말연시 혹은 각종 기념일에는 행사 상품이 나올 것이라는 것을. 그래서 오히려 이 시기에는 고객들이 쿠폰이 나올 때까지 구매를 미루는 경향이 있다. 세트 묶음이나 증정품 또한 마찬가지다. 그렇다고 이벤트를 안 할 것인가? 그럴 수는 없다. 오히려 전략적으로 상품 정리를 해두는 것을 추천한다.

## ▶ 고객의 선택을 편안하게

방송에서 팔고자 하는 제품이 여러 개일 때는 고객이 헷갈릴 수 있다. 그 불편함에 포기해 버리는 고객도 있다는 점을 생각한다면 등록을 편안하게 설정해 두는 것도 매우 중요하다.

제품을 등록하는 방법은 크게 보면 두 가지다. 1. 옵션으로 넣는 방법과 2. 제품을 따로따로 넣고, 방송 시작할 때 팔고자 하는 제품을 모두 등록하는 방법이다.

1번, 옵션으로 넣는 방법은 제품관리가 편하다. 자사몰에서 제품을 모두 등록해 놓고 파는 것과는 다르게 그립에서는 방송과 판매제품이 짝 지어져 있다. 그렇다면 그 방송에서 판매할 제품이 하나의 상품으로 묶여 있다면 그립을 관리하는 면에서 편하고, 고객입장에서도 방송 후에 구매할 때도 상점에서 물건이 묶여져 있으므로 본인이 봤던 방송을 기억하면서 제품을 옵션으로 구매할 수 있다. 하지만 단점도 있다. 여러 제품이 상세페이지 하나로 묶여 있어서 옵션에서 선택할 수 있는 제품수가 많아질수록 상세페이지가 길어지고 고객이 원하는 제품을 상세페이지 중간에서 찾아야 한다.

2번, 자사몰과 똑같이 제품을 따로 등록하고 방송을 시작하기 전에 오늘 판매할 여러 제품을 선택하는 방식은 어떨까? 방송 중에 고객은 상점에서 원하는 제품을 선택해서 장바구니에 넣고, 다시 나와서 다른 제품을 선택하고 장바구니에 넣고, 원하는 제품을 모두 넣었으면 장바구니로 이동해서 선택한 제품을 확인하고 구매하게 된다.

이렇게 되면 고객은 제품으로 들어갔다가 나와서 다시 다른 제품으로 들어가서 다시 장바구니에 넣고 원하는 것들을 모두 장바구니에 넣으면 장바구니를 확인하고 구매하게 된다. 물론 제품사진을 보고 선택하게 되므로 제품을 혼동할 우려가 적어질 것이다. 하지만 여러 번 클릭하고 페이지를 왔다 갔다 하는 수고가 필요하게 된다. 옵션으로 처리하게 되면 이러한 수고가 적어지고, 여러 개를 옵션으로 선택하고 그 화면에서 바로 확인하고 구매로 넘어가게 된다.

옵션으로 제품을 분리하는 것과 제품을 각각 따로 등록하는 것. 두 방법에는 차이가 분명 있다. 이 점을 인지하고, 고객에게 어떤 것이 편할지 고민해 봐야 한다. 물론 방송을 하면서 판매하는 제품이 수십 개라면 고민할 필요도 없이 따로 등록하는 것이지만 세트로 구매를 유도할 만한 제품이고 그 제품수가 5개 이하라면 어떤 것이 나을지 반드시 고민해 볼 필요가 있다.

## ▶ 보기 쉽게, 사기 쉽게

예를 들어 만 원짜리 쿠폰은 5번 방송, 방송시간으로 계산하면 10시간 동안 총 3명 정도 사용한다. 말없이 1만 원 쿠폰 사용하신 고객도 계시겠지만 오랫동안 봐야 1만 원 쿠폰받을 가능성이 높고 진행자가 틈틈히 물어봤고, 당첨된 시청자는 자랑을 하는 분위기여서 아무리 많이 계산해도 6명은 안 넘는다. 그렇다면 만 원짜리 상품을 더 많이 뿌리는 것이 판매율을 높이는 데에 유리하다.

세트 묶음이나 증정품은 완벽하게 준비하기가 어렵다. 예를 들면 이번에 2+1과 10+1은 MTS&과산화수소 1세트만 드리는 것으로 정했고, 이전 앰플 1박스당 MTS&과산화수소 1세트를 드렸던 것과는 다르다면? 고객 입장에서는 정확히 이해가 안 간다. 이전처럼 주는 건지 헷갈려 한다. 이럴 때는 옵션명에 깔끔히 정리해서 적어주자.

아기(5개입)  + MTS&과산화수소 1세트
연어(5개입)  + MTS&과산화수소 1세트
샤넬(5개입)  + MTS&과산화수소 1세트
물광(10개입)  + MTS&과산화수소 1세트
샤넬(2+1)  + MTS&과산화수소 1세트
샤넬(10+5)  + MTS&과산화수소 1세트

처음에는 2+1, 10+5에 대해서 가격이 26% 할인, 34% 할인으로 적어놨지만 시청자 분들께서 1바이알당 가격으로 댓글을 달아주셨다. 그게 단순히 할인율보다 더 시청자에게는 확 와 닿는 표현이었던 셈이다.

## ⏻ 방송시간 정하기

그립을 기준으로 이야기해 보겠다. '새로운 방송으로 라이브방송하기'를 통해 그립의 첫 홈화면을 보면 제일 첫 번째 줄에는 모든 방송이 라이브방송으로 보인다. 하지만 그 밑에 있는 '카테고리별 라이브방송'은 아이폰에서는 최신 두 개만 라이브방송으로 나온다. 그리고 나머지는 라이브방송이 안 보이고, 방송 커버 사진으로만 보인다. 그리고 카테고리별 3번째 방송이 반 정도 짤려서 보인다. 안드로이드폰은 모든 방송이 라이브방송으로 보인다.

그립은 카테고리별로 왼쪽부터 최신 순으로 정렬된다. 그리고 일반적으로 시청자들은 왼쪽부터 클릭해서 들어간다고 보면 된다. 게다가 아이폰에서는 왼쪽에서 2번째까지만 움직이는 라이브방송이 보이니까 시청자의 이목을 더 끌어 당길 수 있다. 게다가 3번째는 방송 커버사진이 반만 보이고, 4번째부터는 시청자가 손가락으로 옆으로 밀어줘야만 보여질 수 있다. 방송을 시작하자마자 본인의 방송이 카테고리에서 5번째라면 어떻게 될까? 본인의 고정팬이 많아서 찾아서 들어올 정도로 인기가 있다면 물론 상관없는 이야기다.

그립에서 내 라이브방송이 조금이라도 더 왼쪽 편에 남아 있게 하려면 내 방송 이후에 방송이 없도록 해야 한다. 하지만 다른 사람들에게 라이브방송을 못하게 할 수는 없기 때문에 내가 가장 최신의 방송이라면 조금이라도 유리할 것이다. 이것은 방송 시간과도 관련이 있다. 조금 더 똑똑하게 방송 시간을 정한다면 시청자를 더 확보할 수 있다.

보통 방송을 시작하는 시간을 정한다면 9시 10시 이렇게 정각에 시작하려는 사람이 대부분이다. 게다가 9시 방송이면 일반적으로 8시 50분부터 방송을 켜서 시청자를 확보하고, 9시 정각부터 제품을 설명하고 판매해야겠다고 생각한다. 그렇게 되면 9시부터 시작하거나 9시에 시작하려고 했으나 몇 분 늦게 시작한 방송에 노출 순서가 밀린다. 그렇기 때문에 초보 셀러의 방송은 차라리 정각이나 정각보다 약간 이후에 시작하라고 권하고 싶다. 방송을 하면서 처음 보는 시청자가 유입되지 않는다면 고민이 깊어질 것이다. 1인 방송이더라도 옆에 도와줄 사람을 모셔두고 방송 중간마다 그립 앱의 홈화면으로 나간 다음에, 내가 몇 번째로 있는지 확인도 해보면서 어느 시간에 방송을 시작하면 좋을지 고민해 보자.

방송 시간대는 방송을 해보면서 찾을 수도 있다. 필자는 저녁 8시 반에 방송을 해보니까 10시쯤부터 신규 시청자가 빠르게 늘어났다. 그래서 저녁 10시에 방송을 시작하는 걸로 결심했다. 확실히 10시에 방송을 시작하니까 방송을 시작한 지 1시간 반 넘기니까 거의 800명 정도를 넘겼고, 2시간을 채우기 직전에 1000명을 채우면서 방송을 마무리했다. 방송이 마무리될 때에는 네이버 라이브쇼핑에 라이브방송을 진행하는 업체도 적었고, 설 명절부터는 도전라이브가 아닌 메인카테고리 '뷰티'에서 라이브방송이 송출되었기 때문에 네이버 라이브 쇼핑 메인 페이지에서 맨 위의 위치에서 방송이 송출되었다. 다음 페이지 그림6은 첫 네이버 라이브 1000명을 돌파한 순간이다. 네이버 라이브방송 전체에서 두 번째의 누적 시청자수를 기록하고 있다. 시간대는 방송 전 미리 정해야겠지만 앞으로도 방송을 하면서 더욱 적절한 시간대를 찾아가길 바란다.

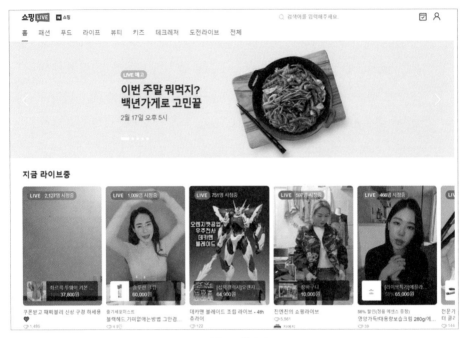

〈그림6〉 처음으로 네이버쇼핑 라이브 1,000명을 돌파한 순간

# 방송 중,
# 현장의 치열함

## ⏻ 시청자가 없어도 방송 시작은 라이브를 켜자마자

진행자가 방송을 시작하고 시청자가 처음 들어오는 것을 확인하고 인사를 하는데 걸리는 시간은 9초. 대부분의 진행자들은 이 순간에 시청자가 없기 때문에 무표정이거나 화면에 보이는 자신의 모습을 점검하고 있다. 그러나 이 모습은 재방송으로 송출될 때 시청자가 보는 화면이 된다.

재방송까지 고려하며 방송을 하는 셀러는 흔하지 않다. 특히 처음 라이브방송을 하는 셀러는 내 방송이 나중에 어디로 올라가는지 카테고리도 모른 채 진행하기도 한다. 네이버에서는 여러 카테고리 중 도전라이브라는 카테고리가 있다. 네이버 라이브 쇼핑을 시작한 지 얼마 안 되는 라이브방송들이 도전라이브 카테고리에서 방송을 하게 되고, 도전라이브 카테고리 안에서도 카테고리가 다시 한 번 나눠져 있다.

기획라이브나 잼라이브가 아닌 처음 시작하는 업체는 스마트폰 어플를 통해서 방송을 송출하게 되는데 이때 어플은 'N쇼핑라이브'라는 어플를 이용하게 되며 카테고리 자체를 선택하는 메뉴가 없다. 그러므로 시작한 지 얼마 안 되는 업체가 라이브방송을 시작하게 되면 자동으로 도전라이브 카테고리 안에서 스마트스토어의 대표 카테고리를 참고하여 관리자들이 넣어준 하위 카테고리에서 방송을 진행하게 된다. 도전라이브의 하위 카테고리가 아닌 N쇼핑라이브 첫 화면에서 보이는 카테고리들은 기획라이브로 방송을 진행하게 되면 해당 카테고리에서 방송이 보여지는 데 이는 판매자가 신청을 하면 관리자가 검토하여 진행하게 된다.

관리자는 방송 종료 후에 재방송이 송출되도록 설정을 하는데, 네이버 라이브 쇼핑은 아쉽게도 하이라이트를 설정해서 원하는 부분만 재방송으로 편집이 불가능하다. 그러므로 라이브방송을 시작하자마자 진행자가 했던 모습이 네이버 라이브 쇼핑 카테고리에서 보여지게 된다. 그러나 시청자가 네이버 라이브 쇼핑 메인 페이지나 각 카테고리에서 여러 방송을 훑고 지나갈 때 화면을 보는 시간은 채 몇 초가 안 된다. 그런데 이 시간에 무표정하게 자기 모습을 관찰하고 있다면 시청자는 어떻게 생각하겠는가? 생각은커녕 그대로 나가버릴지도 모를 일이다. 그러므로 진행자는 재방송이 송출될 때 화면을 고려하여 방송을 켜자마자 아무도 없는 상태에서도 웃으면서 인사를 하는 것이 좋다. 재방송 화면은 0초부터 보이기 때문이다.

〈그림1〉 재방송 송출을 고려하여 시작하자마자 인사하는 모습(영상으로 보면 모두 손을 흔들고 있다!)
참고: https://shoppinglive.naver.com/channels/64370#live

## ⏻ 뜻대로 되지 않는 진행

방송현장에 대한 사전 준비를 아무리 철저히 해도 내 뜻대로 되는 것은 하나도 없다고 보면 된다. 특히 초보셀러라면 더더욱 말이다. 나 역시 그런 시절이 있었다. 여섯 번째 방송이었을 것이다. 이벤트를 진행했는데 당첨자가 누군지 기억이 나지 않는다거나 제품 구성과 사은품에 대해 방송 전에 한 번 더 숙지를 했음에도 불구하고 시청자들에게 설명하는 데에 애를 먹었다. 말은 길어지기만 하고 정리는 하나도 안 되고, 댓글에서는 자꾸만 다른 질문은 밀려들어오고, 다른 질문을 받다보니 더 복잡해지기만 했다. 당연히 시청자 역시 헷갈려 했다.

이런 경우도 있다. 이제 좀 방송이 익숙하다고 할 만하다 생각했더니 예상치 못하게 시청자수가 많아지고 채팅도 많아지면서 진행자 혼자 감당하기가 조금 어려워진 것이다. 감당할 수 있는 수를 넘어서니 제품 설명하다가 질문에 답하고, 방송입장한 시청자 언급에 장바구니 넣은 분까지 언급하기가 여간 어려운 것이 아니다. 정신이 없었다.

많은 댓글 사이로 올라온 시청자의 인사를 인지하지 못하고 넘어가면 서운하다는 고객들이 생겨난다. 올라오는 댓글을 소화하기 어려운 이유는 여러 가지가 있는데 그중 제일 큰 문제는 하나하나 읽고 대답을 하기에는 댓글이 너무 많이 올라오는 사실이다. 읽는 속도보다 더 빠르게 올라오면 진행자는 어쩔 수 없이 간단히 보고 넘어갈 수밖에 없다. 그렇게 넘기다 보면 의도치 않게 대응해야 하는 인사말도 실수로 넘기게 된다.

이런 사례는 필자뿐만이 아니라 많은 셀러들이 겪는 현상이었다. 나중에 스킬이 는다고는 하지만 그때까지 시청자들이 참고 기다려주는 것은 아니다. 사전에 대비할 수 있는 필자의 스킬 몇 가지를 안내하려고 한다.

## ◉ 제품 정보 설명이 꼬인다?

제품, 사은품, 가격에 대한 정보를 셀러만 숙지한다고 될 문제는 아니다. 시청자가 보기 편하게 A4 5매 정도로 정리해서 보여주는 방법을 권한다. 그리고 이 가격은 방송 중에만 판매가 가능한 것, 또는 이 사은품은 방송 중에만 지급이 가능하다는 점을 덧붙여 적어주는 것이 좋다. 시청각 자료를 활용하면 더더욱 이해하기 쉽다. 말로만 설명하려 하지 말고 눈앞에 보여줄 수 있는 그림이나 표를 준비하자.

## ◉ 이벤트 당첨자가 생각나지 않는다?

1:1 문의 게시판을 이용하자. 미리 몇 개의 수량이 나갈지 체크하는 것도 중요하지만 만약에 잘 모르겠다면 모월 모일까지 1:1 문의 게시판에 이름, 주소, 연락처를 남겨달라고 부탁하는 것이다. 기한이 지나면 당첨이 취소되니 기한 내 보내달라고 해야 헷갈리지 않는다. 이를 응용하여 이벤트 외에도 피부 상담을 받았거나 축하할 일이 있는 사람 등에게 게시판에서 따로 소통하자고 남기는 것도 방법이 된다. 이는 셀러와 이어져 있다는 느낌을 주면서 더더욱 고객의 마음을 사로잡을 수 있게 한다.

## ◉ 갑자기 시청자가 늘어서 감당이 안 된다?

방송을 보러 시청자가 들어와서 남긴 인사 댓글은 그분에게는 유일하게 남기는 댓글일 수도 있고, 진행자와 하는 유일한 교류일 수도 있다.

온라인이 아닌 오프라인이라고 생각하자. 한쪽에서 인사를 했는데 상대방이 바쁘다고 인사를 무시하면 이해를 하기 힘들 수도 있다.

혼자 감당 안 된다는 것을 파악했다면 이제는 다른 사람의 도움이 필요해졌다는 의미이기도 하다. 이럴 때 필요한 사람이 스텝이다. 방송 밖에서 실시간으로 모니터링을 해주고 빠트린 것이 있다면 지시해 주는 역할이다. 예를 들면 스텝이 글씨를 타이핑하면 태블릿 PC에서 그대로 볼 수 있게 어플을 깔거나 설정을 해두고 프롬프터로 사용하는 것이다.

하지만 댓글에 대응을 못하는 것이 아니라 하면 안 되는 경우도 있다. 댓글을 모두 읽고 대응할 수 없는 이유는 라이브방송의 흐름이 엉뚱한 곳으로 흐를 수 있기 때문에 원래 계획된 대로 진행을 하면서 댓글은 적당히 대응할 수밖에 없는 것이다. 이 경우는 꼭 일일이 대응해야 한다고 생각하지 않는 것이 좋다. 댓글은 시청자 분들이 편하게 하고 싶은 말을 남기는 것이다. 그날 방송이 A라는 제품을 판매하기로 한 방송인데 고객들은 며칠 전에 구입한 제품에 대해 말할 수도 있고, 때로는 라이브방송에서 친해진 다른 시청자와 대화를 나눌 수도 있다.

하지만 어떤 시청자는 오늘 제품을 구매하려고 들어온 시청자도 있다. 원래 라이브커머스는 방송을 보면서 제품을 구매하는 것이기 때문이다. 그런데 방송에 들어왔더니 진행자가 제품에 대한 얘기는 거의 안 하고, 다른 시청자와 대화만 하면서 웃고 떠든다면 구매하려고 맘먹은 시청자는 아쉬워하면서 그냥 나갈 수도 있다.

# ⏻ 소통의 노력들

필자가 소통을 위해 방송 중에 고군분투해온 순간들에 대한 이야기다. 소통이 잘 되어 좋은 결과를 낳은 사례도 있고, 소통이 잘 안 된 사례도 있다.

## ◉ 댓글과 1:1 문의 답변은 성의껏

방송에서 소통하는 힘은 셀럽들과의 가장 큰 차별화 판매전략이라고 앞서서 이야기했다. 너무 많은 댓글로 인해 일일이 댓글에 답을 해줄 수 없는 셀럽과는 다르게, 일반 셀러의 방송에서는 댓글이 정신없이 올라오지 않고 좀 더 진지하게 제품에 대해 물어보는 댓글이 올라오며 다음 댓글이 올라올 때까지 대답을 해줄 시간적 여유가 생긴다. 또한 방송 중 제품 및 상담을 원하시는 분은 1:1 문의 게시판에 문의를 남겨달라고 말하고, 방송이 종료된 후 1:1 문의 게시판에 글을 적은 고객과 하나하나 대화할 수 있는 여건이 충분히 된다.

이때 정해진 문구로 문의글에 복사하여 붙여 넣기하는 것은 금지. 진심으로 대답하고 소통하며 고객과 대화를 통한 신뢰감과 교감을 형성하게 되면 고객은 방송을 매번 시청하고 댓글에도 제품 후기를 남겨준다. 그러면 방송 또한 활성화되고, 분위기도 좋아지게 되어 결국은 방송에 이로운 점이 된다.

## ◉ 방송 분위기 UP! 동시에 고객 정보도 UP!

방송 분위기를 좋아지도록 만드는 방법 중의 하나가 이벤트 소통이
다. 자세한 이벤트 내용은 앞서 설명을 했었다. 그리고 여기서는 이벤트
를 통해 셀러가 얻을 수 있는 것이 무엇인지도 설명해 보려 한다. 예를
들어 필자는 전화 걸기 이벤트를 한 적이 있었다. 셀러가 퀴즈를 내면 시
청자는 전화를 한다. 그리고 스피커 폰으로 간단하게 인사를 한 후, 전
화를 건 시청자가 정답을 맞추면 선물을 주는 방식이다. 그리고 알림받
기 이벤트도 있었다. 결국 시청자들이 불편하더라도 알림받기를 신청한
화면을 캡쳐해서 네이버 톡톡으로 보내면 그 사람의 아이디나 닉네임을
명단으로 기록하고 추첨함에 넣는 방식으로 진행했다.

이 과정에서 얻을 수 있는 것이 고객 정보다. 전화를 걸면 전화번호
를 얻을 수 있고, 아이디나 닉네임을 통해 네이버 톡톡으로 연락을 할 수
있는 연결고리를 만들었다. 이 연락처를 바탕으로 고객을 관리할 수 있
다. 평소에 관심 있어 하던 제품을 중심으로 방송 정보 또는 이벤트 정보
를 알려줄 수 있다. 방송 중에 모은 정보는 이렇게 방송 후 활용도가 높
다.

흔히 사용할 수 있는 것이 커피전문점 기프티콘인데, 가장 무난하고
대중적이기 때문이다. 그런데 스타벅스 커피쿠폰은 개인 계정으로 100
개까지 밖에 구매를 못한다. 따라서 기프티콘 업체를 통해서 발송하는
것이 낫다. 그런데 업체를 통해 기프티콘 발행은 B&B 거래로써 유효기
간이 짧고, 기간 연장 및 환불이 불가능하다. 고객이 사용하지 않아도
쿠폰이 사라지고 핸드폰 번호를 잘못 적으면 수정이 거의 불가능하다.
가격할인 없는 쿠폰은 기한이 60일, 가격할인 있는 특가상품은 30일이

다. 이런 부분에 대해서도 알아두고 이벤트하자.

## ▶ 팔렸던 것은 그게 아닌데……

어느날 방송은 잠옷을 팔려고 했다. 그런데 옷 한 종류만 판매하면 너무 썰렁하고 할 말이 부족할 것 같아 평소에 판매하던 브랜드가 아닌 화장품을 함께 판매하려고 하였다. 평소에 고객들에게 자주 요청이 들어왔던 제품이었기 때문에 이번 기회에 소개하면 좋을 것 같다는 계산이었다. 인스타그램에서 어느 정도 잠옷에 대한 관심도를 확인하였기 때문에 그래도 몇 개는 팔릴 것으로 예상했다. 그런데 반응은, '이쁘다'가 다였다. 잠옷을 설명한 후 화장품을 설명했다. 그런데 댓글에 질문은 모두 화장품에 대한 질문만 이어졌다. 그래서 잠옷을 설명하지도 못하고 계속해서 화장품 이야기만 이어졌다.

셀러 입장에서는 잠옷이 오늘 방송 주력상품이라는 것을 당연히 안다. 그러나 지금 시청자들의 관심이 온통 화장품과 본인의 피부에 쏠려 있는 시점에서 잠옷이야기를 꺼낼 수는 없다. 마침 시기적으로도 라이브방송 시청자의 대부분이 기존 고객이었고 골수팬들이었다. 쉽게 말해 그동안 판매하던 상품이 화장품이었으니, 피부에 돈을 투자하는 고객들이 모여 있는 상황이다. 그립 앱에서 알람이 오면 드라마 시청이나 다른 것을 열일 제쳐두고 라이브방송을 시청해 주는 고객들이다. 결론은 잠옷은 한개도 못 팔았고, 화장품을 몇 개 판매하는 것으로 마무리할 수밖에 없었다.

무엇이 문제였을까? 팔고자 하는 제품과 함께 가져온 제품 사이에 궁합이 일단 좋지 못했다. 둘 사이에 엮어서 말할 만한 껄덕지라도 있는 제품, 예를 들어 주력 상품이 잠옷이 아닌 '얼굴 팩'이었다고 해보자. 그렇다면 화장품도 좋지만 기초가 탄탄해야 하니 이 팩과 함께 사용하면 효과가 더 좋다와 같이 어떻게 엮어볼 말이라도 있을 것이다. 단순히 잠옷이 예쁘다는 것, 인스타그램에서 많은 사람들이 좋아한다는 것 하나만 가지고 판매한 것이 무리수였다.

또 하나. 시청자 층을 고려하지 못한 상품 선정이었다. 피부에 관심 많은 고객들에게 주력 상품을 잠옷으로 팔겠다니, 이것이 통계의 헛점이다. 시장 조사를 마치고, 이 잠옷은 일반적으로 인기가 많다라는 결론을 내려 팔아봄직하다고 생각한 것인데, 나를 찾는 고객층을 대상으로 한 수요 조사는 아니었다. 쉽게 말해 제품을 이렇게 가져오는 것은 전혀 소통하지 않고 있다는 방증이 되어버린다.

### ▶ 기성 고객과 신규 고객 사이의 그 어딘가

라이브커머스는 진행자를 보면서 진행자에 대한 호감으로 제품을 구매하게 되는 경우가 많다. 홈쇼핑을 보면서 제품의 질과 가격, 혜택을 보면서 산다기보다는 인스타그램에서 또는 블로그에서 계정 운영자와의 관계, 신뢰를 통해서 구입하는 경우가 많은 것이다. 그만큼 라이브커머스에서의 구입은 진행자의 영향력이 크다.

그런데 셀러가 방송의 분위기를 자연스럽고 친근하게 다가가기 위해 시청자에게 또는 기존 고객에게 장난을 치는 것은 조금 위험하다. 셀러는 모든 시청자들에게 맞추기가 쉽지가 않다. 선을 넘지 않는 농담이라고 했지만 그 농담에 서운해하면서 떠나는 고객 분들도 있다. 서운함을 직접 말하는 고객 분들은 그나마 낫다. 많은 제품을 구매하던 고객 분이 어느 날부터 안 들어와서 궁금함을 갖고 있었는데 나중에 돌고돌아 그 이유를 듣게 된 사례도 있다. 셀러가 한 농담에 기분이 안 좋았고, 그때부터 안 들어갔다는 이야기를 들으며 말 한마디로 인해서 몇 백만 원어치 구입하던 고객 분을 잃을 수도 있구나 하는 맘에 간담이 서늘했다. 심한 경우 적이 되기도 한다.

〈그림3〉 친근하게 다가가기 위해 장난치는 것은 위험한 일

그럼 방송을 딱딱하게 해야 하는 걸까? 물론 그럴 수는 없다. 고객과의 거리 조절은 항상 어려운 일이다. 가끔은 고객을 위한 행동이 고객의 등을 돌리게 하기도 한다. 고객의 닉네임이 아닌 실명을 기억해 뒀다가 방송에서 인사하면서 말했는데, 개인정보에 민감한 고객이어서 기분을

상하게 한 경우도 있다. 고객을 위해 좀 더 나은 판매를 위해 사은품이나 경품추첨을 진행했지만 누락이 되었거나 형평성이 부족할 때 되돌릴 수 없을 만큼 기분이 상한 고객이 떠나간 사례도 있다.

모든 고객과 시청자에게 완벽할 수는 없지만 이러한 일들이 라이브방송의 방향을 바로잡게 해주는 채찍이 되기도 한다. 나아가야 할 길을 벗어나기 시작할 때 고객의 컴플레인이 더 이상 벗어나지 않게 해주는 역할을 한다. 그리고 셀러는 기억해 둬야 하는 것이 있다. 본인의 모든 행동과 말이 영상으로, 그것도 라이브로 나간다. 하지만 나머지 시청자는 댓글로만 자신의 의견을 비출 수 있다. 그것도 한두 줄로만 나가고 금새 지나간다. 아무도 못 읽고 지나가는 경우도 있다. 밸런스가 안 맞는다. 그렇기 때문에 진행자는 너무 강하게 또는 반복적으로 자신의 주장을 하는 것은 아닌지 항상 돌이켜 생각해 볼 필요가 있다.

## ⏻ 시청자 소비자로 만들기

라이브커머스를 하는 근본적인 이유를 잊지 말자. 내 방송을 시청하는 사람을 늘리는 것이 목적이 아니라 매출을 늘리는 것이 목적이다. 따라서 시청자수에 일희일비할 필요가 없다. 시청자가 곧 소비자인 것은 아니다. 하지만 시청자가 소비자가 되도록 만들려면 그만한 노력이 필요하다.

## ⊙ 시청자수에 연연할 것 없다, 충성 고객이 있으면!

그립에서 14, 15회차 방송을 하면서 누적 시청자수가 300명이 넘었다. 그러나 16회차에 174명, 17회차에는 139명이었다. 수요일이라 시청자가 적은 것도 있었고 그날은 '뷰티꿀팁' 카테고리에서 셀럽이 방송을 하고 있었기 때문에 신생 셀러를 보러 들어올 사람이 있을 리도 만무했다. 그 덕분에 그날의 시청자수는 반토막이 났다. 이전에 '5일 만에 5키로 감량방법 알려드립니다'라는 제목으로 식품 제품을 방송했을 때는 정말 빠른 속도로 누적 시청자수가 늘어나서 300명을 넘겼었는데, 17회차에는 총 누적 시청자수가 반에도 못 미쳤다. 그렇지만 판매도 누적 시청자수처럼 반토막이 났을까?

그렇지는 않았다. 매출은 오히려 8배는 많았다. 이것이 무슨 뜻일까? 충성 고객이 늘어났다는 뜻이다. 방송에서 이미 제품을 구매한 고객 분들이 방송에 들어와서 '저번 제품이 너무 좋았다.', '다시 한 번 믿고 구매한다' 등 댓글이 달렸다. 그러한 댓글이 달리고 진행자가 댓글을 달아준 고객과 소통을 하면 한두 개가 이어서 팔렸다. 소통하는 판매자, 친숙한 판매자가 라이브커머스의 핵심이다. 그 점을 활용하면 처음 유입된 시청자에게도 좋은 영향을 미칠 수 있다. 후기가 좋으면 '나도 한번 사볼까'라는 마음이 드는 것이 사람 마음이다. 그 후기를 직접 현장에서 듣고, 샀던 사람이 또 사러 왔다는 말을 들으니 더 마음이 동하게 된다. 시청자수가 늘지 않는다고 해서 섭섭해할 것 없다. 그동안 내가 고객에게 성실하게 좋은 물건을 팔아왔다면, 매출에 긍정적인 영향을 주게 된다.

## ● 어떻게 하면 충성 고객을 만들까?

셀러가 구매한 고객의 성함을 불러주면서 감사하다는 인사를 건네고, 저번에 구입한 제품 어떠셨냐고 물어보는 것은 단순히 제품 설명만 앵무새처럼 반복하는 것과는 하늘과 땅 차이다. 고객을 감동시키면 이들이 자연스럽게 나의 충성 고객이 되어준다. 모든 셀러가 적은 수의 시청자에서부터 시작한다. 수가 적다고 해서, 혹은 이 사람도 곧 나가겠지 하는 마음에 인사도 설렁설렁, 상품 설명도 설렁설렁한다면 어떻게 되겠는가. 예상한 그대로 나가버린다. 애초에 나갈 것이라는 가정 하에 설명을 했기 때문이다. 고객의 태도는 내가 생각하는 대로 만들어진다. 이미 충성 고객이라는 생각으로 극진히 대하라.

또한 전문적인 이미지를 쌓는 것도 고객에게 충분히 어필이 된다. 셀러는 계속해서 본인의 이력이나 화장품에 대한 지식을 시청자에게 어필해야 한다. 전문성이 있는 셀러의 추천이라는데, 본인이 사용해 보고 만족하는 제품이라는데 훨씬 더 신뢰가 가지 않겠는가. 이러한 경험이 하나둘 쌓여서 셀러의 브랜딩을 형성한다. 여기에 이를 사용해 본 고객의 후기와 소통이 팬심을 만들게 한다. 전문성은 신뢰를 만들고 신뢰는 라이브커머스를 오래도록 유지하도록 만드는 원동력이다.

제품 선정 역시 신중, 또 신중해야 한다. 판매하는 제품의 카테고리가 계속 바뀌고 사용해 본 적은 없고, 급하게 준비한 제품이라서 고객의 질문에 대답도 제대로 못하고, 제품의 품질과 유통기한도 확인하지 못한 채 판매를 진행하게 된다면 고객은 어떻게 생각할까? 당장 몇 개 판매할 수는 있어도 계속해서 팔기가 어려워진다. 기존 고객이 만족할 만한 제품을 판매하면 그 이후 제품은 묻지도 따지지도 않고 사간다. 신규 고객의 판매보다 기존 고객 판매가 정말 10배는 더 쉽다. 한 번 제품을 선정할 때 정성을 다해 고르고, 판매할 때도 정성을 다해 팔아라.

제품 선정부터 정성을 기울려야지만 매출이 발생하고, 매출액을 키워 나갈 수 있다. 게다가 제품에 문제가 있어서 컴플레인을 처리해야 한다면 그 스트레스와 시간적 금전적 소모 또한 계산해야 한다. 반품 처리를 위한 고객과의 대화부터 스트레스인데다가 제품 선정과 방송만으로도 시간이 아까운데 반품을 위해 일하는 시간을 또 내야 한다. 그렇기 때문에 확실한 제품을 준비하고, 고객과의 소통을 통해서 약간이라도 친분을 갖는 것이 좋다. 1:1 문의나 후기를 통해서 대화가 오갔다면 핸드폰 번호를 통해서도 친분을 쌓을 수 있는 좋은 방법이다. 이렇게 진성 고객을 만드는 좋은 방법 중 하나다.

## ▶ 신규 고객을 유치해야 하는 이유

당연한 이야기겠지만 시청자 관리를 잘해야 신규 고객이 유입되고, 신규 고객이 만족해야 그들이 충성 고객이 된다. 충성 고객을 확보해야 한다는 말에, 신규 고객을 소홀히 하는 독자는 없기 바란다.

고객들과 자주 소통하다 보면 그들이 진짜로 원하는 것이 무엇인지 알게 된다. 어느 날은 밤 10시 방송을 시청을 못해서 낮에도 해달라고 하는 요청이 있었고, 고객과의 약속이었기 때문에 오전 낮방을 열기로 했다. 그리고 동시에 새로운 고객과 새로운 팔로우를 창출하고자 하는 마음도 있었다. 물론 누적 시청자의 60% 정도는 이전 시청자 분들이었다. 그리고 40%는 새로운 시청자로 채워졌다. 대부분 시청자가 주부들로 되어 있는 부분도 있고, 핸드폰으로 쉽게 시청이 가능하기 때문에 이런 결과가 나온 것 같다.

그리고 기존 고객 분들은 저녁에 방송을 한다는 것을 알고 있음에도 불구하고, 낮에도 많이 주문해 주셨다. 그리고 이미 구매하시고 밤에 하는 방송에도 들어와서 댓글을 달며 분위기를 좋게 만들어 주기도 했다. 이러한 부분이 바로 충성 고객의 힘이다. 낮에 방송을 해도 밤에 방송과 판매하는 제품과 내용이 같기 때문에 두 번 방송하는 것이 두 배의 노력을 필요로 하지는 않았다. 게다가 낮에 방송을 하면서 제품 설명 중 부족한 부분과 시청자가 원하는 부분을 착안하여 저녁에 보완된 제품 설명이 가능했다.

이 이후에도 낮에도 방송하면서 매출도 두 배 가까이 올랐고, 새로운 시청자와 팔로우가 늘어났다. 처음에는 낮에 구매하며 밤에 구매율이 떨어지고, 밤에 하는 방송의 누적 시청자가 적어지면서 분위기가 다운될까 봐 걱정을 했다. 하지만 충성 고객 분들이 낮에도 들어와 주시고 밤에 들어와 주시면서 댓글도 달아 주셨다. 그래서 다음 월요일부터 그립 데이 주간에는 낮방을 무조건 하는 것으로 정하고 시청자 분들에게 예고하였다. 사유는 밤에 일찍 잠에 드는 분들의 요청 때문이라고 설명하였다.

이번에는 고객몰이용 제품의 필요성을 알아보자. 라이브커머스의 매출이란 사실상 기존 고객님들의 구매가 매출액의 대부분을 차지한다. 하지만 하루에 두 번씩 하는 방송으로 기존 고객들은 제품을 대부분 구매하셨다. 물건에 만족하고 두 번, 세 번 사시는 분들도 계시지만 그것도 몇 달이지, 어떻게 매번 같은 물건이나 이미 구매한 제품을 또 사겠는가? 그렇기 때문에 셀러는 계속해서 고객몰이용 제품을 선보이며 신규 고객들을 유치해야 한다. 색조화장품을 원래는 안 팔지만 가끔씩 이벤트 식으로라도 새롭고 신선한 제품을 판매해 줘야 한다. 그리고 적절한 전문가나 시청자가 원하는 사람을 초빙해서 새로운 분위기와 새로운 주제로 방송도 진행해야 한다. 신규 시청자와 신규 고객 창출을 항상 염두하고 주기적으로 실천해 줘야 한다.

〈그림4〉 낮 방송과 밤 방송 중에서 나의 제품과 맞는 시간대를 공략하자!

## 03

# 방송 끝,
# 디테일한 성공 마무리

매출은 대부분 방송을 시작한 지 30분을 넘겨서 발생한다. 방송이 끝날 때쯤 매출의 80%가 이뤄진다. 그리고 방송이 끝나기 직전까지 새로운 시청자가 유입된다. 그래서 진행자는 매출을 유지하기 위해 계속 방송을 하게 된다. 그립에서 셀럽들은 대부분 방송을 2시간 넘게 진행하는 것 같다. 하지만 그렇게 오래하면 체력이 부족해진다. 체력이 부족하면 말이 꼬이고 제품 설명도 오락가락한다. 방송은 적당한 선에서 딱 끝내고 아쉬움을 남겨라. 그래야 다음 방송이 더 잘 이어진다.

이번에는 방송을 어떻게 하면 매끄럽게 마무리를 할 수 있는지, 방송을 마친 후에는 무엇을 해야 다음 방송의 성장판으로 쓸 수 있는지 알아보자.

## ⏻ 발주 및 배송 확인

방송이 끝난 후에 가장 중요한 것이 무엇일까? 바로 발주 확인과 주문취소 확인이다. 필자의 판매에서 발송까지 프로세서는 다음과 같다. 저녁에 주문을 받으면 발송확인을 누른 후 주문서를 작성한다. 그리고 그 주문서는 다음날(또는 새벽에 주문서 작성 후) 오전에 업체에게 넘기면 업체에서 발송을 하고, 오후에 송장번호를 받으면 저녁이 되어야 송장번호를 입력하게 된다. '판매관리→발주/발송관리' 페이지에서 '발주 확인'이다. 그립에서는 발주처리로 들어가면 된다.

### ▶ 발주 확인은 언제 하는 것이 좋을까?

발주 확인은 매우 중요하다. 이 절차를 기준으로 주문자 혼자서 주문취소와 환불이 가능하냐, 판매자의 승인이 있어야 주문취소 및 환불이 진행되냐를 나누기 때문이다. 주문이 들어오자마자 발주 확인을 누르는 것은 주문자의 구매의사 취소 시 주문자와 판매자 둘 다 불편함을 초래할 수 있다. 적당한 시간이 흐른 뒤 발주 확인으로 넘겨주는 것을 추천한다. 특히 충동구매를 유도하는 판매자라면 이것이 매우 중요하다. 구매하자마자 후회하고 주문을 취소하는 주문자만 아니라면, 일정 시간이 흐른 후 발주 확인을 해주는 것이 필요하다.

주문을 받은 상태에서 바로 주문서를 넣고, 송장번호를 받을 때까지 시간이 걸리는데 이 시간 동안 주문한 사람이 취소를 하게 되면 주문이 취소가 되고 환불까지 진행이 된다. 하지만 업체에서는 판매자의 주문서를 확인하고, 발송을 보내게 된다. 일단 판매자는 주문의 취소를 알아차리기 매우 어렵다. 주문을 받은 상태에서 주문취소, 환불까지 판매자의 의사와는 상관없이 진행되기 때문이다. 우연하게 판매자가 알아차렸다고 해도 중간에 업체에 연락을 취해서 000의 주문이 취소됐다고 말하고 발송을 중지시키는 일은 여간 어려운 일이 아니다. 그렇기 때문에 주문 목록에서 발주 확인을 눌러서 "발주 확인 완료" 목록으로 넘긴 후에 (그림에서는 "발송관리" 목록)으로 넘긴 후 주문서를 작성해야만 한다.

〈그림1〉 발송 전 취소요청

하지만 네이버는 여기서 문제가 하나 더 있다. 그립에서는 송장번호를 입력하지 않은 "발송관리" 목록에서 주문자가 취소를 했다 하더라도 실제로 이미 발송이 나간 상태라면 송장번호를 입력하고, 주문자가 반송을 할 때까지 취소 및 환불처리를 지연할 수 있다. 하지만 네이버에서는 판매자가 "발송 확인"을 하였더라도 송장번호를 넣기 전에 주문취소를 하면 "취소요청" 목록으로 들어간다. 여기에서 물론 판매자가 실제로 발송이 되었기 때문에 "취소거부"를 누를 수 있지만 구매자가 톡톡으로 글을 남겼거나 판매자에게 연락을 해서 구매취소 요청을 한 경우 판매자는 난처해질 수밖에 없다. 판매관리 → 발주/발송관리 페이지에서 상단의 "발송 전 취소요청"을 들어가도 송장번호 입력은 불가능하다. 그러므로 취소요청을 봤어도 업체에 주문서를 넘겼다면 취소거부를 누르고 송장번호를 입력하든가 아니면 업체에 민폐를 무릅쓰고 부탁해 보아야 한다. 보통 업체에서 이런 개별적인 요구사항은 들어줄 수도 없는 형편이다.

## ◉ 배송 시 택배비 부담

어떤 날은 주말 동안 주문하신 분들께서 택배비가 부담스럽다고 하셨다. 그래서 토요일 판매 제품 회사와 일요일 판매 제품 회사가 다르기 때문에 합배송이 어렵다고 말씀드렸다. 그렇게 지나가는 듯하였지만 다음 날부터 진행하는 그립데이 주간 동안 판매할 제품을 미리 설명해 드렸더니 어떤 고객께서 월요일 제품도 구입할 거라며 합배송을 요청하셨다.

하지만 이 문제는 그렇게 간단하지 않았다. 일요일, 월요일, 화요일 3일간 동일 회사 제품으로 판매할 예정이기 때문에 월요일에도 같은 요구를 하는 고객도 있을 수 있다. 또는 3일간을 모아서 해달라고 하는 고객도 있을 것이다. 사실 배송비는 아까운 것이 사실이고 고객님의 마음은 당연히 이해된다. 필자 역시 배송비를 통해서 수익을 내는 것도 아니고, 매일 구매하시는 고객 분들도 박스며 배송비며 문제가 될 수 있다.

이 부분에 대해서는 셀러가 미리 생각해 두어야 한다. 위 사례에서는 필자 측의 실수로 금요일 배송이 누락된 상태였기 때문에 금요일 배송분, 일요일 배송분, 월요일 배송분 3일치를 한 번에 묶어서 보내드려야 했다. 이미 보낸 주문서를 화장품 업체 측에 말씀드려 수정해야 했다. 업체에게도 미안한 일이고, 필자 역시 번거로운 일이다. 무료배송 기준 또한 미리 생각해 두기 바란다. 10만 원 이상 구매 고객에게 무료배송이라고 적어두었는데, 3일간 총 구매 금액이 10만 원 이상이라고 하면 무료배송을 해드려야 하나 고민이 된다. 미리 결정하고, 방송에서 명확하게 공지해야 한다.

### ◉ 합배송 관련 문제

〈그림2〉 택배비 인상과 합배송 출처 :https://www.etoday.co.kr/news/view/2021927

　　합배송은 약간의 까다로운 문제를 발생시킨다. 합배송이 가능한 고객은 2일 연속 구매하신 고객으로 한정했다. 전날 밤 방송에서 구매하신 분과 오늘 낮 방송에서 구매하신 분만 합배송이 가능하다는 이야기다. 보통은 밤 방송에서 구매를 선택한 제품을 최소한 다음날 오후 3시 전까지 업체에 전달하기 때문이다.

발주 및 배송 과정을 간단히 정리하면, 전날 밤 방송에서 구매하신 분들의 주문서는 다음날 아침 9시에 업체에 보낸다. 그러면 업체는 오후 4시쯤 발송한다. 그런데 낮 방송을 오후 2시에 끝내서 3시까지 주문서를 정리한 후 보내드리면 아침 9시에 보내드린 주문서와 오후 3시에 보낸 주문서를 합쳐서 합배송이 가능하다는 논리다.

그런데 문제가 생겼다. 업체와 얘기가 끝났음에도 불구하고, 오후 3시에 보낸 주문서에 합배송 대상자를 표시하였음에도 불구하고, 실제로는 합배송이 불가능했던 것이다. 업체에서는 우리 물건뿐만 아니라 다른 배송물건들이 많기 때문에 그 많은 박스에서 합배송 대상자를 찾는 게 너무 어려웠다고 전달했다.

결국 모두 합배송은 불가능했고, 합배송 요구 고객에게는 배송비를 환불해 드리기로 했다. 그래서 새로운 방법을 찾았다. 전날 밤 방송에서 주문한 것과 당일 낮 방송에서 주문한 것을 아예 오후 3시에 주문서를 통합하여 보내는 것이다. 그랬더니 배송지연문제로 세트 구성에서 하나의 제품이 재고가 부족하다고 연락이 왔다.

4개 중에 1개만 부족하다는 것이었다. 이럴 경우에는 3개만 먼저 보내면서 증정품을 하나 추가하여 보내고, 나머지 1개만 배송했다. 증정품과 배송비가 추가로 들어가지만 어쩔 수 없었다. 구매를 취소하거나 4개를 모두 배송지연으로 처리하는 것보다 비용적인 부분에서 손실이 적고, 신뢰도 부분에서도 피해가 훨씬 적었기 때문이다.

당연한 이야기지만, 소비자는 상황을 알 수 없다. 그러니 상자 안에 안내문구도 같이 적어 보내드리자. 다음 방송에서 아무리 말하고, 공지사항으로 적어 놓아도 연락을 하거나 1:1 문의 게시판에 문의글을 남기시는 분들이 많다. 고객이 의구심을 갖거나 불편해하지 않도록 안내문구를 꼭 함께 보내길 바란다.

## ⏻ 리뷰 또는 1:1 문의 대응하기

네이버의 라이브 쇼핑에서 이벤트로 사람을 모으는 방식과 제품에 대해서 자세히 설명하고 피부 상담을 진행하는 것을 비교해 보았다. 이벤트는 시청자를 모을 수 있지만 피부 상담은 고객을 모을 수 있었다. 제품에 대한 사용 후기나 상담을 하면 진행자의 전문가다운 모습을 좀 더 강조할 수 있기 때문이다. 그리고 이벤트로 사람을 모으는 것보다 많은 판매와 후기를 남길 수 있어 2차적 잠재 고객을 수면 위로 띄워 올릴 수 있었다.

### ▶ 방송 중 제품 및 상담, 어떻게 해야 할까?

방송 중에 한 분에 대해서만 상담을 들어드리다 보면 제품 설명의 흐름이 끊긴다. 필자의 방송은 피부상담이 장점 중의 장점이지만 어떨 때는 이 때문에 문제가 되기도 한다. 이럴 때면 한두 번 정도 답을 드린 후 그래도 계속되면 1:1 문의 게시판에 남기라고 한다. 방송 중 제품 및 상담을 원하시는 분은 1:1 문의 게시판에 문의를 남겨달라고 말하고, 방송이 종료된 후 1:1 문의 게시판에 글을 적은 고객과 하나하나 충분히 대화하자.

물론 방송 후 상담은 어려운 일이기는 하다. 한번은 방송 중에 피부 상담을 받고 싶어서 계속해서 자신의 피부에 대해 댓글을 다는 분이 있었다. 방송 중에 이전 구매한 제품 배송에 대해서 말하는 시청자도 있었다. 아직 안 왔다, 송장번호가 맞지 않다 등 방송과 상관이 없는 이야기를 계속한다. 이런 분들은 그나마 양호하다. 어제 주문했는데 언제 오냐고 묻는 분들도 계신다. 이런 분들에게도 바로 1:1 문의 남기라고 얘기해준다. 물건이 정상 발송했지만 다른 지역으로 간 것도 방송 중 댓글로 묻는 시청자도 있었다. 택배사의 문제인데 소통을 중요하게 다루는 라이브커머스이기 때문에 그만큼 엉뚱한 질문도 쉽게 하신다.

그렇다고 하더라도 Q&A를 받아주는 방송이 아닌 이상, 너무 많은 질문 세례에 지면 안 된다. 방송의 흐름이 끊길 수 있고, 제품 설명을 기다리는 다른 고객들에게 미안한 일이 된다. 따라서 1:1 문의 게시판을 적극 활용하기를 권장한다. 진심으로 대답하고 소통하면 고객에게도 그 마음이 전해진다. 고객과 대화를 충분히 하면 신뢰감과 교감을 형성할 수 있으며 그들이 나중에는 방송 분위기도 더욱 좋게 만들어주고, 다른 고객까지 끌어모아 주기도 한다.

### ◉ 소비자의 리뷰 체크하기

리뷰가 있다면 방송 중에 홍보에 활용해 보자. 이왕이면 진행자가 리뷰를 읽는 것보다는 프린트를 해서 시청자 분들에게 보여준다면 좀 더 확실히 전달할 수 있다. 말로 말하는 것은 문자보다 정보 전달력이 떨어진다. 그리고 이런 프린트물을 준비하는 것은 또 하나의 장점이 있다. 프린트물이 화면에 뜨는 시간에 진행자는 잠시라도 쉴 수 있기 때문이다. 홈쇼핑에서는 패널을 들어도 진행자가 화면에 함께 잡히겠지만 그립은 프린트의 글자가 보이게 하려면 카메라렌즈 앞에 대야 하고, 그렇게 되면 진행자 입장에서는 잠깐이나마 잠시라도 쉴 수 있다.

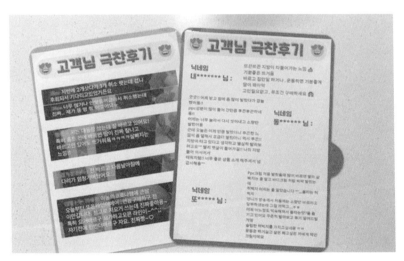

〈그림3〉 리뷰를 모으자!

## ▶ 리뷰 콜렉팅

자사몰에서는 제품을 올릴 때 상품을 복사해서 붙여 넣고 수정을 하였다. 그리고 같은 상품에 조금 수정이 필요할 때에는 원래 있던 것을 냅두고 새로 복사해서 수정하였다. 왜냐하면 원래 있던 것을 다시 사용할수도 있기 때문이다. 제품판매를 종료해도 진열을 안 하는 것이지 상품 자체를 삭제하지 않았다.

하지만 그립에서는 같은 제품을 수정해야 할 때는 복사해서 새로 만들고 수정하는 것은 추천하지 않는다. 제품 후기가 자사몰에서는 후기 게시판에 모두 모였는데 그립에서는 상품에 들어가야지만 그 제품에 대한 후기를 볼 수 있기 때문이다. 그렇기 때문에 제품의 구성이 바뀌거나 같은 제품을 약간 수정하고 싶을 때 원래 판매하던 제품을 수정해서 고객님들이 남긴 후기를 계속해서 모아야 한다. 제품을 복사해도 후기는 복사가 안 된다. 후기가 리셋된다. 사실 그래서 처음부터 제품 구성을 잘해야 한다.

## ⏻ 다음 방송 전략 짜기

방송을 하고 나서 스스로에 대해 한번 돌이켜 생각해 보자. 바로 확인할 수 있게 내가 방송하는 모습을 영상으로 따로 찍어 남기는 것 역시 추천한다. 가장 필요한 것은 어느 시간대, 어느 요일에 방송을 하는 것이 좋은가에 대한 부분이다. 이 부분은 제품을 탈 수도 있고, 소비자 층의 성향을 탈 수도 있다. 내 방송을 잘 관찰하고 그들에게 맞는 전략을 짜기를 바란다.

### ▶ 방송 시간대 변경

어느 금요일, 방송 후 이벤트 당첨자를 관리하던 중에 약간의 의문이 생겼다. 보통 금요일 밤에는 집에서 무언가 할 게 없나 하고 방송을 보는 사람들이 있으리라는 생각에 금요일 저녁 방송을 해왔는데, 시청자는 있을지언정 매출이 그리 크지는 않다는 사실을 발견했다. 결국 금요일보다는 월요일 매출이 더 크다는 점을 캐치했고, 월요일에 잘 팔릴 만한 제품이 무엇이 있는지 고민해 보기로 했다.

〈그림3〉 방송 요일과 시간대의 변경

　고민하는 방법은 별다른 것은 없다. 해당 시간에 어떤 방송을 주로 하는지, 혹은 어떤 요일에 방송이 많고 적은지, 매출은 대강 얼마나 되는지 유추해 보는 것이다. 예를 들어 보톡스 크림, 앰플은 일요일 낮 11시 라이브방송이 없다. 사람도 없는 줄 알았는데 다른 날과 똑같은 수준으로 시청자가 들어왔고, 매출액도 비슷하다. 대신 새로운 사람이 들어온다. 계속 그립 뷰티꿀팁 카테고리에 첫 번째 두 번째를 유지하니까 새로운 시청자 분들이 들어오고, 당연히 팔로우도 많이 늘어난다. 금요일 팔로우 이벤트를 해도 20명 조금 넘게 늘었는데, 일요일 낮 11시 방송은 20명 정도 신규 팔로우가 늘었다. 그리고 방송을 하는 사람들이 없어서 경쟁이 없으므로 동시 시청자수가 누적 시청자수에 비해 훨씬 높게 찍힌다. 이런 날은 방송을 시청해 주시는 분들의 칭찬과 후기가 댓글에 넘쳐난다. 진행자도 훨씬 진행하기 편하고, 힘이 난다.

### ◉ 다른 사람 라이브방송 보기

　반드시 다른 라이브방송을 봐줘야 한다. 제품 구성도 봐야 한다. 생각보다 방송의 방법이 다양하다. 단순히 제품을 1개만 판매하는 방송부터 수십 개의 제품을 동시에 올려놓고 하는 방송도 있다. 어떤 분은 제품을 1000원 결제라는 제목으로 1000원 결제하게 되어 있고, 수량을 늘려서 결제하고 무엇을 원하는지 따로 적어서 처리하는 사람도 있다. 경매 기능을 사용하는 사람도 있다. 소통을 하는 사람도 있고, 고민 상담 후 기부금을 받는 사람도 있다. 방송도 일하는 모습을 계속 찍으면서 중간중간 방송 댓글에 대응하는 사람도 있고, 여행지에서 방송을 하는 사람들도 있다. 스튜디오 같은 곳에서 엄청 넓은 테이블에 제품을 올려놓고 하는 사람도 있다.

이런 방송을 보다 보면 정말 참신하다는 생각이 든다. 나한테 맞는 방식을 본인이 직접 찾아내고 고안해 낼 수도 있지만 이미 수많은 사람들이 하고 있는 여러 방식 중에 나에게 맞는 방식을 찾는 것이 훨씬 빠른 지름길이다. 그리고 방송을 하면서 수정해 나가도 된다.

## ⏻ 라이브커머스 성공에 대한 생각

시청자 분들과 소통하고, 방송 중에 제품설명이나 댓글에 대응해야 하기 때문에 시청자 분과 계속 대화하기 힘들 수 있다. 소통이 겉핥기식으로 하면 충성 고객이 되기 힘들기 때문에 1:1 문의 게시판에 문의를 남겨달라고 하고, 1:1 문의 게시판을 통해서 고객과 소통을 하면 충성 고객으로 바뀔 가능성이 높다. 그런 충성 고객이 방송을 매번 시청해 주면서 좋은 댓글을 남겨주고 매 제품을 구매해 줄 것이다.

우리 고객 중에는 20번 방송을 매번 시청해 주면서 150만 원어치 화장품을 구매해 주신 고객님이 계신다. 초기 후기도 모두 그 한 명의 후기로 채워져 있다. 라이브커머스의 목표를 생각해 보면 판매자의 얼굴과 목소리를 들으면서 더욱 친숙하게 느끼고 제품을 구매해 주시는 듯하다. 인스타그램에서도 제품을 구매하는 것은 판매자의 일상을 보면서 친숙함을 느끼고 구매하거나 팬으로서 구매하는 것인데 라이브커머스는 그것이 더욱 강화된 판매 방식이다.

## 04

# 판매부터 환불까지,
# 파이프라인 구축

⏻ **경쟁이 심해지는 라이브커머스**

내 정보통에 따르면, 2020년 12월인 지금 그립에서 방송하는 사업자가
정말 많아졌다고 한다. 최근 들어 그리퍼로 등록한 사람들도 폭증한 것
으로 알고 있다. 그래서 신규 시청자 유입이 그만큼 적어지고, 경쟁도
심해진 것으로 느낀다.

유튜브도 시작은 쉽지만 막상 그 영상제작을 오래 하기는 정말 어려
운 것으로 알고 있다. 시간을 투자하는 것에 비해서 수입까지 연결시키
기 쉽지 않기 때문이다. 수입이 나오지 않는 상황에서 오랫동안 계속해
서 영상을 제작하지 못하고 포기하게 되는 것인데 그립도 비슷하지 않을
까 생각한다.

시간도 체력도 많이 소비되지만 지속적인 수익을 내는 것은 쉽지 않

다. 수수료가 생각보다 크게 차지하고, 단가가 저렴한 제품으로 진행을 해도 막상 구매 고객은 소수이기 때문이다. 누적 시청자수가 300명을 넘기기 쉽지 않은 상황에서 몇 명 정도 구입할지 생각해 보면 대충 수익이 나올 것이다.

그렇기에 라이브커머스를 기존에 하고 있던 일을 유지하면서 본업과 관련된 제품 판매로 추가 수익을 기대하며 신규 고객을 만들고, 충성 고객을 만들면서 점차적으로 키워나가는 전략으로 접근해야 한다. 여기에 한 가지 더 전략적인 접근을 설명하자면, '파이프라인'의 구축이다.

## ⏻ 파이프라인이라고?

파이프라인 관리란 '기업이 다양한 고객 접점을 통해 획득한 모든 영업 기회를, 사전에 정의한 영업 단계에 따라 체계적이고 전략적으로 관리하여 매출 성공률을 더 높이는 것'을 의미한다. 라이브커머스는 고객의 소리를 듣기에 가장 최적화되어 있다. 이렇게 수집한 고객과의 접점을 파이프를 통해 물을 쭉 빨아올리듯이 매출로 이어 올릴 수만 있다면 얼마나 좋을까? 나만의 파이프라인이 있다면 어려운 일도 아니다. 물론 그만큼의 체계적인 관리시스템과 전략이 동반된다는 전제하에 하는 말이다.

파이프라인에 대해 조금 더 설명하자면, 다른 용어로 '퍼널'관리 (Funnel Management)라고도 하는데, 간략하게 설명하면 파이프라인 모양으로 기업의 영업 과정을 여러 단계로 나눠서 관리하는 방법론이다. 하지만 이 파이프라인은 영업 프로세스 표준화, 영업 인센티브, 영업 문화, 마케팅의 전략적 투자, 딜의 성공과 실패 분석, 시장 진출, 신제품 개발, 미래 사업 계획 및 미래의 판매 예측까지 연결되어 있어서 한 기업의 경영 전략 툴이며 조직의 일하는 방식과 문화이고, 또 영업 정보가 흐르는 비즈니스 플랫폼이다.

〈그림1〉 마케팅 퍼널관리

　파이프라인은 일반적으로 기업 경영의 핵심이라고 불린다. 라이브커머스를 하는 것 역시 우리가 사장이자 직원인 1인 사업체가 아닌가. 내 사업을 성공시키기 위해 반드시 갖추어야 할 것이라는 의미다. 파이프라인은 말랑말랑한 소프트웨어가 아니다. 영업관리 리포트도 아니다. 이것은 고객의 목소리를 듣는 것이고, 기업의 영업 방식과 프로세스를 바꾸는 것이며, 기업의 미래를 보는 것이다. 그리고 고객을 향해 일하는 문화로 나아가는 일이다.

　파이프라인 프로세스는 영업 프로세스이다. 그리고 고객의 구매 프로세스를 이해하고 만든 영업 프로세스여야 한다. 위 그림을 보자. 고객의 이야기를 들어준 다음, 그들의 관심사를 찾아야 한다. 그리고 욕망을 채워주는 행동으로 실행에 옮긴다.

'최고로 잘 만든' 프로세스란 존재하지 않는다. 그보다는 자기 방송에 가장 적합한 프로세스를 찾는 것이 중요한데, 처음은 자신의 고객들을 이해하는 데서부터 시작한다. 내 고객들을 깊이 이해하여, 자신의 판매 프로세스와 고객의 구매 프로세스가 들어맞도록 설정해야 한다.

파이프라인을 움직이는 핵심요소는 바로 파이프라인의 크기, 영업 기회의 움직이는 속도 그리고 승률이다. 쉽게 말해서 파이프라인 매출을 올리려면 더 많은 영업 기회를 입수하고, 금액이 큰 건들을 더 많이 끌어 와서 영업 기회의 성공 가능성을 높여야 한다는 점이다. 그리고 단계별 진행 속도를 높여서 영업 사이클을 줄이면 매출에 긍정적 영향을 주는 원리이다.

대강 파이프라인에 대한 이해가 되었으면, 아래 사례들을 함께 살펴보자. 필자가 경험한 갖가지 '라이브커머스의 어려움'인데, 이 안에서 파이프라인을 구축하는 방법을 함께 익혀 나가기 바란다.

## ⏻ 사례1 합배송의 파이프라인은?

앞서 한번 설명했던 사례다. 주말 동안 주문하신 분들께서 택배비가 부담스럽다고 하셨다. 토요일 판매 제품 회사와 일요일 판매 제품 회사가 다르기 때문에 합배송이 어렵다고 말씀드렸다. 그렇게 지나가는 듯하였지만 다음날부터 진행하는 그립데이 주간 동안 판매할 제품을 미리 설명해 드렸더니 어떤 고객께서 월요일 제품도 구입할 거라며 합배송을 요청하셨다. 사실 예상하지 못한 부분이라서 진행자가 방송 중에 고민하다가 합배송해 드리겠다고 말하고 그 부분을 배송요청란이나 1:1 게시판에 남겨달라고 하고 방송을 진행하였다. 하지만 이 문제는 그렇게 간단하지 않았다. 일요일, 월요일, 화요일 3일간 동일 회사 제품으로 판매할 예정이기 때문에 월요일에도 같은 요구를 하는 고객도 있을 수 있다. 또는 3일간을 모아서 해달라고 하는 고객도 있을 것이다. 어떻게 해야 할까?

▶ 고객의 요구는 무엇인가? 합배송을 해달라는 것이다.
▶ 고객의 관심사는 무엇인가? 3회 배송 시 7500원이 드는 것을 한번에 1회 배송으로 2500원에 해결하는 것. 혹은 집에 쌓이는 박스를 최대한 줄이는 것
▶ 고객의 욕망은 무엇인가? 비용 절약 또는 쓰레기 배출량 감축
▶ 해결 방법은?
 • 합배송으로는 해결이 안 된다. 그 이유는 합배송 시 발생하는 인력 비용이 있기 때문이다. 그렇다면 합배송이 가능한 고객을 한정하는 방법이 있다. 고객마다 차별을 두는 것이 불합리하다고 생각한다면 고객 감사 이벤트로 합배송 기간을 두는 것도 방법이다.
 • 배달 비용이 아까운 것이 고객의 생각이라면, 다른 방법으로 배송비를 돌려줄 수 있다. 예를 들어 3회 연달아 배송을 받는 고객이라면 5000원 상당의 샘플이나 사은품을 준다거나, 5000원 할인 쿠폰을 발송해 주는 방법이다. 그러면 쿠폰을 쓰기 위해서라도 다음에 다시 구매를 할 수 있다.

- 쓰레기 배출이 어려운 고객의 경우 쓰레기가 되는 박스 회수와 같은 방법을 쓸 수도 있다. 이 부분은 새로운 파이프라인이 필요하여 복잡한 방법이기는 하나, 오히려 이러한 친환경 소비에 호감을 보이는 소비자도 있을 수 있다.

▶ 필자의 파이프라인
- 합배송 요구 고객에게는 배송비를 환불해 드리기로 했다.
- 전날 밤 방송에서 주문한 것과 당일 낮 방송에서 주문한 것을 아예 오후 3시에 주문서를 통합하여 요청서를 넣는다.
- 재고 부족의 경우, 증정품을 하나 추가하여 보내고 나머지 1개를 따로 배송했다.
- 상자 안에 안내문구도 같이 적어 고객이 의구심을 갖거나 불편드리지 않도록 안내문구도 함께 보낸다.

## ⏻ 사례2 반품의 파이프라인은?

택배비 설정 업체 측에서 좋은 조건으로 3만 원 이상 구입 시 무료배송으로 해주었다. 제품 부피가 큰 제품이라서 3개까지만 한 박스에 포장이 가능했고, 보통 3개~9개까지 주문하는 고객들이 많았기 때문에 한 명한테 택배박스가 3박스나 배송되는 상황이 되었다. 하지만 우리가 배송비 설정을 3만 원 이상 구입 시 무료배송만 바꿔 놓고, 반품 택배비는 건들지 않았다. 그런데 한 명의 고객이 반품을 신청했다. 그러나 고객에게 우리가 정식으로 요구할 수 있는 반품 배송비는 6000원이었다. 부피가 큰 만큼 택배 상자가격도 비쌌고, 3개의 택배박스로 배송이 되는 만큼 배송비는 많이 들어간 상황에서 난감했다.

〈그림2〉 반품관리

▶ 고객의 요구는 무엇인가? 3만 원 이상 무료배송 제품을 반품하는 것

▶ 고객의 관심사는 무엇인가? 반품

▶ 고객의 욕망은 무엇인가? 6000원 이내의 반품

▶ 해결 방법은?

- 사실 미리 고지를 안 한 경우에는 완벽한 해결책이란 없다. 다음부터 이런 문제가 없도록 고지하거나 절차를 만들어야 한다.
- 부피가 큰 만큼 반품 배송비를 훨씬 높게 불러야 한다.
- 배송에 추가 비용이 필요한 경우는 많다. 깨지기 쉬운 물건, 산간 지역, 3층 이상의 엘리베이터 없는 건물, 부피는 작으나 무게가 많이 나가는 제품 등에 해당하지는 않는지도 체크해야 한다.

필자의 파이프라인

- 3만 원 이상 구매 시 택배비를 무료로 배송 가능하다.
- 제품의 특성을 확인하여 추가 배송비가 필요한 물건인지 확인한다.
- 방송 전, 방송 중, 방송 후로 영상은 물론 알아보기 쉽게 글씨로도 작성하여 시청자에게 고지한다.
- 그 외에도 꼼꼼하게 방송을 확인하지 못한 고객으로부터 1:1 문의가 들어올 수 있기 때문에 1:1 문의 시 대응할 수 있는 멘트를 준비하여야 한다.

## ⏻ 사례3  입금에서 발주로의 파이프라인은?

'입금대기 중'으로 되어 있는 주문은 결제한 시간으로 처리되는 것이 아니라 입금대기로 주문한 시간으로 처리된다. 그럼 메뉴의 발주관리에서 발주처리를 하면 발송관리 메뉴로 넘어갈 때 이전에 발주처리한 목록 '사이'로 들어간다. 그런데 관리자는 '메뉴'의 '주문관리→ 주문목록'에 있는 주문을 보고 주문서를 작성하는 경우가 있다. 문제는 '구매취소'다. 주문서를 작성하고 업체에 작성한 주문서를 보내는 사이에 고객이 구매취소를 해 버리면 어떤 고객이 취소를 했는지 확인하는 것이 힘들다. 입금대기에서 리스트 상 중간으로 들어왔기 때문이다. 하지만 이 상황에 대해 고객은 알지 못한다. 이 과정으로 인해 주문 상의 오류가 생길 수 있다는 점을 고객은 인지하지 못한 경우, 이 경우에는 어떻게 해결해야 할까?

- ▶ 고객의 요구는 무엇인가? 고민하던 제품의 구매를 취소하는 것
- ▶ 고객의 관심사는 무엇인가? 발주 전 구매취소
- ▶ 고객의 욕망은 무엇인가? 구매취소
- ▶ 해결 방법은?
  - 순서를 바꾼다. 기본적으로는 발주처리한 후 메뉴의 배송관리→ 발송관리의 목록으로 주문서 작성을 하는 것을 권한다.
  - '입금대기 중'인 사람이 입금을 함으로써 발생하는 목록 상의 순서 변경 문제는 발송관리/발주관리 메뉴로 넘어간다는 데에 있다.
  - 발주관리를 넘기기 전에 이전에 처리한 목록이 있는지 마지막까지 확인할 필요가 있다.

## ⏻ 파이프라인 구축의 장점은?

사실 파이프라인의 프로세스는 위 설명한 것보다는 더 복잡하다. 나름의 계획을 세우고 고객에게 제안과 협상의 과정을 거쳐야 한다. 파이프라인을 세운다고 해서 바로 매출로 이어지는 것은 아니다. 무엇보다 판매자의 제안 및 협상이 중요하다. 따라서 셀러는 영업 기회 관리 능력을 길러야 한다. 고객에 대한 이해가 부족한 상황에서는 고객 기반 솔루션 설계가 어렵고, 영업적 대응력 또한 떨어지게 되어 고객의 니즈를 충족하지 못하는 결과로 이어지기 때문이다.

그렇다면 파이프라인을 세움으로 인해 생기는 장점은 무엇일까? 먼저 영업 기회를 데이터화할 수 있다는 점이 가장 큰 이점이다. 데이터화는 진행 중인 모든 영업 프로세스를 한눈에 파악할 수 있게 한다. 자원,

인원, 시간 분배에 대하여 체계적이고 신속한 영업 대응이 가능해진다. 따라서 이후 유사한 문제가 벌어졌을 때, 응대 매뉴얼대로 가면 되기 때문에 더욱 효율적이다.

　두 번째는 매출 손실 리스크가 줄어든다는 점이다. 우선 이처럼 분석의 시간을 갖다 보면 영업의 기회가 언제인지 파악할 수 있으며, 고객의 구매 타이밍을 고려하는 눈이 생기게 된다. 위에서는 필자의 경험 세 가지만을 다루었지만, 본인이 경험한 문제가 있다면 한번 여기에 대입해 보기 바란다. 구매취소나 환불 역시 마찬가지다. 이에 대한 대응이 명확하게 되어 있다면 고객 입장에서도 셀러의 능력을 다시 보게 된다. 손실은 일시적으로 있었을지언정, 추후 잠재 고객을 확보할 수 있다는 점에서 리스크는 최소화하는 셈이다.

　세 번째는 판매 예측에 대한 통제력을 확보할 수 있다는 장점이 있다. 실시간으로 모니터링과 관리가 가능하다. 따라서 통일성 있고 확실성 있는 데이터가 차차 쌓이게 된다. 그로 인해 영업 현황을 보며 미래를 예측하고 체계적으로 영업관리를 할 수 있다. 또한 영업 정보를 투명하게 함으로써 소비자의 신뢰도 또한 높아지게 된다.

# 05
# 진짜 고객과
# 가짜 고객 구분하기

　소위 '진상' 고객은 어디나 있다. 제품을 시키기 전부터 사용방법을 계속 물어보고, 정작 사지도 않고 나가는 고객이 있는가 하면 소위 판매자의 '멘탈'을 부수러 온 진상도 있다. 이런 사람들과는 소통을 꼭 할 필요가 없다. 상품 사용 정보나 상세 정보를 집요하게 물어오는 고객에게 판매를 위해 설명하는 것은 의미가 없다. 이런 고객의 경우 판매가 된 뒤에도 여러 가지를 문제 삼을 것이 뻔하기 때문이다. 지금 열심히 설명해도 어차피 도착하고 나면 방법을 또 물어볼 것이다. 따라서 처음엔 간단하게만 설명하고, 제품이 온 뒤 제대로 설명하는 것이 좋다. 그렇다고 기분 나쁜 티를 내거나 냉대하면 방송 분위기가 나빠지므로, 적당히 조절하며 끊어낼 건 끊어내고 유연하게 받아넘기는 스킬을 길러야 한다. 필자가 만나 본 다양한 고객에 대해 소개하려 한다.

## ⏻ 진짜 고객은 구매를 하는 고객이다

시청자 분들은 어느 정도 라이브커머스를 이용해 보았기 때문에 어느 타이밍에 쿠폰이 등장하는지, 어느 타이밍에 이벤트를 하는지 대략 알고 있다. 한 번은 1만 원짜리 쿠폰이 나올 때까지 대부분의 고객들이 계속 구매를 미루고 있는 상황을 겪은 적도 있다. 이럴 때면 셀러로서는 정말 답답하다. 가격이 제법 되는 물건일수록 특히 그렇다. 그러나 지치거나 포기하는 것은 금물이다. 가격이 300만 원이라도 결국 사는 고객은 있다. 정말로 물건에 관심을 갖고 보는 부자 고객들이 있기 때문이다. 몇백만 원어치 화장품을 사는 사람들이 있다. 최근 소비 트렌드는 내 마음에 드느냐 문제이다. 물건만 확실하고 좋다면 믿고 구매하는 것이다.

### ▶ 이벤트만 노리는 고객

필자는 매주 금요일 날 팔로우한 분들에게 커피쿠폰을 최대 40개까지 드렸었다. 그러다가 어느 순간 이제 조금 줄여야겠다라는 생각을 하게 된 적이 있다. 그래서 밤 방송에서는 20명에게만 드린 적도 있다. 그 이유는 이벤트만 노리고 들어오는 고객 때문이다. 생각해 보면 시청자도 중요하지만 그보다 중요한 것이 제품을 구매해 주시고 자주 와주시는 분들이다. 이벤트를 하려면 이분들이 더욱 혜택을 받는 방향으로 해야 한다.

쿠폰을 뿌리다 보니 매주 금요일에만 들어와서 이벤트만 참여해 주시는 분들이 눈에 띄기 시작했다. 쿠폰이 아까워서 하는 말이 아니다. 첫 번째로 나의 진성 고객에게 해줄 수 있는 것을 해주지 못한다는 단점이 있고, 두 번째로 방송 분위기를 흐린다는 점이다. 셀러에게만 화를 내면 문제가 안 된다. 자기가 이벤트 상품을 타는 데에 방해가 되다 보니 다른 고객들에게까지 화를 내고 고객이 당연히 할 수 있는 행동까지 제약을 두려고 한다. 아래는 필자가 들은 황당한 댓글 베스트 3이다.

- 화면이 끊기니까 좋아요를 누르지 마라.
- 댓글 확인이 어렵고 진행이 안 되니까 댓글 달지 마라.
- 이벤트 함에서 내 이름 들어가 있는 거 맞냐?
- 이벤트 함에 시청자 이름은 없는 거 같은데 하지 말자.

놀랍지만 이 멘트를 댓글로 단 고객님은 단 한 번도 구매를 한 적이 없었다. 이벤트에 당첨되고도 따지거나 화를 내는 경우가 더 많았다. "쿠폰 기한이 왜 이렇게 짧느냐, 보낸 쿠폰으로 커피를 마시고 탈이 났다, 쿠폰 문제로 내가 전화했는데 내 전화만 피한다" 등의 이야기를 들을 때면 내 직업에 대한 회의감이 느껴지곤 했다. 셀러로서 참 마음 아픈 시간이었다.

### ▶ 진상 고객을 상대하는 방법

방송을 하다 보면 댓글만 봐도 문제를 일으킬 고객을 맞출 수 있다. 문제를 일으키고, 판매자에게 스트레스를 주는 고객은 일단 댓글이 부정적이고 공격적이다. "진짜 그렇게 돼요?" "어디서 보니까 그건 아니라던데." "저 ○○○ 쓰는데 그것보다 확실히 좋나요?" 이런 식의 질문을 하며, 또는 계속해서 닦달한다. 질문에 대답을 해도 같은 질문을 물어보고, 댓글 창을 도배한다. 그리고 확답을 받으려고 묻고 또 묻는다.

그런 분들은 제품을 구매하면 거의 대부분 불만을 표시하고 후기 또한 불만스럽게 남긴다. 구매를 하면 그나마 다행이다. 이런 분들은 제품 상담과 피부 상담을 해드렸고, 방송시간도 많이 할애했는데 사라지거나 다음에 사겠다고 한다. 이런 분들은 질문에 대답을 해드려도 몇 번이고 다시 물어본다. 그리고 설명을 듣고 그날 바로 제품을 사용해 봐야 기억을 한다. 주문할 때 알려드려도 기록해 두지 않는 이상 며칠 뒤에 제품이 오면 다시 물어본다. 나중에 제품이 도착한 뒤에 사용법을 알려 드리겠다고 말하는 방법은 어떻냐고? 십중팔구는 그래도 지금 알려달라고 한다.

이분들은 구매를 안 해도 문제, 해도 문제다. 이분들을 미리 걸러낼수는 없을까? 어쩔 수 없다. 오랜 방송 경험을 쌓아 어림짐작으로 알아채는 수밖에. 만약 댓글을 통해 진상인지 아닌지 눈치 챘다면 최대한 응대를 삼가라. 제품을 안 산다면 행운이고, 만약 구매를 하려 한다면 응대를 간단하고 명료하게 해야 한다. 원하는 대답을 해주지 말고 애둘러서 대답하는 것이 좋다. 판매하는 입장에서는 사실만 말해야 한다. 이후 꼬투리 잡히기 좋기 때문이다. "진짜 그렇게 돼요?"라는 물음에 "네, 됩니다."라고 하면 100% 후기란에 악평을 쓰거나 환불을 요청한다. 가장 이상적인 답안은 "고객님 노력 여하에 따라 됩니다."이다.

〈그림1〉 우호적인 댓글의 진성 고객          〈그림2〉 어려운 고객을 상대하기

## ⏻ 진성 구매 고객의 특징

진상이 아닌 '진성' 고객은 애초에 느낌이 다르다. 오히려 제품을 구매해주시고 방송 중에 항상 칭찬을 해주시는 분들은 이벤트 진행이 어리숙하고 실수를 해도 오히려 좋게 봐주시고, 응원해 주신다. 진행자도 고객들의 제품 구매를 어느 정도 알 수 있다. 대부분 구매하신 분들은 댓글로 구매했다고 자랑하는 경우가 많다. 그리고 제품의 특성을 알고 있기에 그 설명이 구체적이다.

### ▶ 특별한 요구를 하는 고객

진상은 아닌데, 종종 까다로운 질문을 해오는 고객들이 있다. 이런 고객은 방송 중 즉각 대응하기보다는 1:1 문의로 넘기는 것이 좋다. 방송 중에 대응하다가 진행의 흐름을 잊어버릴 수 있어서 주의하는 것이 좋다.

### ▶ 소통으로 인한 고충

방송하며 소통하는 일이 얼마나 고되고 힘든 일인지 그리고 동시에 내가 원하는 대로 물건을 판매한다는 것이 얼마나 어려운 일인지 잘 안다. 모든 셀러는 그 과정을 꼭 겪게 되니까. 아마 이 파트는 초보셀러들이 많이 공감할 수 있는 이야기였으리라 생각한다. 이 내용을 통해 필자 역시 숱한 역경이 있었으며, 생각보다 비일비재한 일이니 지금 너무 실망할 것 없다는 메시지를 전달하고 싶다.

part
4

◎LIVE

구매자
녹이는
올킬 노하우

구매자가 원하는 것은 알아차리기 쉽다. 눈에 띄는 것, 콘셉트가 확실한 것, 품질이 뛰어난 것. 딱 보기에도 좋아 보이는 비주얼, 고급스럽거나 감성적이거나 키치한 것. 판매자에 대해 요구하는 것도 쉽다. 전문적이거나 매너가 좋거나 구매자를 사로잡는 법은 별다른 것이 없다. 적절한 상품을 적절한 방법으로 적절한 시기에 적절한 매체에 올리는 것이다. 그러나 말처럼 쉬우면 얼마나 좋으랴. 내 생각에는 이것이 가장 적절한 것이라고 생각해서 올렸는데 아무 반응이 없을 때도 있고, 때로는 큰 기대 없이 올린 상품이 금주의 이슈가 되어 불티나게 팔리다 못해 재고가 없어 안타까운 지경에 이르기도 한다. 왜 이런 차이가 생기는 것일까.

앞장에서, 특히 파트 2, 파트 3에서 사전 준비부터 방송 현장과 방송 후 대처까지 상세하게 알아보았다. 그러면서 필자는 이렇게 말했다. 실제 현장은 다르다고. 책으로 접하는 방송과 실제 방송은 사실 갭이 너무 크다. 그리고 의외로 그 갭은 사소한 것에서부터 시작된다. 신기하게도 방송은 우리가 직접 면대면으로 만나는 것 이상의 정보를 전달한다. 그렇기 때문에 진행자가 지금 체력이 부족한지, 앵무새처럼 했던 말만 반복하고 있는 것은 아닌지, 돌발 상황에 대한 노련한 대처가 가능한 사람인지 등이 순식간에 드러나 버린다.

헤비 셀러가 되고 싶은가? 그렇다면 이번 파트에서는 긴장의 끈을 놓치 말고 읽어야 할 것이다. 당신의 패착요인이 여기에 다 있을 테니까.

# 01
## 라이브방송은
## 체력과 더위의 동반 사투

전문 방송인이라고는 할 수 없을지 몰라도 진지한 마음으로 라이브방송에 임해온 지 어느덧 2년이 지났다. 이 방송 시간이 차곡차곡 쌓이는 동안 필자는 꼼꼼하게 그날의 방송 후기를 적어왔고, 어느덧 시간이 지나 돌이켜 보니 나도 모르게 생겨난 습관들이 보이기 시작했다. 그리고 그 모든 습관들이 어떻게 하면 최적의 방송을 만들어낼 수 있을까 하는 고민에서부터 시작되었다는 것을 알게 되었을 때, 헛웃음이 나왔다. 나에게 있어 라이브커머스가 삶의 일부가 되었음을 받아들여야 했기 때문이다.

사람이 살아가면서 가장 중요한 것이 '건강'이라고들 한다. 돈이 최고라는 사람도 있고 행복이 최고라는 사람도 있고 평화, 절제, 믿음 등 각자의 추구하는 바가 다를 수도 있다. 그러나 그 모든 것이 건강 없이는 이룰 수 없는 것임을 누구나 알고 있다. 그래서 대부분의 사람들은 건강의 중요성을 잘 알고 있다. 나 역시 마찬가지다. 건강을 가장 중요하게 생각한다. 그래야 라이브방송을 더욱 성공적으로 할 수 있다.

하지만 건강이 중요하다는 것을 막연하게는 알아도, 어떻게 해야 건강을 지킬 수 있는지는 잘 알지 못한다. 체력을 기르기 위해 운동이라도 해야 할까? 건강식, 보양식을 찾아먹어야 할까? 아주 틀렸다고는 안 하겠지만 필자 생각에 건강을 지키고, 체력을 높이는 데에 가장 중요한 것은 '습관'이다. 운동도 습관이 들어야 매번 헬스장이라도 나가는 것이고, 식사 또한 내 몸에 건강하고 필요한 영양소를 찾아 먹는 습관이 들어야 가능한 일이다.

## ⏻ 방송을 위한 목 관리

동시에 또 하나의 중요한 습관이 있다. 방송에 직접적으로 영향을 미칠 만한 상황을 만들지 않는 습관이 들어야 한다. 예를 들어 필자는 더운 여름날에도 정말 못 참을 정도가 아니면 방송 전에 차가운 음료는 마시지 않는다. 소변이 마려워 방송을 그르칠 수도 있고 또는 낮은 온도에 배탈이 날 가능성도 있기 때문이다. 또한 입을 마르게 하는 커피, 녹차 또한 방송 전에는 금물이다.

그렇다 보니 아예 평소에도 음료는 따뜻한 것을 찾는 습관이 생겼다. 재채기를 하거나 소리가 갈라지기 시작하면 본능적으로 뜨거운 물부터 찾는다. 목을 항상 최적의 상태로 관리하기 위해 커피도 마시지 않다 보니 친구들과 어쩌다 카페라도 가면 따뜻한 허브티를 고르게 된다.

찬바람이 불면 목부터 지켜야 한다. 거의 폴라티, 머플러와 혼연일체가 되어 겨울을 난다. 누군가가 패션의 완성은 노출이라던데. 패션을 완성하기보다 완성도 높은 방송을 만드는 것이 이제는 나의 사명이 되었다. 목소리로 세상을 사는 나는 필사적으로 내 소리를 지켜야 계속 나의 세상이 지켜진다.

친구들이랑 편하게 대화할 때에도 목 상태부터 체크하는 것이 일과가 되었다. 최대한 평소에는 목에 힘이 들어가지 않는 목소리를 내게 된다. 낮에는 신이 나서 목에 마구 힘주어 대화를 하고 웃고 떠들다가, 저녁에 아슬아슬하게 방송을 마쳤던 두어 번의 경험을 거치고 나니 그렇게 습관이 잡히게 되었다.

그래서 오랜만에 만났거나 라이브방송의 모습만 보았던 사람들을 오프라인에서 만날 때면 간혹 당황하는 경우들도 보게 된다. 방송에서는 다른 인격체가 왔다 가냐고 물어보는 사람도 있었고, 오늘 어디 아프냐고 묻는 경우도 있었다. 때로는 '뭐라고?'를 연신 외치면서 소리가 작으니 목소리를 좀 더 크게 내라는 친구도 있었다. 처음에는 스킬이 없어 이럴 때면 난처해했지만, 이제는 차분하게 전달력 있는 목소리를 만드는 법을 안다. 사운드가 크다고 전달력이 생기는 것은 아니다. 말에 힘을 실어주려면 발음은 더 정확하게, 호흡은 더 신경 써서. '오늘은 내가 너의 얘기를 들어줄게' 하는 주문과 함께.

또 하나의 방송용 습관이 있다. 그건 바로 울고 싶어도 참게 된다는 것. 소리 내서 엉엉 우는 것을 포함, 영화를 보든 속상한 날이든 울컥하는 느낌을 받았다가도 이내 곧 침착함을 유지하게 된다. 울면 소리에 물기가 묻어난다. 그 여운이 내레이션에는 도움이 될 수도 있지만 대부분의 방송에는 최악이다. 그래서 가장 중요하다고 느낀 것도 감정 컨트롤이다. 평온함이 흔들리는 순간 방송 전체가 영향을 받기에 정말 너무 울고 싶은 날엔 마지막 방송 스케줄을 끊임없이 상기시킨다. 방송이 없는 날도 마찬가지다. 혹여나 감정이 흔들리는 순간을 대비해 반드시 필요한 연습은 그 흔들리는 감정을 들키지 않는 것이다.

가장 무서운 것이 바로 목소리가 나오지 않는 것이다. 아무리 대본을 잘 쓰고 사전 계획을 촘촘히 짜두어도 목소리가 도와주지 않으면 내가 하는 일은 빛을 발하지 못한다. 라이브커머스에 대해 많은 이들이 도전하는 것을 권장하면서도, 동시에 잊지 않는 말이 있다. 모든 습관을 방송에 맞춘다고 생각하라고. 단순히 재미삼아 시작한다면 이해하지 못할 수도 있다. 그러나 하다 보면 알게 될 것이다. 대중 앞에서 나를 드러낸다는 것이 얼마나 책임감을 필요로 하는 일인지 말이다.


## ⏻ 체력이 방송쟁이에게 왜 필요할까?

체력이 부족하면 방송이 매우 힘들어진다. 〈미생〉이라는 드라마에서 나왔던, 유명한 명언이 있다. 드라마에서 우연히 보게 된 후, 방송을 하다가 힘이 들 때면 한번씩 떠올리는 말이기도 하다.

> 네가 이루고 싶은 게 있거든 체력을 먼저 길러라.
> 평생 해야 할 일이라고 생각되거든 체력을 먼저 길러라.
> 게으름, 나태, 권태, 짜증, 우울, 분노. 모두 체력이 버티지 못해,
> 정신이 몸의 지배를 받아 나타나는 증상이야.
> 네가 후반에 종종 무너지는 이유,
> 데미지를 입은 후 회복이 더딘 이유,

실수한 후 복귀가 더딘 이유, 모두 체력의 한계 때문이다.

체력이 약하면 빨리 편안함을 찾게 마련이고,

그러다 보면 인내심이 떨어지고 그 피로감을 견디지 못하게 되면

승부 따위 상관없는 지경에 이르지.

이기고 싶다면 충분한 고민을 버텨줄 몸을 먼저 만들어.

'정신력'은 '체력'이란 외피의 보호없이는 구호밖에 안 돼.

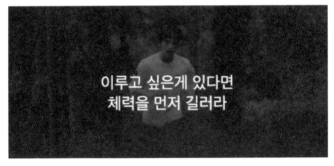

〈그림1〉체력의 중요성    출처 : tvN 드라마 '미생'

이벤트를 하다가 당첨자를 기억하기 힘들어서 고민에 빠졌던 경험이 몇 번 있다. 당시에는 내가 방송에 익숙하지 않아서 그렇다고 생각했는데, 이미 체력적으로 한계가 왔었던 상황이라 기억력도 따라가지 못했던 것 같다. 그렇게 생각한 이유는 질문이 올라오는 데도 애초에 내가 설명을 정확히 하지 못했던 기억 때문이다. 어떤 제품을 구입해도 샘플 30매, 손소독제 모두 증정하기로 되어 있던 제품이었다. 그런데 설명을 할 때마다 말이 길어지고 댓글에서는 다른 질문이 올라오니 나 역시 관두고 싶은 마음이 불쑥 앞섰다.

원래부터 체력의 부족함을 느끼고 있었다면, 필히 운동을 병행하길

바란다. 방송 누적 시간이 쌓이는 만큼 진행자는 특히나 피로를 더욱 많이 느끼게 된다. 필자의 경우 10일 연속 라이브방송을 하고서야 그 진리를 깨달았다. 좋아서 하든 억지로 하든 어쨌거나 일이기에, 피곤은 진행가의 기분과 상관없이 누적된다. 방송 초반에는 그 피로가 더더욱 심하다. 누적 시청자수와 매출이 증가하면 피곤함이 덜하다. 그러나 보통 '현타'라고 하는 것은 방송에 대한 아무 반응이 오지 않을 때 생긴다. 시청자의 반응이 별로 없고, 매출도 전날에 비해 적다? 이런 날은 피곤함이 배는 크게 다가온다.

헬스장을 다니던 필라테스를 끊던 근력운동을 반드시 추천한다. 시청자들이 보기 좋으라고 몸을 가꾸는 것이 아니다. 나를 위해서 반드시 필요한 일이다. 라이브방송을 오래 하기 위해서 반드시 필요한 일이다.


## ⏻ 온도는 방송과 관련이 깊다

온도는 여러 가지를 의미한다. 진행자의 체온 변화, 그리고 방의 상태 등을 포함해서 하는 말이다. 조금 강하게 이야기해서, 진행자는 절대 감기에 걸리면 안 된다. 목소리에 영향을 주기 때문이라는 당연한 이야기는 앞서서 이미 전한 것 같다. 지금 전하고자 하는 이야기는 감기로 인한 체력 저하, 그로 인한 방송 진행력 하향과는 약간 다른 이야기다.

감기에 걸린 상태라면 더더욱 티가 난다. 방송이 어쩔 수 없이 그렇다. 소리로 다 들리고 눈에 다 보인다. 코감기면 코가 맹맹한 소리가 나고, 그로 인해 코를 훌쩍이거나 코 먹는 소리가 날 수 있다. 목감기라면 걸걸하고 허스키한 쉰 소리는 물론이고 가래 끓는 소리, 기침 소리 등이 방송 사운드에 들어가게 된다. 열이 오르니 얼굴은 벌겋게 보이기도 한다. 오한이나 근육통 같은 몸살 감기 증상은 어떨 것 같은가. 그조차도 다 보인다. 몸이 파르르 떨리거나 입술색이 파리해지면서 어떻게든 티가 난다.

참 신기한 것은 시청자는 이런 것들이 더욱 눈에 잘 보인다. 드라마에서 주인공 커플이 등장하여 극적인 장면을 연출하고 있는데 마침 뒤에 지나가는 엑스트라가 빙판에서 꽈당하고 넘어지는 모습이 인터넷 커뮤니티에서 '짤방'으로 유행하는 것처럼 말이다. 주인공이어야 할 제품은 눈에 들어오지 않고 보조 역할을 하는 진행자가 더 눈에 띄게 된다. 아무리 제품에 집중해 달라, 여기 이런 점이 가장 특징이다 설명하려 해도 채팅 창에는 진행자 이야기만 올라온다. 자연스럽게 몸의 온도가 올라가고 얼굴이 빨개지는 것이 화면상에 드러난다? 그러면 제품이 눈에 보이는 것이 아니라 시청자들은 진행자만 보게 된다. 방송의 중심에 있어야 할 제품이 시청자 눈에 들어오지 않는다는 것은 엄청난 데미지다.

다음으로 이야기하려는 것은 방안의 온도다. 온도는 결국 습도와도 관련이 있다. 같은 온도라도 습도가 높으면 체감 온도는 훨씬 높아지는 경험을 해본 적이 있을 것이다. 여름에는 습도가 높고 겨울에는 습도가 낮은 편이다. 여름에 보일러 온도를 40도로 틀어놓는 사람은 없을 것이다. 그런데 겨울에는 방 온도를 40도로 올려놓아도 여름만큼 덥다고 느끼지는 않는다. 실제로 쾌적함을 주는 습도는 온도에 따라 달라지는데 15℃에서는 70% 정도, 18~20℃에서는 60%, 21~23℃에서는 50%, 24℃ 이상에서는 40%가 적당한 습도라고 한다. 온도가 올라갈수록 습도가 낮아야 우리는 쾌적하다고 느낀다.

〈그림2〉 방안 온도와 습도 조절이 중요하다.

그러니 건강에 좋은 실내 습도, 그리고 장비에 이상이 가지 않는 실내 습도를 유지해 주어야 한다. 특히 높은 습도는 장비의 수명을 단축시키고 방송 중에는 스피커에 영향을 미치게 한다. 따라서 사용하는 장비에 따라 적정한 습도를 조절해 주어야 한다. 방송에 좋은 습도는 대략 40%~60%인 것으로 알고 있다. 40% 미만의 습도에서는 목이 칼칼해지기 쉽고, 습도가 60%를 넘으면 물기가 잘 마르지 않아 방송 장비에 영향을 준다. 60%가 넘어가면 건강에도 좋지는 않다. 곰팡이 증식으로 피부염까지 유발할 수 있고 무엇보다 가장 조심해야 할 감기에 노출되기 쉽다.

습도를 40~60%를 맞춘다면 이상적인 온도는 20℃~24℃라고 할 수 있다. 여기서 중요한 것이 조명인데, 햇빛과 방송 조명은(특히 전문 조명을 많이 필요로 하는 화장품 방송의 경우) 방 안의 온도를 높일 수 있다는 점을 인지해야 한다.

방송 중 조명은 방의 온도를 계속 올려서 겨울에 난방을 안 해도 더워진다. 빛의 양을 조절하기 위해 암막커튼을 쳐도 방 안의 온도는 높아진다. 햇빛이 들어오지 않게 하면 실내 온도는 떨어지지 않나? 하고 생각하는 사람이 있는지도 모르겠다. 그러나 오히려 커튼이 아이스박스 안쪽의 보온 은박지 역할을 하는 것처럼 실내 열기 또한 가두기 때문에 더욱 더워진다.

동시에 진행자의 체온도 방 안의 온도를 높이는 데에 일조한다. 도움을 줄 스텝이 있다면 몇 명이 있는지까지 고려해서 온도를 조절해야 한다. 방송을 진행하다 보면 진행자는 계속 입으로 말을 하고, 손으로는 물건을 보여주는 등 방송시간 내내 움직여야 한다. 스텝 역시 분주하게 움직이다 보면 방 안의 공기를 데우기에 충분하다.

습도와 온도 조절이 방송을 잘하는 데에 직접적인 영향을 준다는 뜻은 아니지만, 일부 영향을 줄 수 있다는 점을 고려하여 되도록 쾌적한 상태를 유지하기를 바란다.

조명이나 시간대에 따라 다르겠지만 겨울을 기준으로 낮 방송의 경우 밤 방송보다 최대 +4~5℃ 정도 영향을 줄 수 있다. 조명까지 들어오면 +2~3℃는 더 생각해야 한다. 집에 습도계와 온도계가 있으면 더욱 좋고, 없다면 대략 이를 기준으로 가늠해 보자. 습도 40%에 맞는 온도는 24℃다. 낮 방송을 하려면, 보일러 온도를 18℃에 맞추고 조명을 켜는 것이 적절할 것이다. 밤 방송이라면 보일러 온도는 20~22℃로 맞추고 조명만 켜는 것이 이상적이라고 볼 수 있다.

체력관리가 정말 라이브방송을 잘하는 기술이라고?

이 파트를 읽고 이렇게 반문하는 사람이 있을지도 모르겠다. 앞에서 밝혔듯이 사전 준비, 방송 진행, 사후관리까지 철저히 했는데도 불구하고 방송이 이상하게 샛길로 새는 기분이 든다면, 사소한 것부터 점검해 보아야 할 필요가 있다. 그 시작이 바로 체력관리다. 습관, 목소리, 감기, 온도, 습도관리 정도만 이야기했지만 사실 이밖의 또 다른 것이 내 체력에 영향을 주는 것은 아닌지 고민을 꼭 해보기 바란다.

밤에 늦게 자는 습관, 야식을 먹는 습관, 물을 적게 먹는 습관, 밥 대신 간식을 좋아하는 습관, 피부관리에 소홀히 하는 습관 등 다양한 것이 우리 건강에 영향을 주고 또 어떤 것은 방송에 직접적인 영향을 준다. 통틀어서 체력관리, 건강관리라고 표현했지만 결국 자기관리가 바탕이 되는 사람이 상황 컨트롤을 잘 할 수 있다는 이야기이기도 하다. 라이브방송은 녹화와 다르다. 여러 번 찍어서 가장 예쁜 모습만 보여줄 수가 없다. 평소 습관과 어투, 생각까지도 다 드러나는 것이 생방송이다.

그리고 이에 대해 시청자들도 한두 마디 거든다. 시청자는 한두 마디지만 셀러에게는 수백 마디가 된다. 어떻게 감당하고 어떻게 관리할 것인가? '수신제가치국평천하'라고 했다. 내 몸부터 잘 다스려야 라이브방송 천하(?)의 채팅방을 쥐락펴락할 수 있는 힘이 생기게 된다.

라이브방송을 하다 보면 체력이 많이 소모된다. 가만히 앉아서 말만 하는 게 아니라 쇼호스트처럼 물건을 보여주고 말하고 소개하며 설명을 해야 하며, 소통도 해야 한다. 결국 방송사에서는 분담해서 하는 일을 혼자 다 해야 한다는 건데, 방송사의 스텝 10명 몫을 오롯이 도맡아야 한다. 당연히 물건을 가져오고 옮기고 보여주면서 돌아다니다 보면 체력소모도 심하고, 땀도 나고 목도 아프고 그렇게 된다. 안 하던 일을 하자니 더욱 신경이 쓰이고 건강에도 탈이 난다. 그래서 텐션이 낮아지게 되면 자연스럽게 방송이 재미없어지고 보던 시청자들도 나가는 것이 수순이다. 방송은 자기와의 싸움이다. 구매자를 사로잡는 방법은 스스로를 먼저 컨트롤하는 것이라는 점을 기억해야 한다.

# 소통하는 셀러,
# 대화하는 셀러

인터넷 라이브방송에서 중요한 것은 '소통'을 하는 것이다. 할 이야기가 없어서 같은 레퍼토리로 이야기를 한다거나, 물건 얘기만 하면 누구나 질리게 되어 있다. 상품을 소개하고 내가 할 말도 하면서 채팅창에 올라가는 텍스트를 읽어주는 것은 기본 중의 기본. 물론 어려운 일이겠지만 이제는 멀티테스킹이 안 되면 라이브방송도 없다는 당연한 사실을 이미 익혔을 것이라고 생각한다. 셀러는 누구보다 다재다능해야 한다. 여기서 밝히는 스킬은 오히려 내가 말하는 것이 아닌 채팅을 이끌어내는 스킬이다. 구매자들이 직접 채팅에 참여하고 질문에 답해 주고 소통하게 하는 것이 사실 진행자가 조금이라도 더 쉴 수 있는, 앞의 이야기를 빌려 다시 표현하면 '체력'을 비축할 수 있는 길이기도 하다.

## ⏻ 소통의 의미에 대하여

소통은 이야기를 끌어내는 것이지 이야기를 쉴 새 없이 하라는 뜻이 아니다. 이혼 부부 이야기 중에 소통에 대해 잘 설명될 만한 사례가 있다. 30년 산 노부부가 황혼 이혼을 앞두고 마지막으로 식사를 하는데 치킨을 먹기로 했더란다. 남편이 가슴살을 먹으며 치킨 다리와 날개를 권했는데, 아내가 참고 참다가 결국 소리를 지르며 화를 냈다. 너 혼자 다 먹으라고. 이 일에 대해 변호사 앞에서 남편은 이렇게 말했다.

> *"아내가 갱년기인지 너무 히스테릭해서 참을 수 없어요."*
> 아내 역시 자기 변호사 앞에서 이렇게 말했다.
> *"남편은 30년을 살아도 무신경해요. 자기 밖에 몰라요."*

아내는 퍽퍽살을 좋아하는 타입이었고, 남편은 그 점은 모른 채 자기가 좋아하는 날개와 다리를 양보해왔다. 아내 또한 자기가 좋아하는 가슴살이니 남편도 좋아하는 줄로 알고 가슴살을 집어 먹어도 별 말하지 않고 참아 왔다. 양측 변호사는 당연하게도 똑같이 물었다.

> *"당신이 무엇을 좋아하는지 상대방에게 이야기해 보지 그래요?"*
> 재미있는 것은 아내와 남편 둘 다 대답이 같았다는 점이다.
> *"30년을 이야기했는데 듣질 않더라구요."*

그렇다. 소통이 이렇게나 어렵다. 이 두 사람이 헤어진 이유가 그저 치킨의 어느 부위를 누가 먹느냐가 다는 아닐 것이다. 치킨은 하나의 소재였을 뿐 모든 일에 있어서 '소통'이 안 되었던 셈이다. 소통(疏通)의 한자는 '막힌 것을 뚫는다'는 뜻을 갖고 있다. 흔히 우리는 차들이 막혀서 앞으로 나가지 못하면 소통이 잘 안 된다고 표현한다. 그래서 인간 관계에서도 잘 풀리지 않으면 우리는 소통이 잘 안 된다고 한다.

## ⏻ 소통과 대화의 차이

일반적으로 소통을 대화(對話)와 동일어로 많이 착각한다. 이 둘 사이에는 미묘한 차이가 있다. 대화는 말 그대로 서로 마주보면서 말을 주고받는 것, 소통은 대화를 넘어 말을 통해서 서로 막힌 것을 뚫어가는 과정이다. 그래서 소통을 잘 하려면 단순히 대화를 하는 것만으로 충분하지 않다. 소통이 잘 되려면 단순한 대화를 넘어 먼저 알아야 할 소통의 원리가 있다. 다시 말해 시청자들과 소통이 되게 하려면 몇 가지 원리를 지켜야 한다.

### ▶ 우선은 고객, 그 다음이 시청자, 마지막이 셀러

필자 같은 경우에는 다른 방송 모니터링을 즐겨 하는 편이다. 방송을 보아야 내 방송과의 차이, 내 방송의 문제점, 타 방송에서의 배울 점 등을 발견할 수 있기 때문이다. 한번은 다른 셀러의 방송을 모니터링하다가 깜짝 놀란 적이 있다. 셀러가 자기 방의 규칙을 빼곡히 적어 놓고 지키지 않는 시청자와 갑자기 싸우기 시작한 것이다. 규칙이 어려운 것은 아니었으나 방금 막 들어온 시청자가 제대로 읽지 못하고 룰에 어긋나는 질문을 하나 했는데, 셀러가 규칙도 못 지키냐며 힐난을 시작했고, 이에 시청자가 욕으로 응수하자 이내 싸우기 시작했다. 콘셉트였는지 우발적인 상황이었는지는 몰라도, 내가 만약 물건을 사러 들어간 사람이었다면 그냥 나왔을 것 같다.

소통을 잘 하려면 자신이 아니라 상대방을 보아야 한다. 싸움을 하는 사람들을 보면 공통점이 있다. 서로 자기 이야기만 한다. 온통 나의 주장을 어떻게 상대방에게 전달할 것인가에만 관심이 집중되어 있다. 그래서 목소리가 점점 커진다. 그런데 자기 것을 강조할수록 차이만 부각된다. 화자가 어떤 생각과 의도를 갖고 말을 했을지라도 그 말의 의미는 청자가 어떻게 들었느냐에 따라서 얼마든지 달라질 수 있다. 그래서 진짜 소통을 잘 하는 사람은 자신이 어떤 말을 해야 하는가 보다 상대방이 자신의 말을 어떻게 듣느냐에 더 관심을 가진다.

〈그림1〉 중국 왕홍들의 커뮤니케이션
출처 : https://www.contagious.com/ Live commerce has risen in the East, will it settle in the West?

소통을 하고 싶다면 시청자 입장에서 고민을 해보아야 한다. 어떤 말 한마디를 전하더라도 시청자가 듣기에 또는 보기에 어떠할지를 같이 고려하라는 의미다. 한 가지 더 고려할 것은, 라이브커머스는 어쨌거나 소통만 하는 공간이 아니라 물건을 판매하는 공간이다. 내가 말하는 모든 것이 잠재 고객에게 들어갈 수 있다. 따라서 단순한 시청자가 아닌 고객, 소비자 입장에서는 어떻게 들릴 것인가도 함께 고려를 해야 한다.

필자의 초창기 방송에서 가장 문제점은 시청자의 의견을 무턱대고 수용하려고 했던 점이라고 생각한다. 그 때문에 시청자의 의견을 수용하려다가 사실 더욱 중요한 고객의 입장을 간과한 경험도 있다. 시청자는 응대하는 순간 한 명이지만 고객도 여러 명이다. 한 명의 의견을 수용하려다가 여러 고객이 기분이 상하는 일이 생길 수 있다. 가령 어제 판매한 물건을 구매하고 싶은데 세일된 동일가에 가능하냐는 질문을 들었을 때, 시청자의 기분을 맞춰주겠다고 '당연하죠!'라고 대답할 수 없다. 그러면 어제 기껏 방송에 들어와서 구매한 고객은 무엇이 되겠는가? 내 고객이 된 이들에게는 어디까지나 그만한 가치와 메리트를 부여해야 한다. 소통해야 할 사람은 한 사람이 아니라 다수라는 점을 잊지 말자.

## ▶ 설득하지 말 것

물건을 팔아야 하는데 설득하지 말라니? 앞서 MZ세대에 대한 이야기를 했었다. 라이브커머스의 주 시청자는 MZ세대다. 이들은 소통을 하러 왔지 무언가 배우러 온 것이 아니다. 또한 의도성이 명백한 말을 들으러 온 것도 아니다. 쉽게 말해서 '이 물건이 어떻게 좋은가' 들으러 온 것이지, '이 물건 사세요'라는 말을 들으러 온 것이 아니라는 이야기다.

다시 소통이라는 주제로 돌아가 보자. 설득은 소통이 아니다. 사실 똑같은 말이라도 이해하는 것은 제각각이다. 소통의 수단은 말이다. 말은 빙산과 같다. 빙산에는 보이는 부분과 보이지 않는 부분이 있다. 빙산을 과소평가하여 산산조각 나는 배도 있다. 즉 보이는 것만 지나치게 확신하면 큰 낭패를 당한다. 말도 마찬가지다. 설득을 한다는 것은 내가 보는 것이 전부라는 확신을 상대방에게도 심어주는 행위다. 설득을 하려고 하면, '이 물건의 장점은 A, B, C'라고 빙산의 일각을 보여주지만 '사실 단점 D, E, F'는 내가 발견하지 못했거나 의도적으로 가리려 들기 쉽다. 누차 말하지만, 시청자에게는 그 모습이 훤히 보인다.

10명에게 집이라는 단어를 주고, 그것을 그림으로 표현하라고 하면 한 개의 집이 아니라 10개의 집이 나온다. 즉 집이라는 단어가 매우 분명한 의미를 갖고 있다 하더라도 그것을 사용하는 사람의 경험, 성격, 가치관, 문화에 따라 그것을 이해하고 있는 바는 저마다 다르다. 한국인에게 집은 아파트지만, 독일인에게는 단독주택이 집이다. 그런데 누군가가 자기가 경험한 집만이 집이고, 다른 사람이 경험한 것은 집이 아니라고 확신에 차서 말한다면 이에 대해서 분노를 느끼지 않을 사람이 어디에 있겠는가. 사람들마다 각자 보는 위치가 다르기 때문에 내 위치에서는 잘 보이는 것이지만, 상대방의 위치에서는 전혀 보이지 않을 수 있다는 것을 생각지 못한다. 그래서 '설득'을 하려고 하면 할수록 소통은 점점 더 어려워진다.

설득하지 말고 나의 확신을 그저 보여줘라. 그리고 댓글에서 반박이 나오거든 사람에 따라서는 그런 점도 있을 수 있다는 것을 이해하고 넘어가라. 설득을 하려 들면 서로에게 상처를 주기도 쉽다. 셀러는 별다른 생각 없이 그냥 한 말인데 시청자에게는 큰 상처가 되는 경우도 있다. 또

〈그림2〉 사람마다 집에 대해서 생각하는 모습이 다르다.

그런 경험을 한 셀러는 다른 시청자에게 상처를 주는 이야기를 하게 될까 말하는 것이 두려워진다.

### ◉ 다름을 두려워하지 말자

언제 소통이 잘 된다고 생각하는가? 나랑 같은 마음을 가진 사람을 만났을 때? 나에게 동조해 주는 시청자를 만났을 때? 보통 라이브커머스를 시작하기에 앞서 두려움을 갖는 사람들은 이점 또한 많이 걱정하기 때문이 아닌가 싶다. 거절당하는 것이 두렵고, 열 번의 좋은 시청자와 고객을 만나도 한 명의 블랙컨슈머를 만나면 위축되는 것이 사람 마음이니 말이다.

그러나 확실한 것은 소통은 다른 것들과의 만남이다. 서로 다른 무언가가 만나 합치점을 찾고 서로 인정하는 자세를 가질 때 우리는 소통의 힘을 느낀다. 그 힘은 바로 서로 다른 것들이 함께 공동의 목표를 향해서 나갈 때 나오는 것이다. 만일 비슷한 것들과의 만남만을 고집한다면 이는 바로 소통의 힘을 포기하는 것과 같다. 다시 말해 내 이야기에 호응해 주고 즐거워하기만 해주는 시청자를 만날 수는 없으며 설령 그렇게 된다 해도 발전이 없는 방송이 되어 재미를 잃어갈 것이라는 의미다. 나와 의견이 다른 시청자도 만나보고 다른 방송도 보면서 더 재밌고 즐거운 방송, 소통이 되는 방송으로 나아가려고 노력해야 한다.

애초에 라이브커머스 방송을 보러 들어온다는 것 자체가 하나의 공통 목표를 가지고 있다는 증거다. 셀러는 팔고, 고객은 사는 것 말이다. 판매자와 소비자는 어쩔 수 없이 공동의 목표를 가지면서도 대치점에 있다. 종국에는 각자가 생각하는 '득'을 보는 지점을 찾아야 하기 때문이다. 제품의 스펙, 가격 등 여러 면을 조율하는 과정에서 셀러와 고객의 입장 차이가 드러난다. 이것을 방송 안에서 잘 조율하는 셀러가 바로 역량 있는 셀러라고 할 수 있다. 소통이 안 되는 셀러는 판매에 한계가 생긴다. 그러나 소통이 되는 셀러는 그 경계가 없다. 사겠다고 결심하고 온 소비자에게 파는 것은 쉽다. 그러나 이들에게만 판매할 것인가? 소통의 역량을 높이면 얼마든지 독자 여러분도 헤비셀러가 될 수 있다.

## ⏻ 초보 셀러, 시청자와 소통하기

몇 가지 말하기 방식을 정해 두면 방송이 더욱 유연해진다. 말은 사용할 수록 입에 잘 달라붙는 방식으로 진화하는 특징이 있다. 평소 말하기 습관에도 적용해 보고 방송에 활용하기 바란다.

## ● 시청자가 들어왔을 때

처음 방송을 열었을 때 가장 어려운 것이 아이스브레이킹이다. 시청자가 들어왔으니 진행자로서 무언가 말은 해야겠고, 가장 쉬운 주제가 제품이다 보니 제품에 대한 이야기만 몇 마디 버벅거리게 된다. '재미없는 방송이구나'라는 판단이 들면 시청자는 기다려주지 않는다. 이내 곧 더 재미있는 방송을 찾아 나가게 된다. 그러면 셀러는 더욱 의기소침해지고 그다음 시청자가 들어왔을 때 더 잘해야 한다는 부담감에 더 엉뚱한 말만 늘어놓게 된다.

그런데 생각해 보자. 친구들을 만나 편하게 이야기하는 상황을 가정해 보자. 첫 만남에 무어라고 하는가? 누구나 인사를 한다. '안녕?' 외에 어떤 좋은 말이 필요한가? 셀러라고 해서 다를 것이 없다. 시청자가 들어왔다면 편하게 인사를 하라. 시그니처 포즈, 멘트 등을 셀럽처럼 만들었다가는 도리어 부담스럽다. 물론 그만한 끼가 있는 셀러라면 상관없겠지만 재미있게 소통해야 한다는 부담감에 하는 셀러가 있다면 그럴 필요가 없다는 의미다.

그다음은 쉽다. 대화 중에 들어오는 시청자가 있다면 닉네임을 언급해 주고 또 자연스럽게 대화하면 된다. 판매 제품 이야기는 언제 하느냐고? 하다못해 면대면으로 친구를 만나 보험을 하나 팔려고 해도 식사도 하고 근황도 물어본 다음에 차나 한잔 하면서 이야기를 꺼내는 것이 도리인 것을, 시청자가 들어오자마자 제품 이야기부터 꺼낼 필요는 없다. 근황도 물어보고, 소소한 주제들을 작게 던지면서 아이스브레이킹을 하는 데에 공을 더 들여라. 시청자가 셀러를 친근하게 여기는 것부터가 출발이다. 사전 준비는 철저하게 했어도 그 티를 방송에서 내서는 안 된다. 느긋하고 여유있게 보여야 한다. 물 위에 떠 있기 위해 쉴 새 없이 구르는 백조의 발을 떠올려라.

## ⓞ 본격적인 방송이 시작되면

언제 시작해야 하는지에 대해서는 느긋하게 여유를 갖고 있어도 된다. 슬슬 시청자들이 재촉하기 시작하면 때가 되었다는 의미다. 진행자가 고민해야 할 지점은 어떻게 소통할 것인가이다. 필자가 초반에 그립에서 진행했던 경험을 생각해 보면 이벤트도 할 줄 몰라서, 그리고 시청자들이 많이 없고 반응이 없어서 제품설명만 주구장창했던 시기가 있었다. 허공에 대고 말하는 기분이라서 힘들게 힘들게 한 시간 채웠던 적이 있다. 그래도 지속적으로 제품을 설명하고, 이따금씩 시청자들이 물어보는 부분에 대답하고 피부 고민도 상담해 드리면서, 제품사용 후기가 댓글에 쓰여지고 상담한 부분에 대해 만족한다는 댓글이 올라오면서 분위기가 조금씩 좋아졌다. 또다시 네이버를 시작하면서 이 부분을 망각하고, 단순히 알림받는 시청자수만 늘리기에 고착되어서 계속 이벤트에만 집중했던 시기도 있었다. 이는 둘 다 좋은 소통 방법이 아니다. 무언가 고정된 것을 억지로 하려 하면 진행자도 시청자도 불편해지고, 고통스러운 시간이 더디게만 흘러간다.

• 이벤트와 질문 그리고 피드백

느긋하게 인원이 어느 정도 모이기를 기다렸다가 시작해도 되고, 10분 뒤에 시작하겠다고 공지를 올리고 시작해도 된다. 인원이 모이는 것을 기다리면서 이벤트를 진행하는 것도 분위기를 고조시키는 데에 도움이 된다. 예를 들어 몇 번째로 들어오는 시청자에게 선물을 하나 주거나, 익히 알려지지 않은 것으로 잔잔한 재즈 음악을 틀어놓고 맞추는 시청자에게 선물을 하는 방법이다. 꼭 이벤트를 해야 하는 것은 아니다. 단순히 질문하는 것만으로도 시청자들은 즐거워한다. 아주 사소한 것이라도 괜찮다. 예를 들어 "커트를 하려고 하는데, 단발이 좋을까요, 숏컷이 좋을까요?"라던가, "오늘 방제 어때요? 사람들이 많이 들어올까요?"와 같은 질문을 하는 것도 좋다. 시청자들이 적극적으로 의견을 달아준다.

그리고 진행자는 그 의견에 대한 피드백을 적극적으로 해주어야 한다. 표현은 되도록 긍정적으로 해야 한다. '긍정적'이라는 말은 무조건 다 좋다고 받아들이라는 의미가 아니다. 자신의 생각을 표현했을 때 "그 생각은 시간과 비용 측면에서 수용할 수 없는 아이디어인 것 같습니다."라는 피드백보다는 "시간과 비용 측면에서 해결해야 할 문제가 있지만 매우 창의적인 아이디어인 것 같네요. 혹시 이 의견에서 문제가 되는 시간과 비용에 대한 아이디어를 누가 보완해 줄 수 있을까요?"라고 피드백하라는 뜻이다. 그러면 처음 의견을 제시한 시청자 입장에서는 자신의 의견이 존중받고 있다는 생각에 더 많은 아이디어를 말하게 되며, 소통하고 있다는 느낌을 받게 된다. 중요한 것은 어떤 의견을 말해도 무시당하거나 조롱거리가 되지 않는다는 믿음을 주도록 한다.

• 메모하며 경청하기

이벤트도 질문도 핵심은 '소통'이다. 시청자들의 의견을 적극 모으고 있다는 점을 어필하는 것이다. 방송 중에도 간간히 메모하는 모습을 보여주는 것이 좋다. 소통이 된다는 점을 어필할 수 있기 때문이다. 소통에 대한 교육이나 자기계발서를 보면 '경청'하라는 말을 많이 볼 수 있다. 그만큼 경청이 중요하다는 것이기도 하지만 잘 안 되고 있다는 것을 의미한다고 볼 수 있다. 듣는다는 것은 정말 참기 힘들고 지루하다. 상대방의 말을 듣다 보면 문득 하고 싶은 말들이 생각나고 지금이 아니면 영영 못할 것 같고 잊혀질 것 같은 조급함에 또다시 말을 끊고 하고 싶은 말을 쏟아내게 된다. 이 부분은 초보셀러보다 어느 정도 방송 경력이 쌓이고 고정팬 층이 쌓인 셀러가 조심해야 할 부분이다. 친한 친분이 있는 사적인 관계라면 더욱 말이 쉽게 나가게 된다. 그러다가 자칫 관계뿐만 아니라 완전히 시청자와의 관계가 틀어지기도 한다. 이럴 땐 메모를 해보자. 방송 중에 갑자기 메모해도 되느냐고? 시청자들은 더 좋아한다. 메모는 상대방이 말하려는 의도가 무엇인지 알게 하고 내가 하고 싶은 말을 군더더기 없이 정확하게 정리할 수 있게 할 뿐만 아니라 대화의 상대에게 신뢰를 줄 수 있다. 그리고 대화가 다른 곳으로 흐르지 않게 하여 시간도 절약된다. 그리고 듣고 싶은 것만 골라 듣는 나쁜 습관도 고칠 수 있다.

- 지식 부족을 부끄러워하지 말 것

진행자는 강사나 교수가 아니다. 제품에 대해 정확한 지식을 알고 있어야 하는 것은 기본이지만, 사실 방송을 하다 보면 생각지도 못한 부분을 시청자가 물어볼 수도 있기 때문에 모르는 부분이 있을 수 있다. 화장품을 판매하는데 무슨 성분이 들어 있는지, 효능이 무엇인지 물어본다면 어느 정도는 대답해 줄 수 있다. '쌀겨추출물이 들어 있어 피부를 촉촉하게 하고 피부톤을 환하게 밝혀줍니다.'라는 대답까지는 진행자가 준비해야 하는 멘트가 맞다. 그런데 시청자가 '어떤 화학작용으로 그렇게 되는 거냐고 물어본다면? 화학시간도 아니고 이런 내용까지 진행자가 다 알고 있을 수는 없다.

문제는 이런 질문에 대해 대처하는 자세다. 부끄러워서 대답을 피한다거나 질문한 사람에게 화를 내는 경우도 가끔 있다. 진행자에게 일부러 무안 주려 한다고 생각하는 것이다. 그러나 시청자는 정말 궁금해서, 잡담이라고 생각하고 질문을 했을 수도 있다. 라이브커머스는 '진행자라면 무엇이든 맞추세요'가 아니다. 완벽한 대답을 해야만 방송이 잘되는 것은 아니다.

지식에는 유통기한이 있고 서로 다른 지식들의 융합을 통해 새로운 모습으로 다시 탄생하거나 쓸모없는 지식으로 전락하기도 한다. 의미 있는 대화를 한다면 지속적인 재탄생을 낳는다. 내가 모르는 것은 또 다른 시청자에게 물어봐라. 가치 있는 지식의 재탄생은 지식과 지식의 연결, 사람과 사람의 연결에서 비롯되기 때문에 적극적인 소통을 해야 한다. 이런 지식과 지식의 연결이 되기 위해서는 반드시 묻는 과정이 필요하지만 사람들은 자신이 잘 알지 못하는 것에 대해 묻는 것을 꺼려한다.

> *"질문을 해야 답을 얻을 수 있고 도와달라고 해야 도움을 받을 수 있다. 요청하는 행위 자체가 알라딘의 요술램프처럼 원하는, 얻게 해주는 효과가 있다."*

'모른다고 말하면 혹시 나를 무시하지 않을까?', '혹시 아무도 대답해주지 않으면 어쩌지?', '자존심 상하게 내가 어떻게 물어봐!' 하는 지레 짐작으로 묻는 것을 꺼려한다면 소통은 잘 되지 않는다. 사람들은 자신을 가르치려 드는 사람보다는 자신에게 도움을 청하는 사람을 더 좋아한다. 한때 반듯한 모습만 보여주던 배우가 예능프로그램에 나와서 망가지는 모습을 보이면서 인기가 더 높아지는 것을 보면 자신보다 뭔가 부족하게 보이는 사람에게 안정감과 끌림을 느끼는 것은 확실한 것 같다. 그러니 모르는 것에 대해 도움을 청하는 것에 대한 막연한 두려움을 가질 필요는 없다. 어차피 시청자도 모르는 것이 있기는 마찬가지다. 서로 도움을 준다는 생각으로 방송을 하기 바란다.

#### ◉ 방송이 끝난 후에

라이브방송은 진행자를 중심으로 대화가 일어난다. 어떤 진행자는 '답정너'처럼 결말을 정해놓고 진행을 하기도 한다. 다른 의견에 대해 무시하거나 귀를 닫아버리는 경우도 있다. 간혹 그런 방송을 보고 있자면 굳이 라이브커머스를 뭐하러 할까 싶기도 하다. 한번쯤 셀러는 자신의 방송을 따로 녹화해서 볼 것을 권한다. 자신이 얼마나 말을 많이 하고 있는지, 얼마나 부정적인 의견을 주고 있는지 등 단점을 찾아보아야 한다. 시청자들이 의견을 자유롭게 내지 못하고 있다면 왜 이야기하지 않는지를 생각해 볼 수 있기 때문이다.

소통이 중요하다는 것을 모르는 사람은 없을 것이다. 그럼에도 불구하고 잘 안 되는 이유는 습관이 되어 있지 않기 때문이다. 좋은 이미지를 만들기 위해 거울을 보며 연습하는 것처럼 소통을 잘하기 위해서는 연습이 필요하다. 하루 일과가 끝나면 그날 만났던 시청자, 나누었던 대화, 상대방의 반응이 어땠는지를 돌아보고 기록을 해보자. '소통 일지'를 만들어 보는 것도 좋다. 그리고 잘했다고 생각되는 것과 나와 상대를 불편하게 만들었던 것들을 기록해 보자.

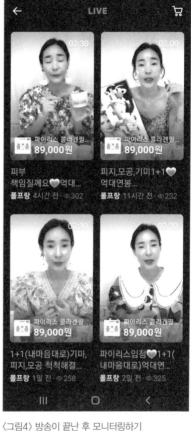

〈그림3〉 입장하는 고객과 소통하기    〈그림4〉 방송이 끝난 후 모니터링하기

이런 것들을 생각하고 기록해 보는 것만으로도 대화의 패턴과 질이 개선될 수 있게 된다. 적어도 방송 분위기에 변화가 있을 것이며 나만의 소통 습관으로 정착될 수 있을 것이다.

# 03

# 앵무새는 금지!
# 피드백을 피드백하라

앞서서 대화의 기본은 '소통'이라는 이야기를 했다. 그렇다면 어떻게 해야 소통한다는 느낌을 주고받을 수 있을까? 그 구체적인 방법은 '피드백'이다. '리액션'에 따라 시청자는 진행자와 이야기가 잘 되고 있다는 느낌을 받는다. 셀러 역시 내가 하는 말에 시청자들이 반응을 보여주면 힘이 나지 않는가.

시청자들도 똑같다. 시청자도 피드백을 받을 때 더 방송에 참여하고 싶어진다. 진정한 소통을 원하는 시청자 입장에서는 그저 앵무새처럼 똑같은 말만 반복하는 것을 원하지 않는다. 아프리카 TV 또는 트위치 등을 보면, 도네이션에 따라 몇 가지 리액션을 정해놓고 보여준다. 이 또한 피드백의 한 방법이라고 볼 수 있다.

〈그림1〉 그립에서의 소통               〈그림2〉 네이버쇼핑 라이브에서의 소통

　진행자가 1시간 내지 2시간 동안 제품만 설명하기는 정말 어렵다. 그리고 그 방송을 1시간 동안 보는 시청자도 지겹다. 1시간 동안 할 말과 보여줄 모습을 혼자 준비하는 것 또한 어렵다. 설명을 길게 준비해도 10분을 넘기기도 어렵고, 그것을 6번 반복하는 것은 말하는 진행자뿐만 아니라 시청자도 고역이다. 진행자 혼자서 준비한 말을 계속해서 한다면, 30분도 못하고 지쳐서 그만하게 된다. 홈쇼핑에서도 그렇게 많은 전문

가가 협력해서 진행하는데 방송은 1시간 이내로 진행한다. 쉽게 말해서 소통이 없는 라이브커머스는 제 기능을 상실한 것과 같다.

소통이 동반되어야 홈쇼핑이 아닌 라이브커머스로서의 의미가 있다. 시청자의 댓글을 읽고 그에 대한 대답을 하다 보면 훨씬 자연스럽게 방송을 진행할 수 있다. 방송시간도 재미있게 채울 수 있다. 소통을 20분에 제품 설명 한 번. 그렇게 세 번 정도 진행하는 것이 방송을 준비하는 진행자에게도 그리고 시청자에게도 좋다.

진행자가 많은 말을 하려고 하지 마라. 진행자는 진행을 하는 역할이다. 대화를 유도하고 끌어내고 분위기를 원하는 대로 이끄는 사람이다. 앞서서는 라이브방송에서 말하는 '소통'이 무엇인지 알아보고 소통하는 방법을 간단하게 살펴보았다. 이번에는 진행자로서의 역할, 리액션과 피드백에 대해 이야기해 보려 한다.

## ⏻ 좋은 리액션은 들어주는 것

우리가 누군가에게 표현을 할 때는 상대방이 내가 하는 표현에 반응해 주기를, 내가 하는 표현을 좋아해 주기를 기대한다. 또 이 표현을 통해 내가 가진 생각, 내 마음 곧 내 존재가 상대방에게 인정받기를 바라는 마음으로 표현하기 마련이다. 누군가에게 표현한다는 것은 일종의 자아실현과도 비슷하다.

그런 이유로 리액션이 좋은 사람, 상대방의 말을 잘 들어주고 표현을 잘 받아주는 사람은 그만큼 상대방의 인정받고 싶어 하는 욕구를 효과적으로 자극시킨다. 리액션에 대한 착각이 표현을 잘하는 것이라고 생각하는 점이다. 대화 스킬이 굉장히 뛰어나서 말이나 행동으로 상대방의 마음을 단숨에 휘어잡을 수 있게 표현할 수 있는 사람이 아니라 반대로 상대방이 표현하고 싶게끔 만드는 사람이라고 할 수 있다. 남을 잘 웃기는 사람보다는 잘 웃어주는 사람에 가깝다는 것이다.

리액션이 좋은 셀러는 상대방이 표현하게 만들고 잘 웃어주고 잘 반응해준다. 시청자가 '이 멘트는 좋았다.', '이 행동은 좋았다'라고 느끼게 끔 말이다. 미팅을 하게 되면 많이 웃는 사람보다 잘 웃어주는 사람이 더 인기가 있는 경우를 자주 접하게 된다. 그것은 잘 웃기는 사람의 경우는 만나면 내가 그 사람의 말을 많이 들어주고 그 사람의 존재를 받아줘야 할 것처럼 느껴지지만 잘 웃어주는 사람은 내 말을 잘 들어줄 것 같고 내가 인정받을 수 있을 것처럼 느껴지기 때문이다.

탈무드에 따르면 '사람은 태어나면서부터 말하기를 배우지만 침묵은 커서도 배우기 힘들다'라는 말이 나온다. 이 말은 사람들은 기본적으로 듣는 것보다 말하는 것을 더 좋아하며 남을 인정해 주는 것보다 남에게 인정받는 것을 더 좋아한다는 말과 다르지 않다. 남을 인정하려면 내가 나를 인정할 수 있어야 한다.

즉 자신을 사랑할 수 있어야 남을 인정하고 남의 말을 잘 들어줄 수 있게 된다. 내가 나를 별로라고 여기고 있다면 방송에서도 시청자의 말이나 행동에 적절하게 반응해 주는 것보다 '내 말이나 행동에 시청자가 어떻게 반응하는가?'를 더 신경 쓰게 된다. 따라서 스스로의 셀링에 자신감을 갖는 것이 우선이다. 사전 준비가 그래서 철저하게 되어 있어야 한다.

아이러니하게도 '내가 어떻게 반응하는가?'보다, '시청자가 내게 어떻게 반응하는가?'를 더 신경 쓰게 되면 그만큼 덜 매력적인 셀러로 남게 된다. 시청자는 내게서 만족감을 잘 느끼지 못하기 때문이다. 소개팅에서 나는 말하기만 하고 상대방은 잘 듣고 잘 웃어 주기만 한다면 나는 내가 잘 어필된 것처럼, 결과가 좋을 것처럼 느꼈는데 막상 애프터가 없을 가능성이 높다.

TV에서 뛰어난 MC들이 방송을 어떻게 진행하는지를 관찰해 보면 쉽다. 그들이 말을 재밌게 하고 잘 표현할 수 있는 사람이기보다는 잘 반응해 줄 수 있는 사람임을 발견할 수 있다. 잘 반응해 주기 때문에 다른 사람이 가진 매력을 더 잘 이끌어내고, 그로 인해서 전체적으로 방송을 재미있게 만들어준다.

내가 매력적인 셀러로 여겨지길 원한다면 좀 더 들어주려 하고, 좀 더 반응해 주려 할 필요가 있다. 만약 내가 잘 듣고 사소한 말이나 행동에 리액션을 잘해 줄 수 있다면 듣는 것과 반응해 주는 것에 신경을 쓰기 전보다 훨씬 호감을 사기 쉬워지고 방송이 쉬워지게 된다.

#### ▶ 리액션의 기술

리액션의 방법과 기술은 여러 가지가 있다. 적절하게 사용하면 소통이 잘 되는 셀러로 느껴지지만 과하거나 적절하지 않은 타이밍이라면 시청자가 답답해할 수 있다. 여기에는 기본적인 리액션 방법을 모아두었다. 자기 방송을 다시 보면서 얼마나 잘 지켜지고 있는지 확인해 보자.

- 사실 표현

있는 그대로의 객관적인 사실을 짚어주는 것이다. 예를 들면, "OOO님, 오늘도 오셨네요.", "어제 OOO님, ~△△△님이 구매를 해주셨네요.", "(노래 제목 맞추기 이벤트 중에) OOO님, 그 노래 비슷하지만 아니에요. △△△님 비슷해요, 거의 다왔어요."와 같이 사실에 강점을 부여해서 언급해 주도록 한다. 보통 과하지 않은 리액션으로 상대가 부담을 느끼지 않으면서도 진행자와 친밀도를 쌓고 있다는 느낌을 받게 만든다.

- 감탄 표현

사실 표현에 강조 부사를 넣어서 표현하는 방법이다. '진짜, 정말, 완벽하게, 역시, 우와' 같은 강조 부사와 감탄사를 섞은 리액션이다. 예를 들면, "(전화하기 이벤트에서) 고객님 목소리가 정말 맑고 예쁘시네요.", "(제품 설명을 시청자가 대신 해준 경우) ○○○님 맞습니다. 완벽하게 이해하셨네요." 등과 같이 사실 표현에 강조부사나 감탄사를 덧붙이도록 한다.

- 과정 칭찬

상대방의 노력, 과정, 행동에 대한 칭찬이다. 이 기술은 평소 친밀도가 쌓인 고객이나 방송에 적극적으로 참여해 주는 고객에게 할 수 있는 기술이다. 주의 깊게 관찰하고 관심을 부여할 수 있을 만한 시간이 필요하다. 따라서 일반 고객을 진성 고객으로 끌어오는 기술이라고 할 수 있다. 간혹 시청자가 먼저 "저 이러이러한 일이 있었어요."라고 말을 걸어오는 경우가 있다. 그럴 때 "네, 축하합니다."라고 감탄 표현에서 끝내기보다, "이전부터 느꼈지만 정말 성실하신 성격이신 것 같았어요. 역시 성실함에는 좋은 결과가 따르게 되어 있네요."와 같은 대답을 보내는 것이다.

- 예상치 못한 리액션

예쁜 사람에게 '정말 예쁘시네요'라는 리액션은 10점 중 3점짜리 리액션이다. 본인도 익히 들어온 말이기 때문이다. 상대방이 전혀 예상하지 못한 타이밍에 들어본 적 없는 리액션이 돌아오면 시청자 입장에서도 은근한 감동이 있다.

예를 들면 진행자가 마침 가격에 대해 설명하려고 했는데, 한 시청자가 가격도 설명해 달라고 요청을 해온다. 이때 바로 가격 설명만 하는 것보다 시청자를 언급하며, "좋은 질문이에요!" 또는 "저랑 생각이 통했네요! 마침 그 이야기를 하려고 했어요."라고 말해 주면 더욱 좋다. 사실 가격을 물어보는 것이 라이브커머스에서 특별한 일은 아니다. 그럼에도 의도와 상관없는 칭찬을 들으면 시청자는 기분이 좋아지고 더욱 방송에 적극적으로 몰입하게 된다.

- 상대방을 높이는 표현

리액션이 꼭 먼저 액션이 나와야만 가는 것은 아니다. 아무것도 하지 않고, 보고 있는 시청자에게조차 리액션이 가능하다. 초기 〈무한도전〉을 보면, 유재석 MC가 지속적으로 이런 멘트를 날린다. "시청자 여러분, 죄송합니다.", "시청자 여러분을 위해~" 사실 이런 멘트가 나오는 타이밍은 멤버들의 엉뚱한 행동을 저지하기 위한 때다. 그런데 현장에 보이지도 않는 시청자가 마치 눈앞에 있는 것처럼, 그것도 우리보다 높은 위치에 있는 것과 같은 표현을 사용해서 표현을 한다. 그저 프로그램을 보고 있었을 뿐인데, 시청자 입장에서는 대우받는 느낌이 든다.

어떤 표현이 있을까? '~님, 고객 분'과 같은 말도 같은 맥락이다. '시청자 여러분의 고견에 따라'와 같은 표현도 시청자를 우대하는 표현이다. "여기까지만 보시고도 제가 무슨 말을 할지 알고 계셨다면, 정말 예리하시네요.", "저는 이 제품을 사용하고서야 좋다는 것을 알았는데, 저보다 더 잘 알고 계시는 시청자 분들이 많으시네요." 아무것도 하지 않고 머릿속으로 생각만 했는데, 그것도 대단하다고 진행자가 리액션을 보낸다. 자연스럽게 자기 의견을 채팅방에 올리고 싶어진다. 어떤 표현이 시청자를 높이는 방법인지 더 고민해 보자.

## ⏻ 리액션에서 그치지 말고 피드백을 주자

리액션은 중요하지만, 여기서 그쳐서는 안 된다. 라이브방송은 장기적인 피드백을 주어야 한다. 그저 웃고 호응해 주는 리액션은 즉각적인 피드백이다. 이전 방송에서 불만 사항을 들었다거나 불만은 아니더라도 개선이 필요한 부분을 발견했다면 방송에 반영하여 수정하는 것이다.

〈그림3〉 피드백의 중요성

피드백은 모든 인간관계의 근본이다. 세계적인 비즈니스 컨설턴트, 인간관계, 커뮤니케이션 전문가인 리처드 윌리엄스(Richard Williams)의

베스트셀러 〈피드백 이야기〉에서 피드백은 1. 지지적, 2. 교정적, 3. 학대적, 4. 무의미한 피드백, 이렇게 4가지 종류로 구분된다. 1, 2번은 필요한 피드백, 3, 4번은 불필요한 피드백이다. 피드백의 종류를 구분하면서 방송에서 어떤 피드백을 주고받으며 소통해 나가야 하는지 살펴보자.

### ▶ 지지적 피드백

반복되기를 원하는 행동을 독려하는 피드백을 의미한다. 시청자가 당신이 원하는 행동을 할 경우, 그 행동을 강화할 수 있도록 피드백을 주도록 한다. 너무 바쁘거나 피드백을 줄 필요가 없다고 생각해서 피드백을 빠뜨리면, 그 이후에 시청자로부터 원하는 행동을 받지 못할 수 있다.

예를 들어 시청자가 제품 구매에 적극적이다. 그렇다면 다음 방송에서 닉네임을 언급하면서 '구매 감사하다'라고 이야기할 수 있다. 여기까지는 피드백이라기보다는 리액션이다. 그런데 감사한 마음에 '이 시청자처럼 한번에 10박스를 구매하시는 고객 분들께는 택배비를 제해 드리겠다'라고 한다면 이것이 지지적 피드백이 된다.

지지적 피드백이 셀러를 행복하게 하는 행동에만 국한되는 것은 아니다. 개선점에 대해 어떤 시청자가 이야기했다면 그에 대해서도 당연히 지지적 피드백을 보낼 수 있다. "지난 방송에서 어떤 고객님이 화면이 너무 어두운 것 같다고 하셔서 이번에 조명을 바꿔보았습니다. 어떤가요?"라고 묻는 것도 지지적 피드백이다. '화면이 어둡다'라고 시청자는 자기 생각을 이야기한 것뿐인데, 이것을 받아들여 조명까지 준비했다.

시청자 입장에서도 굉장히 감동할 만한 일이다.

　이러한 피드백은 방송을 더욱 원활히 돌아가게도 해주지만 시청자로 하여금 소통되고 있다는 느낌도 함께 준다. 따라서 이후에도 방송을 보며 불편한 점, 개선점 등을 적극적으로 이야기해 줄 가능성이 높다. 보통은 셀러가 스스로 자기 방송을 모니터링하고 고쳐야 할 점을 찾아나가게 되는데, 여기에도 생각보다 많은 시간이 든다. 그런데 모니터링을 시청자가 대신 해준 셈이니 셀러에게 이로운 일이다.

　필자의 경우 가끔 일하면서 또는 직장에서 음소거로 보는 방송을 시청하는 고객도 있다. 고객의 간단한 질문에 타이핑으로 대답해 주면 좋겠다는 채팅을 얼핏 보았는데, 이런 경우를 대비하여 키보드를 준비하는 건 어떨까 생각해 본 적도 있다.

　좋은 피드백의 개념은 이런 것이라고 생각한다. 사소해 보이지만 고객의 입장에서 생각해 보는 것. 이번 방송에서 해결할 수 없는 것을 다음 방송에서 개선해 오는 것. 이러한 피드백이 고객에게 감동을 불러온다.

## ▶ 교정적 피드백

　우리가 흔히 블랙컨슈머라고 부르는 소비자들이 있다. 흔히 '진상'이라 부르는 개념이다. 그런데 요즘은 아무나 '진상' 취급을 하는 것 같은 느낌도 든다. 애초에 불순한 목적을 가지고 접근하는 블랙컨슈머가 있다. 애초에 교환/환불을 통해 셀러를 괴롭힐 목적으로 접근하는 악질 고객도 있고, 유명해지는 셀러를 견제하기 위해 다른 셀러가 방송에 들어와서 의미없는 채팅을 도배하는 등 방송물을 흐리는 경우도 분명 있다.

　그런데 정말 몰라서, 실수로 셀러에게 손해를 입히거나 다소 무례한 행동을 하는 경우도 있다. 사회 경험이 많이 부족하다거나 또는 관계 맺기에 서툰 경우들이다. 이들을 전자와 한데 묶어서 블랙컨슈머라고 하기에는 무리가 있다. 어쨌거나 물건을 팔아주는 소비자이고 의도적인 행위는 아니기 때문이다.

누구나 실수를 할 수 있다. 그것은 진행자 역시 마찬가지다. 상대에게 너그러운 아량을 베푸는 마음도 가질 줄 알아야 한다. 시간이 지나면서 스스로 자연스럽게 그걸 깨닫고 변화할 수도 있는 것이 사람이다. 물론 상대방이 자신이 어떤 실수를 하고 있는지조차 모르는 상태로 계속해서 같은 실수가 반복되고 있다면 힌트를 주거나 가이드라인을 제시하는 식으로 교정적 피드백을 줘야 한다.

교정적 피드백은 행동을 변화시키는 목적의 피드백이다. 문제는 대부분의 사람들이 어떻게 교정적 피드백을 줘야 하는지 모른다는 점이다. 많은 사람들이 학대적 피드백과 교정적 피드백의 차이를 구분하지 못한다. 잘못하면 시청자를 질책하는 뉘앙스가 될 수 있기 때문에 어떤 언어를 사용하고, 어떤 방법으로 접근해야 할지에 대해서는 상황에 따라 상당히 신중한 접근이 필요하다.

교정적 피드백은 정말 꼭 필요할 때만 주려고 노력해야 하고, 가능하다면 지지적 피드백 80%에 교정적 피드백 20% 정도의 비율로 섞어주어야 한다.

예를 들어보자. 나의 열렬한 진성 고객이 채팅창에 자꾸만 지난 방송이 재미있고 좋았다는 이야기를 올린다. 내가 '감사하다'고 이야기를 했는데도 계속 올라온다. 다른 사람들이 오늘 제품에 대해서 물어보는데, 자꾸 도배 채팅에 묻힌다. 나 또한 오늘의 제품에 대해 설명해야 하는데 채팅 도배로 인해 곤란하다. 어떻게 대처해야 할까?

①번, 방송에 방해되니 오늘 방송과 상관없는 채팅은 삼가 주세요.

②번, OOO님, 방송 재미있게 보셨다니 감사합니다. 오늘도 마음에 드는 방송이 될 수 있게 노력하겠습니다. 오늘 방송도 함께 즐겨주세요.

③번, OOO님, 어제 방송이 좋으셨군요. 오늘 제품 소개하겠습니다.

④번, 시청자 여러분, 도배 채팅 무시하시고 나가지 말아주세요.

⑤번, 합죽이가 됩시다. 합!

당연히 눈치 챘겠지만 정답은 2번이다. 1번은 너무 직설적이고, 3번은 아무 의미가 없는 발언이다. 4번이나 5번은 이렇게 말한다고 해서 다급한 내 마음이 시청자에게 전달될 리 없다. 2번이 정답인 이유는 지지적 피드백과 교정적 피드백이 같이 들어 있기 때문이다. 또한 어떠한 행동이 셀러에게 더욱 도움이 되는 행동인지 명확한 방향을 제시하고 있다. 의도성이 짙은 블랙컨슈머가 아닌 경우에는 이 정도만 이야기해도 알아듣는다. 그 이상 문제를 일으키면 당연히 경고성 피드백이 나가게 되겠지만 말이다.

## ▶ 무의미한 피드백

내용이 너무 막연하거나 일반적이어서 받는 사람이 피드백의 목적이 무엇인지 파악하지 못하게 되는 피드백이다. 흔히 영혼없는 리액션이라고 하는 반응을 떠올려 보면 될 것 같다. 누군가의 글에 "잘 보고 갑니다."라고 댓글을 적거나 이모티콘 및 스티커를 남기고 가는 것도 어떤 의미에서는 무의미한 피드백이다. 상대방이 한 이야기의 어떤 부분이 좋았다거나 구체적으로 '왜' 좋았는지가 없는 단순한 "좋아요" 또한 무의미한 피드백이다. 시청자는 그렇게 할 수 있다. 그런데 셀러는 그래서는 안 된다. 앞서 교정적 피드백의 예시에서 ③번과 같은 대답이라고 할 수 있다. 이렇게 말해서는 시청자가 셀러의 의도가 무엇인지 알아듣지 못한다.

### ▶ 학대적 피드백

위 세 가지 피드백을 제외한 모든 피드백이 사실 학대적 피드백에 들어간다. 안타깝게도 많은 사람들이 학대적 피드백을 주면서 교정적 피드백을 주었다고 착각하곤 한다. 심지어는 지지적 피드백이라고 생각하는 경우도 있다.

흔히 악플이 대표적인 예다. "논리가 부족하네.", "누가 이딴 식으로 하라 그랬어?", "다른 셀러는 더 잘 하던데", "나는 그거 완전 별로던데. 좋아한다니 이해가 안 되네." 같은 반응을 보게 되면 무시하거나 조용히 신고하자. 일일이 캡처해서 명예훼손 또는 모욕죄로 신고하는 경우도 있다고 하니 사안이 심각한 경우는 이쪽을 더 추천한다.

그런데 셀러가 학대적 피드백을 주는 경우도 종종 본 적이 있다. 근본적으로 성선설을 믿는 필자 입장에서는, 셀러 역시 어떤 피드백이 적절한지 모르고 실수한 것이라고 믿고 싶다. 피드백이 나가기 전에는 항상 그 말이 정말로 상대방의 성장을 위해 혹은 이 관계에 필요한 것인지 생각해 보기를 바란다. 단순히 지적을 위한 지적이 아닌지, 그 말을 듣고 난 후 상대방이 어떤 기분이 들지, 어떤 행동을 취하게 될지 생각한다면 꼭 해야 할 피드백과 그렇지 않은 피드백을 구분할 수 있다.

우리 모두는 지지적 피드백에 가장 많은 도움을 받는다. 잘한다 잘한다 하면 더 잘하고 싶어진다. 모든 인간관계에서 지향해야 할 피드백은 지지적 피드백이다. 그리고 교정적 피드백은 아주 신중하게 해야 한다. 객관적 근거를 바탕으로 명확한 방향을 제시해야 한다.

질문답변 게시판에 답글을 달 때에도 필자는 한 줄 한 줄 많은 고민을 한다. 이것저것 적었다가도 '이 내용이 꼭 필요할까? 이 말이 도움이 될까?'라는 생각을 한번 더 하게 된다. 그럴 때면 곧 '이건 굳이 필요 없을 것 같아'라는 결론이 나올 때가 많다. 필자는 대부분 지지적 피드백을 주려고 노력한다. 그리고 그 효과가 참 명확하다는 걸 피부로 느끼고 있다. 많은 분들이 방송에 참여하는 데에 재미를 느끼고, 한마디라도 더 써볼 용기가 났다는 모습을 보면 참 뿌듯하기도 하고 앞으로도 이 방식을 이어 나가야겠다는 생각이 든다.

# 창의적으로
# 대화의 물꼬를 트는 기술

　소통, 리액션, 피드백 다 알겠는데 문제는 그래서 어떻게 대화를 이 끌어내냐는 점이다. 사실 방송 중에 말문이 막히면 그처럼 난감할 데가 없다. 혹은 말을 잘 못하는데 라이브커머스를 할 수 있을까라는 걱정을 안고 상담하는 경우도 있다. 누구나 무대공포증은 조금씩 있다. 대인관계에서 청산유수처럼 말을 잘하는 사람보다는 오히려 차분하게 대화를 이어 나가고 경청하는 사람이 라이브커머스 쪽에는 더 어울리는 것 같다.

　말을 잘 못하겠다면 마이크는 시청자에게 넘겨라. 가수들도 콘서트 하다가 청중에게 마이크를 넘길 때가 있지 않은가? 그렇다고 해서 청중들이 분노하지 않는다. 함께 노래할 수 있다는 점에 즐거워한다. 이번에는 방송 중에 말문이 턱하니 막히는 이들을 위해 준비했다. 대화를 준비하고 대화를 유도하는 기술을 간단히 소개하려 한다.

## ⏻ 이야깃거리는 다양하고 풍부하게

라이브커머스는 어떻게 보면 무작위로 사람을 만나서 이야기를 이끌어가는 방송이다. 이는 전문 MC들도 굉장히 어려워하는 방법의 소통이다. 출연자를 섭외하고 사전에 출연자의 이야기를 간략히 듣고 사전 정보가 있는 상태에서 진행되는 녹화 방송과 다르다. 미리 찍어놓고 잘 정제되지 않은 내용을 걸어내고 재미있는 엑기스만 쏙쏙 뽑아내어 편집한 것과 비교할 때 어떻게 라이브방송이 재미있게 보이겠는가.

그런데 바꿔서 생각해 보면 이처럼 쉬운 방송도 없다. 친구들과 만나서 수다를 떨 때, 그 내용이 흥미롭거나 친구가 말을 재미있게 해서 즐거운 것은 아니다. 막상 그때 즐거운 대화를 한 것 같아 누군가에게 전달을 하려고 보니 재미없었던 경험은 없는가? 보통 친구들과의 수다는 그 분위기가 좋고 친구가 좋고 내 이야기를 잘 들어주는 상황에 흥겨운 경우가 많다. 라이브커머스란 이런 분위기를 지향해야 한다. 여기서 기억해야 할 것이 두 가지 있다.

*첫 번째, 말을 들어 줄 것.*
*두 번째, 말을 하게 할 것.*

주변에 인기가 많은 사람은 말을 재미나게 하는 사람보다 경청을 잘하는 사람이다. 아무리 처음에 재미있는 이야기로 대화를 시작한다고 해도 이야기가 오고 가는 것이 아니라면 청자는 불편해진다. 그럴 바에야 더 말을 재미있게 하는 코미디 프로그램을 보지, 친구를 만날 이유가 없다. 그래서 소통의 기본은 '듣기'다.

그런데 말을 들으려면 상대방이 말을 해야 할 것이 아닌가. 말을 할 수 있게 물꼬를 터주는 것 역시 진행자가 가지고 있으면 굉장히 좋은 스킬이다. 라이브방송에서는 육하원칙의 스킬을 적용하면 대화가 풍부해진다. 핵심을 진행자 본인으로 두어도 되고, 상품으로 두어도 된다. 또는 특정 소비자 층을 대상으로 하는 것도 좋다. 되도록 자기와 관련이 있는 이야기를 나눌 때 소비자는 더욱 즐거워한다. 대화를 시도하려는데 말문이 막힌다면 먼저 아래와 같은 생각을 떠올려보자.

접근법을 다양하게 하면 의외로 할 이야기가 많아진다. 같은 이야기를 하더라도 어떻게 접근하느냐에 따라서 재미가 달라지고 신선하게 느껴진다. 진행자 본인의 경험담을 풀 경우, 방제를 보고 찾아와준 소비자를 중심으로 한 대화를 이어갈 수 있다. 내가 팔려는 물건이 '마스크 팩'이라고 가정해 보자. 소비자의 대부분은 '피부관리에 관심이 많은 여성'일 확률이 높다. 그렇다면 '피부관리'에 대해 대화를 하거나 '여성'이 공감할 만한 이야기를 나누는 것이 적절할 것이다. "올해 겨울은 유난히 건조한 것 같아요. 그래서 저도 집에서 항상 가습기를 틀어놓는데 그래도 피부가 쩍쩍 갈라지는 것 있죠? 혹시 겨울철 피부관리 노하우 있으신 분들 있으세요? 댓글로 저 좀 알려주세요."

이후에 자연스럽게 제품 이야기로 이어갈 수도 있다. "아, 그러시구나. 다들 좋은 방법을 많이 가지고 있으시네요. 저도 한번 해봐야겠어요. 저는 이 제품이 저의 노하우 총집합이라고 할 수 있는데요. (제품 설명)" 제품 설명으로 들어가려고 의도한 느낌 없이, 시청자들에게 거부감을 주지 않고 제품까지 소개할 수 있다. 제품이 달라져도 마찬가지다. 뻔한 설명만 늘어놓는 게 아니라, 다양한 레퍼토리로 접근하면 그만큼 진행자가 할 이야기나 에피소드들이 많아진다.

오프닝이나 에피소드를 계속 똑같이 돌려막기한다면 시청자들 역시 방송을 매일 보러오는 의미가 없다. 셀러는 자기 이야기를 호주머니에서 불쑥불쑥 꺼내 쓸 줄 아는 사람이어야 한다. 그래서 글을 쓰고 말해보는 연습이 생활화되어 있어야 한다. 친구들과 만나서 이야기할 때도 별거 아닐지라도 내 생활에 대해 군더더기 없는 깔끔한 표현으로 이야기하는 연습을 해보기를 권한다. 분명 방송에 도움이 될 것이다.

## ⏻ '내가 어제' 스피치

어릴 때는 세상의 모든 일들이 신기하고 재미있게만 느껴졌는데, 어른이 되면서부터는 새로울 것도 신기할 것도 없는 그저 그런 일상이 흘러가는 기분을 느끼며 살게 된다. 그래서일까. 매일이 똑같은 일처럼 느껴져서 잘 기억이 나지 않기도 하고 어제 있었던 일인지 일주일 전의 일인지 가물가물해지기도 한다. 하지만 나의 생생한 이야기처럼 타인의 호기심을 자극하는 것도 없다. 방송에서 내 이야기를 꺼내기 시작하면 사람들은 생각하기 시작한다. '그래, 나도 그런 경험이 있었던 거 같은데, 언제였더라?' 또는 '나는 어제 무슨 일이 있었더라?' 그러면서 대화의 물꼬가 트이기 시작한다.

내가 어제 무슨 일이 있었는지 떠올리는 것도 연습을 해야 한다. 가장 인상 깊었던 일을 생각해 보자. 그리고 말로 이야기하면서 녹음해 보자. 사실 생각보다 처음에 재미있게 이야기하기가 어렵다. 그래도 횡설수설이라도 녹음을 해서 들어 보면 느낌이 다르다. 청자의 입장이 되어, 아 이 말은 할 필요 없는 거구나, 어떤 이야기는 더 길게 해야겠구나 분석하며 들어본다.

그리고 다시 '내가 어제'로 시작되는 이야기를 녹음해 보자. 자연스럽게 분석한 것이 떠오르면서 조금이라도 정제된 에피소드가 탄생한다. 이렇게 해서 방송 전에 대략 10개 정도의 에피소드를 비축해 두면 방송이 든든하다. 무슨 말을 해야 하지?라는 생각이 들 때마다 호주머니에서 편하게 꺼내 먹을 수 있는 군것질거리가 생기는 셈이다.

그리고 각 에피소드에 제목을 붙여보자. '직장인의 애환', '주부의 스트레스', '내 생에 가장 황당한 사건' 등 제목을 정해 머릿속에 리스트를 넣어두면 꺼내 쓰기가 편하다. 특히 이 이야기의 결말이 어떤 주제를 이끌어낼지 알고 있기 때문에 상황에 대한 컨트롤 능력도 향상된다.

내 삶을 들여다보고 구체적인 사례를 찾는 것은 생동감 있는 방송을 만들 수 있다. 판매가 목적이건 설득이 목적이건 소통이 목적이건, 말은 결국 우리의 삶과 연결이 된다. 그래서 내 삶을 들여다보는 습관이 중요하다. 정 '내가 어제' 에피소드가 없다면 다른 사람의 삶을 관찰하는 것도 좋다. 내가 경험한 것이 아니어도 누군가의 삶을 들여다보는 것 그 자체가 좋은 멘트를 만드는 데에 큰 도움을 준다.

## ⏻ 뉴스, 잡지, 신문기사, 영화, 베스트셀러의 활용

타인의 이야기를 활용하라는 것은 꼭 주변 지인의 이야기만 의미하는 것은 아니다. 친구, 지인의 이야기를 파는 것은 오히려 위험할 수 있다. 원치 않게 지인의 사생활을 오픈할 수 있다. 나를 대강이라도 아는 사람이 있다면 아무리 익명으로 이야기를 해도 유추가 가능하기 때문이다.

〈그림1〉 교보문고 베스트셀러 코너

가장 좋은 방법은 '책'이라고 생각한다. 특히 고서의 경우는 더더욱 어디에나 통용된다. 중국고전, 그리스로마신화, 탈무드, 심청전, 토끼전 같은 전래동화 등 이미 널리 알려진 이야기를 활용하면 어떤 논란을 일으킬 여지를 봉쇄하면서도 은근한 인문학적 지식을 뽐낼 수 있다. 혹시 너무 고루하게 느껴지지는 않을까? 걱정하는 독자도 있을 것이다. 물론 너무 많이 활용하면 그렇게 생각이 들 수도 있다. 누구나 잘 아는 이야기를 하고자 한다면 베스트셀러들을 활용해도 좋다. 개미, 천사와 악마, 다빈치 코드 등 소설책도 좋고 인간경영, 무소유, 화성에서 온 남자 금성에서 온 여자 등 다양한 지식을 바탕으로 이야기하는 것도 괜찮다.

뉴스, 잡지, 기사 등에서 다루는 이슈들도 좋다. 그러나 이 부분은 약간 민감할 수 있어 조심스럽게 다루어야 한다. 그래서 '내가 어제' 스킬이 필요하다. 현 시점에서 논쟁거리가 될 만한 이야기를 꺼내면 시청자는 제품에 집중할 수 없게 된다. 이미 결론이 나온 이야기, 이미 많은 사람들이 공감하고 있는 기사 등을 수집하여 활용하는 것이 이상적이다. 아무리 지난 이야기라도 관점에 따라서는 특정 인물 등의 편을 들게 될 수 있다거나 여전히 논란이 될 수 있는 이야기는 금물이다.

## ⏻ 꼬리물기 스피치

원숭이 엉덩이는 빨~개 빨가면 사과
사과는 맛있어 맛있으면 바나나
바나나는 길어 길면 기차
기차는 빨라 빠르면 비행기
비행기는 높아 높으면 백두산
백두산은 뾰족해 뾰족한 건 주사기

〈그림2〉 꼬리물기 스피치

그림2의 노래를 모르는 사람은 없을 것이다. 대표적인 꼬리물기 스피치라고 할 수 있다. 사실 원숭이 엉덩이, 사과, 바나나, 기차 등 동요에 등장하는 소재 사이에 어떤 관련성이 있다는 말인가. 그런데도 하나의 재미있는 동요가 된다.

이런 방식을 '꼬리물기' 스피치라고 한다. (이것은 필자가 정한 이름이다) 살아가며 쌓이는 우리 삶 전반에 있는 다양한 에피소드가 있다. 이것들이 꼭 주제적 측면에서 하나의 연관성을 이루고 존재하지는 않는다. 이야기를 꺼낼 때 주제가 연관될 수도 있지만 소재가 비슷한 이야기일 수도 있고 또는 그때 느꼈던 감정이 유사할 수도 있다. 할 이야기가 마땅히 떠오르지 않는다면 이런 방법으로 그다음 이야기를 채워 나가는 것도 유연하게 방송을 이끌어 가는 방법이 된다.

꼬리물기 스피치의 장점은 반드시 '에피소드'에 국한되지 않는다는 점이다. 매번 어떤 이야기를 꺼낼 때마다 장황한 그 역사를 다 들어야 한다고 생각하면 거북할 때가 있다. 꼬리물기 방식은 예를 들면 이런 것이다. 앞서 예를 들었던 '마스크 팩' 판매로 돌아가 보겠다. '피부관리' 방법에 대하여 물어보는 것은 풍부한 이야기를 만드는 접근법이었다. 그러다가 만약 '내가 피부관리실에 갔던 이야기'를 꺼낸다면 이것은 '내가 어제' 스킬을 이용한 것이다. 그런데 여기서 계속 '내가 어제' 스킬만 쓸 수는 없다. 라이브커머스가 에피소드 대회도 아니고 이제 다른 이야기도 해야 할 상황이라면, 다른 이야기로 자연스럽게 넘어갈 수 있는 소재를 잡는다.

"바오밥오일농축에센스를 전신에 펴바르는 관리였는데, 피부관리사 언니가 마사지도 잘하고 궁금한 것마다 설명을 잘해 줘서 힐링의 시간이었어요. ('내가 어제' 스킬)

(시청자의 반응을 살펴보고, 특별한 주제가 없다면)

'오일' 하니 생각났는데, 바오밥 오일이 비정제 오일 중에 제일 보존기간이 길다는 것 아세요? 그만큼 피부에 오래 머물면서 탄력을 증가시키는 역할을 한대요. 피부 건조한 분들한테 가장 추천 드리는 오일 제품이 바로 바오밥 오일 제품이에요. (꼬리물기 스피치)"

밑줄 친 부분은 말을 하면서도 한번 기억해 둔다. 바오밥 오일 에센스에 대해 설명하면서 미리 그다음에 무슨 이야기를 할지 생각해 두는 것이다. 위와 같은 방식으로 이야기를 이끌어 가면 특정 소재를 설명하기에 매우 편하다는 장점이 있다. 때문에 제품 설명으로 자연스럽게 넘어가기에도 좋다. 또는 정보를 전달하려는 목적으로 활용하기에도 좋다. 정보 전달에서 조심해야 할 점이 하나 있다. 마치 어려운 단어를 써서 설명하면 더 지적이고 전문적으로 보인다고 생각하는 분들이 간혹 계신다. 그러나 어려운 개념을 전문가가 아닌 일반인들도 이해할 수 있을 만큼 쉽게 설명하는 것이 더 지적으로 보인다.

아무 사전 지식이 없는 소비자에게 충분히 이해가 될 수 있는 정도로 설명이 될 만큼 쉬운 단어를 써야 한다. 대중적인 용어로 바꾸고 시장 언어도 친절한 소통용 언어가 무엇이 있을지 고심해 보자. 이해는 안 되지만 무언가 있어 보인다며 끌리는 소비자는 더 이상 없다. 현명한 소비자는 내가 이해한 만큼 받아들이고 숙고한다. 그리고 지금은 소비자의 성숙도가 높은 시대다. 제품을 구매하게 하고 싶다면 친절하게 이해부터 시켜야 한다.

## ⏻ 가족부터 설득하기

여기서 설명하고자 하는 것은 '제품 설명을 할 때'를 전제로 한다. 제품 설명에 어떤 것들이 필요한지는 이미 다 알고 있다는 점이다. 어떻게 만들었는지, 어떤 점이 소구 포인트인지, 소비자에게 있어서 가장 도움이 되는 점이 어떤 부분인지 등을 설명해야 한다. 그런데 막상 말로 하려고 보면 쉽게 되지 않는다. 혹은 설명을 이렇게 해야겠다 하고 대본 작업을 끝냈는데, 과연 이 멘트가 사람들에게 먹힐 것인지 궁금하다.

바로 이럴 때 '가족부터 설득하기'가 필요하다. 어렵게 이야기할 것 없이, 가족들 앞에서 내가 준비한 내용을 판매하듯이 설명해 보는 방법이다. 그 이유는 두 가지로 정리할 수 있는데, 우선 가족은 내게 필터링 없이 잘못된 점을 콕 찍어 말해 줄 수 있는 사람이기 때문이다. 옷을 사러 갈 때 잘 어울린다는 말이 듣고 싶으면 친구랑, 중요한 자리에서 실수하고 싶지 않으면 엄마나 자매랑 가라는 말이 괜히 있는 것이 아니다. 아무리 가까운 사이라고 해도 듣기 싫은 말은 에둘러 표현하거나 아예 하지 않는 것이 미덕인 사회다. 그래서 친구나 지인에게 어떤 평가를 듣고자 한다면 칭찬만 나오거나, 무난하다는 미적지근한 반응만 듣게 된다. 따라서 더욱 신랄한 평가를 듣기 위해 가족 앞에서 스피치해 보는 훈련이 필요하다.

또 하나의 이유는 내 일로부터 거리가 먼 사람이기 때문이다. 예를 들어 같은 동종업계의 사람이라면 약간의 설명이 부족한 부분도 업계 배경지식 때문에 대강 이해하고 넘어가 버리고 만다. 하지만 우리가 방송에서 만나는 사람은 전혀 배경지식이 없는 시청자일 수도 있다. 그래서 이 일에 대해 이해도가 가장 낮은 사람에게 상품 설명을 해보는 것과 같다. 그러면 확실히 관계자와는 다른 피드백이 돌아오게 된다.

## ⏻ 만약에 나라면

다른 셀러의 방송을 보면서 가장 인상 깊었던 부분이 있다면 한번 소리 내서 따라해 보자. 인상 깊은 부분이 잘해서일 수도 있고, 못해서일 수도 있다. 만약에 내가 그 제품을 판매했더라면 어떤 방식으로 접근했을지 고민하고 직접 경험해 보는 것이다. 아무리 인상 깊었어도 직접 소리 내서 해보지 않으면 내 스킬로 만들 수 없다. 반드시 써보고 외워보고 직접 말해 보아야 내 것이 된다. 연습할 때는 내가 주로 고민하는 부분을 나누어 놓고 보아야 한다. 그래야 해답이 눈에 보인다.

- 오프닝 인사
- 상품 소개 도입
- 상품의 셀링 포인트 설명
- 셀링 포인트 전개 순서
- 제품 시연 전 멘트
- 제품 시연 중 멘트
- 제품 시연 후 정리 멘트
- 게스트에게 주로 하는 질문
- 판매자, 생산자를 초대했다면 주로 물어보아야 하는 질문
- 시청자의 대답에 따른 리액션

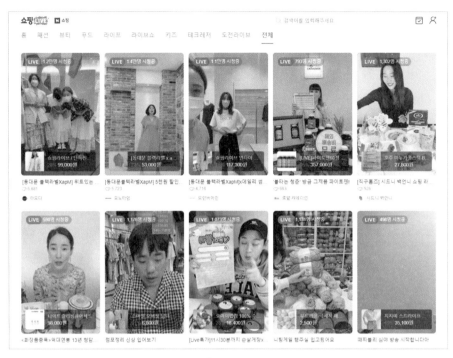

〈그림3〉 다른 사람들의 상품을 내가 판다면? 출처 : 네이버쇼핑 라이브

　　지난 영상을 다시 보기해도 좋고 생방을 보면서 적어가며 공부해도 좋다. 정지와 재생을 반복하며 내가 말하는 법과 타 셀러가 말하는 법을 비교해 보자. 시나리오처럼 만들어 놓은 글에서 벗어난 경우에 어떻게 응대를 해야 하는지, 이 상황에서는 어떤 말을 사람들이 기대하는지, 구매를 망설이는 요인이 무엇인지에 대해 진심으로 고민할 수 있는 시간이 된다.

　　그리고 직접 정제된 말을 내뱉어봐야 한다. 부족한 어휘력과 언어구사력 등을 스스로 느끼면서 더욱 고급스러운 멘트가 무엇인지 스스로 찾아가는 시간이 된다. 훌륭한 진행자는 전체를 보는 스피치를 한다. 오프닝, 대화, 상품 설명은 각각 존재하는 것이 아니라 하나의 이야기를 향해 달려가야 한다. 또한 나는 앞에 나와서 이야기를 하고 있지만 이 제품이 내 앞에 있기까지, 그리고 영상이 만들어지기까지 수많은 사람들의 노력이 깃들어 있다. 그리고 그들의 목표점도 나와 같다. 이 제품을 잘 파는 것. '세일즈'를 위한 명확한 목적을 가지고 있는 셈이다. 이렇게 생각하면 한마디라도 허투루 꺼낼 수는 없다는 생각이 든다.

시청자 역시 물건을 사기 위해 내 앞에 이렇게 모여 있다. 방송을 위해 주어진 시간 1시간. 이 시간을 아무 말이나 하면서 보내기에는 너무 소중하다. 재미있는 방송이든 유익한 방송이든 감동적인 방송이든 내 방송으로 하여금 이들이 '이 제품은 반드시 사야만 하는 이유가 있다'라고 납득할 수 있게 만들어야 한다. 판매자에게 있어서는 그 가치를 알아보고 전달해 주는 진행자가 되어야 하고, 소비자에게는 소비의 가치와 보람을 느끼게 하는 진행자, 그저 정보만 전달하는 앵무새가 아니라 신뢰를 심어주는 사람으로 성장하기 위한 길이다.

05

# 해야 하는 것 VS
# 해서는 안 되는 것

이제 마지막 장이다. 아직도 다루어야 할 이야기가 많은 것 같은데, 어떤 이야기로 마무리를 지어야 할지 고민이 된다. 나름대로 그간의 나의 노하우를 총집합하여 작성했다. 필자에게는 장점이자 단점이 한 가지 있는데, 걱정이 너무 많다는 점이다. 물론 그러한 성격 덕분에 라이브커머스에 적합한 방송을 만들어올 수 있었다는 생각은 들지만, 책을 쓰는 사람으로서는 부적합한 것 같은 느낌도 든다. 셀러가 해야 할 것에 대해서는 장황하게 쓴 것 같아 전달이 잘 되지 않았을까 걱정이 되고, 셀러가 하지 말아야 할 것에 대해서는 한 글자도 담지 않은 것 같아 걱정이 들어 하는 이야기다.

〈그림1〉 첫 라이브방송 후 쉬지 않고 100일 이상 진행한 쇼핑라이브

출처 : https://shoppinglive.naver.com/channels/64370#live에서 확인

집필하다가 얼마 전에 재미있는 이야기를 하나 읽었다. 정조와 정약용의 이야기다. 정조가 신하들에게 물었다.

"지난 7년간 인근 8개 고을에서 나무를 심었다. 이제 논공행상을 하련다. 몇그루의 나무를 심었으며 어느 고을이 나무를 가장 많이 심었는가?"

하지만 아무도 대답을 못했다. 각 고을에서 관련 공문을 실어오라고 했는데, 소가 끄는 수레 하나에 차고도 넘쳤다. 나무를 심을 때마다 각 고을에서 올라온 공문이었다. 정조가 정약용에게 말한다. "네가 좀 정리해 다오. 대신 분량이 책 한 권을 넘으면 안 된다."

책이 수레 하나의 양이라는데 정조도 참 무심하다. 그런데 정약용은 또 그걸 해낸다. 모두 몇 그루인가? 어느 고을이 가장 많이 심었는가? 이 두 가지 질문에 맞추어 공문을 고을별로 분류하고 날짜순으로 정리했다. 그리고 한 장의 종이에 날짜, 나무 종류에 따라 한 장으로 집계한다. 이것을 연도와 고을에 따라 한 장의 표로 정리한다. 정약용은 그 표 한 장을 정조에게 보고했다. 정조는 정약용을 크게 칭찬했고 정약용의 합리적이고 창의적인 생각 덕분에 2~3일 만에 모든 작업을 마쳤다고 한다.

이 이야기 덕분에 내가 마지막 장에서 무엇을 해야 할지 결심이 섰는데, 이번 장의 주제는 '셀러로서 해야 할 것과 하지 말아야 할 것'이다. 이런저런 수식어는 다 떼고, '반드시'라는 말이 붙었을 때 필요한 것만 간추려 간단히 정리해 보았다.

## ⏻ 셀러가 해야 하는 것

### ▶ 간증

나의 경험이 가장 좋은 리뷰이자 입소문이다. 그렇기 때문에 제품을 판매하기 전에는 반드시 그 제품을 사용해서 장단점은 무엇인지 어떻게 사용하고 활용하는지 직접 체감해 보아야 한다. 필자는 확신이 없는 물건은 팔지 않는다. 솔직함은 무기가 된다. 내가 고객 입장이라면 이런 점이 불편하거나 편할 것 같다고 생각해 보며 하나씩 정리해 보자. 방송에서 할 말이 없다는 말은 쏙 들어갈 것이다. 나의 생활 패턴이나 라이프 스타일을 알려주며 장단점을 공유하자.

## ▶ 공감

라이브커머스의 가장 큰 강점은 상호 교감이다. 채팅을 통해 고객도 내 방송에 참여해 커뮤니케이션을 할 수 있다. 라이브커머스로 구매하는 많은 소비자들이 바로 이런 점에 재미를 느낀다. 그러니 고객들이 적극적으로 채팅이나 방송에 참여할 수 있도록 유도해야 한다. 필자는 아래 다섯 가지 방법을 주로 사용한다.

• 질문하기

예, 아니오의 대답이 아닌 고객의 의견을 물어보자. 이러한 대답은 고객의 취향이나 선호도를 알 수 있어 판매 마케팅에 대한 데이터가 된다.

• 고민 들어주기

피부 타입에 대한 고민들을 들어주며 가장 잘 맞는 제품을 추천해 주면 신뢰도가 급상승한다. 화장품이나 피부에 쓰는 제품이 아니라고 하더라도 제품과 관련있는 고민 들어주기가 가능하나. 생활패턴이나 취향을 분석하고 그것에 맞게 응대해 주면 된다. 더 나아가서는 다른 고객까지 끌어들여 모두가 참여하는 방법도 있다. 나의 의견뿐만 아니라 군중의 의견을 같이 듣다 보면 제품을 사야 할 것만 같은 느낌을 받게 된다.

• 공감대 형성

내가 있었던 일을 공유하며 시청하는 고객들은 비슷한 경험이 없는지 말해 보자. 나의 이야기만 일방적으로 하는 게 아니라 고객들의 소리를 듣는 것이다. 공감대를 형성하며 이끌어 가는 방송은 고객과 셀러가 더 끈끈해지는 계기가 된다. 이때 자주 참여하는 고객의 닉네임을 불러 주거나 특정 사연이 있었던 고객의 일을 기억해 내면 대부분의 고객들은 자연스럽게 감동한다.

- 리뷰 유도하기

이미 구매한 고객이 방송에 들어와 잘 받았다고 말해 주는 경우가 종종 있는데 이럴 때는 고맙다고 말하고 끝낼 것이 아니라 어떻게 좋았는지 모두에게 설명해 달라고 유도해 보자. 채팅 창을 통해 공유된 리뷰는 잠재 고객의 욕구를 자극한다.

## ◉ 제품 정보 숙지

고객의 신뢰를 얻는 가장 쉬운 방법은 제품의 정보를 상세하게 설명해 주는 것이다. 의외로 많은 사람들이 사용설명서를 읽지 않는다. 온라인쇼핑의 경우에도 제품의 사진만 보고 글을 읽지 않는 사람이 많다. 그러니 라이브커머스 방송을 통해 제품의 사용방법, 구성품, 소재, 사이즈, 제조국 등 구체적인 설명을 꼼꼼히 해주기만 해도 기본은 하고 들어가는 셈이다.

## ◉ 이벤트

이벤트가 꼭 필요한가 생각하는 사람들이 있는데, 꼭 해라. 두 번 해라. 나에게서 사는 것이 어떤 메리트가 있는지 알려주는 계기가 된다.

단순히 사람을 모으는 용도가 아니라 내 방송의 정체성과 차별성을 드러낼 수 있는 방법이기 때문에 특별한 이벤트에 대해 고민해 둘 필요가 있다.

## ▶ 콘셉트와 스토리텔링

다른 곳에서 구매해도 되는 제품이더라도 내가 어떤 식으로 스토리텔링하느냐에 따라 고객의 마음을 움직일 수 있다. 사연이 있는 제품은 구매자의 마음을 자극한다. 제품, 셀러, 방송이 삼위일체가 되어 하나의 방향으로 흐를 때 고객들의 기억에 남는다.

## ▶ 핵심 정리

내 방송에는 다양한 연령과 성별, 계층이 들어온다. 모두가 알아듣기 쉽게 간결하게 전달하는 것이 중요하다. 처음부터 정확한 판매 목적을 밝히고 자신 있는 어투로 말하자. 셀링포인트가 되는 말은 반복적으로 사용해도 되지만 상투적으로 들리지 않도록 똑같은 표현은 피하는 것이 좋다. A4 용지 한 장 안에 들어갈 수 있게 정리하면 고객이 이해하기도 쉽고 핵심을 전달할 수 있다.

## ▶ 라이브 특가

라이브커머스의 장점 중 하나로 손꼽히는 것은 바로 특별 할인이다. 많은 경우 라이브방송 중에 구매할 경우 할인 혜택을 주는데 지금 구매하지 않으면 다음에는 더 비싸게 구매해야 한다는 점은 소비자의 초조한 심리를 자극해 판매율을 높일 수 있다. 구매를 미루지 않도록 하기 위해서 라이브 특별가를 반드시 설정하자.

### ◉ 진성 고객 사로잡기

셀러를 신뢰하고 꾸준히 구매를 해줄 수 있는 고객을 잡아야 한다. 셀러와 고객 간에 신용을 쌓게 되면 자연스럽게 그 신뢰가 재구매로 이어진다. 또한 제품에 대해 누구보다 더 잘 알기 때문에 자연스럽게 방송에서 제품 설명까지 도와준다.

## ⏻ 셀러가 해서는 안 되는 것

라이브방송에서는 별일을 다 겪는다. 내가 말실수를 하기도 하고 나를 향한 악플을 받을 수도 있다. 정신력으로 버티라는 조언을 많이 듣곤 하는데, 그래도 라이브커머스 방송을 하면서 절대 하지 말아야 할 것들은 있다.

### ◉ 험담

고객을 향한 험담이 될 수도 있고, 다른 셀러를 향한 험담이 될 수도 있다. 라이브커머스는 그 특성상 한번 뱉은 말은 다시 주워 담을 수가 없다. 나를 보는 많은 사람들의 눈과 귀가 열려 있다. 그럴 의도가 없었다고 해도 이상하게 와전되는 경우도 많다. 다른 사람을 향한 말은 함부로 하지 않는 것이 좋다. 얼굴, 이름, 개인 정보까지 쉽게 알아볼 수 있는 세상이다. 당연히 조심해야 한다. 만약 누군가 험담을 유도한다 하더라도 노코멘트라고 하거나 웃으며 다른 방향으로 대화를 전환하자. 내가 판매하는 제품에 대해서는 장단점을 말할 수는 있지만 그 이외의 것은 언급해서는 안 된다.

### ⊙ 다른 채널 따라 하기

앞서서 다른 방송도 많이 보는 것이 좋다고 계속 이야기를 했는데, 이것은 내 방송과 비교를 해보라는 이야기지 따라 하라는 뜻이 아니다. 다른 채널에서 판매하는 제품을 대놓고 따라 하거나 그 사람의 판매방식이나 말투까지 따라 하면 당연히 불쾌하다. 상대방에 대한 배려도 없는 행위이며 셀러로서 자기 역량의 한계를 보여주는 셈이 된다. 어느 정도 아이디어를 참고하는 건 좋지만 반드시 나만의 오리지널리티를 만들자.

### ⊙ 갑작스러운 방송 종료

다른 채널을 보다가 겪은 일인데 갑자기 방송을 하다가 사라져 버리는 경우다. 두 가지 이유가 있는데 하나는 배터리 방전이다. 라이브 영상의 경우 다른 콘텐츠를 이용할 때보다 스마트폰 배터리가 빨리 떨어진다. 방송을 보던 사람도 하던 사람도 황당하다. 배터리는 반드시 충전하면서 진행하자.

두 번째는 보는 사람이 적다고 그냥 종료해 버리는 경우다. 이건 방송을 말없이 보던 시청자에 대한 예의가 아니다. 심하면 셀러에 대한 반감을 느낄 수가 있다. 방송을 보는 사람이 적어서 굳이 종료를 해야겠다면 적어도 인사는 하자.

## ◉ 법적 문제를 일으킬 수 있는 행위

저작권, 초상권 등 각종 권리를 침해하는 행위 또한 주의해야 한다. 방송 중 배경음으로 가요를 틀어놓는 것도 위험. 내가 일궈낸 나의 콘텐츠를 모두 삭제해야 할 수도 있다. 또한 정식 허가가 되지 않은 브랜드나 각종 의약품, 불법물, 미승인된 제품은 취급하지 않는다. 구매한 고객에게 문제가 발생하면 모든 책임을 내가 물어야 할 수도 있다.

## ⏻ 노동시장의 한계

한 우물만 파던 시대는 끝난 지 오래입니다. 이제 세상은 변화하고 있습니다. 그 변화에 내가 적응해야지만 살아남을 수 있는 시대입니다. 누군가에 의해 고용되고 안정적인 월급을 받으며 살아가던 시대는 이제 저물어갑니다. 노동의 가치는 점점 평가절하되는 세상입니다. 노동 그 자체가 신성했던 시절도 있었는데, 이제 저의 노동은 과거보다 못한 가치를 지니는 모양입니다.

그럴 수밖에요. 사람의 몸으로 할 수밖에 없었던 일은 기계가 대체하고 있고, 이제 사람의 뇌로만 할 수 있는 일마저 인공지능이 대체하는 사회가 되었습니다. 가치는 유일한 것일 때 부여됩니다. 더 이상 인간의 노동력이 인간만이 가능한 유일한 것이 아님을 받아들일 시점이 왔습니다. 말 그대로 기존의 체계 속 직업은 유일무이한 가치가 있는 것이 아니게 됩니다.

기업은 더 이상 비싼 돈을 들여 인공지능보다 못한 노동자를 부릴 이유가 없어졌고, 수많은 직장인들은 나의 시간 대비 가치가 하락하고 있음을 알기에 투잡, 쓰리잡을 찾습니다. 대리운전을 뛰고 쿠팡잇츠, 배달의 민족, 아르바이트를 전전하며 시급 1만 원도 안 되는 일을 찾아 헤맵니다. 이러한 우리 시대상을 볼 때마다 마음이 아픕니다. 동시에 자꾸만 반문하게 됩니다. 나의 한 시간은 정말 1만 원의 가치도 없는 것일까요?

그 시간에 아무것도 안 하는 것보단 낫지 않느냐는 답변이 있을지도 모르겠습니다. 그러나 제 질문은 시간 안에 더 많은 돈을 버는 방법을 고안하라는 이야기가 아닙니다. 사회가 변하고 있습니다. 이에 대한 근본적인 질문입니다. 우리는 언제까지 시간과 노동을 맞바꾸며 살아갈 수 있을까요? 내가 가진 시간에 한계가 있듯, 결국 수입에도 한계가 있습니다. 이 사회는 4차 산업혁명이다, 인공지능이다 하며 인간의 한계를 지우고, 사이버 공간으로 세계를 넓혀 나갑니다. 블록체인 기술이 발전하며 주식 시장과 비트코인으로 통화의 한계마저 지워가는 추세입니다. 그런데 왜 인간의 노동에만 한계가 지워지는 걸까요?

저는 감히 말합니다. 인간에게 한계점은 없다고. 백세 시대가 도래하고 노화마저 늦출 수 있는 세상입니다. 우리는 한계가 없는 노동시장을 아직 찾지 못한 것일 뿐입니다. 한계 없는 노동시장이 무엇이냐고 묻는다면 저도 아직은 잘 모르겠습니다. 다만 이 길이 맞을 것이라 판단되는 어딘가를 향해 성실히 노력할 뿐입니다.

한치 앞도 알 수 없는 것이 내일입니다. 우리는 그래도 살아갑니다. 아무것도 보이지 않는다고 하여 아무런 준비도 안 된 사람과 그래도 기반을 닦고 설계해온 사람. 두 사람이 가지는 내일의 가치는 분명 다릅니다. 저는 그 내일을 '라이브커머스'에서 보았습니다. 물리적 제약을 뛰어넘어 다양한 사람들과 소통하고 나의 가치를 창출해 낼 수 있는 곳. 이곳이 제가 찾은 미래의 노동시장입니다.

## ⏻ 소통 앞에서 한계란 없다

인간은 항상 누군가와 이어지고 싶어 하는 사회적 욕구를 지니고 있습니다. 그리고 이 욕구로부터 인간사의 발전이 있어왔다고 생각합니다. 현대 사회는 인간의 몸과 지능을 기계가 대체할 수 있는 세상입니다. 우리의 정체성은 이제 '소통과 연대'에 남아 있습니다. 역사를 보면 미래가 보입니다. 기술이 발달하지 않았던 선사시대부터 자연의 제약에 맞설 수 있었던 것도 인간이 서로 연대하고 폴리스를 구축하면서부터였습니다. 기술이 발전하니 탈것을 만들어 물리적 거리의 제약을 뛰어넘고, 온라인 스페이스를 구축하여 시간적 제약마저 뛰어넘는 것이 인간입니다.

저는 이것이 소통하고 싶은 인간 본연의 욕구라고 생각합니다. 소통하고 연대하는 일은 인간에게 남은 고유한 가치입니다. 소통의 힘은 언제나 한계를 뛰어넘습니다. 소통을 최우선으로 하는 라이브커머스는 결국 노동 시장의 확장으로 이어집니다. 그리고 매출이라는 명확한 증거가 우리 눈앞에 펼쳐집니다. 방송 한 시간에 천만 원 단위의 수익이 들어오는 경험을, 제가 직장인이라면 과연 할 수 있었을까요?

이런 면에서 라이브커머스는 기업뿐만 아니라 일반 사람들이 도전할 수 있는, 아니 도전해야만 하는 분야입니다. 내 손 안의 온라인 시대가 도래하며 쇼핑의 방식이 달라졌습니다. 구매하고자 하는 상품의 정보를 아예 모르는 사람은 없습니다. 인터넷 검색 한 번이면 사용 후기와 가장 저렴한 구매처까지 다 나옵니다. 상품, 서비스, 지식까지 공유하며 소통하는 현대 사회의 소비문화는 이제 온라인을 중심으로 이루어집니다.

## ⏻ 라이브커머스를 이제 시작할 시간

우리는 모두 믿는 대로 살아갑니다. 나의 한계를 규정지으면 우리는 딱 그만큼의 삶만 살 수밖에 없습니다. "값비싼 물건은 라이브커머스 시장에서 절대 판매할 수 없어!" 많은 사람이 저에게 말했습니다. 라이브커머스가 접근성이 뛰어나고 그만큼 가벼운 제품이 판매에 용이할 것이라 판단한 것입니다.

그러나 제 생각은 달랐습니다. 저는 그 판단이 말도 안 된다고 생각했습니다. 고객은 좋은 물건이면 비싼 돈을 들여서라도 무조건 구입합니다. 정말 좋은 물건이라면 판매자가 가격에 휘둘릴 이유가 없습니다. 그래야 판매하는 제품에 대한 확신을 갖고 소비자와의 커뮤니케이션에 힘이 실리게 됩니다. 많은 분이 제품이 잘 팔리지 않을까 봐 고민하는데 제품에 대한 확신이 있다면 판매율은 상승할 수밖에 없습니다. 고객은 제품을 사기 전에 판매자의 확신을 먼저 사는 법입니다.

딱 눈 감고 열 번만 똑같은 시간대에 방송을 켜서 판매를 진행해 보는 것을 권합니다. 댓글이 달리지 않아도 상관없습니다. 1시간 동안 쉬지 않고 꾸준히 이야기해 보세요. 이 한 번의 경험이 우리에게 새로운 창을 열어줄 것입니다. 1시간 동안 고객에게 집중해 보는 경험을 통해 내가 판매할 물건에 대해 정확하게 숙지하고 있어야 하는 것, 신뢰감을 쌓는 것이 중요하다는 점 등을 깨우칠 수 있습니다. 이 과정이 익숙하지 않아 처음에는 소통 방송부터 시작하고 싶다는 생각을 할 수도 있습니다. 그러나 라이브커머스의 정체성이 소통이라면, 물건을 구입하는 것이 라이브커머스의 본질입니다.

그렇다고 제품 없이 소통만 하는 일은 별로 권장하지 않습니다. 고객들 또한 물건을 사러 왔는데 물건이 없다면 당황하는 반응을 보일 수도 있습니다. 소통만을 강조하는 플랫폼은 넘쳐납니다. 그것만을 원하는 고객은 굳이 라이브커머스 시장에서 소통 방송을 찾지 않을 것입니다. 항상 제품을 구비해 두고 소통 방송을 병행하는 것을 추천합니다.

우리는 모두 완벽한 계획을 수립하고 도전하는 것을 선호합니다. 그러나 이것은 핑계가 되기도 하는데, 계획이 자꾸 미완성이라며 도전을 미루는 것이 그 이유입니다. 새로운 발걸음을 내딛는 것은 모두가 두려워하는 일입니다. 어차피 하지 않으면서 두려워할 것이라면 하면서 두려워하는 편이 더 낫지 않을까요? 모든 시작은 두렵고 익숙하지 않습니다. 반복을 통해 요령도 얻고 새로운 열정이 싹트게 됩니다. "일단 해!"라고 말씀드리고 싶습니다. 물러날 곳이 없을 때는 시도부터 하는 것도 나쁘지 않은 방법입니다. 변하지 않으면 변하는 것은 없습니다.

손바닥만 한 스마트폰만 있으면 자신의 열정과 재능을 보여줄 수 있고, 타인과 소통하며 이윤까지 낼 수 있는 시대에 사는 것은 큰 행운입니다. 이제 필요한 것은 단 하나, 도전하는 당신의 용기입니다.

## 그립, 네이버쇼핑 라이브
## 최고전문가에게 배우는 라이브커머스

1. 기대 성과

- 라이브커머스를 시작하고 싶은 분들이 자신의 꿈을 실현할 수 있
  도록 도와주는 강의

2. 교육 내용

- 라이브커머스를 왜 해야 하는가?
- 라이브커머스 필요한 것들 최소한의 장비
- 라이브커머스 여러 채널 등록방법
- 나는 무엇을 팔면 잘 팔 수 있을까?
- 판매할 제품 소싱하는 방법
- 판매대본 만드는 방법

3. 교육 대상

　• 라이브커머스를 처음 시작하시는 분들

　• 이미 라이브커머스를 하고 있는데 매출이 안 나오는 분들

　• 경력단절녀

　• 부업으로 시작하고 싶으신 분


4. 교육 기간 및 인원

　• 1:1 컨설팅

　• 소규모 그룹 컨설팅

　• 줌(ZOOM)을 이용한 온라인 컨설팅 등


■ **문의 : 한국세일즈마케팅코칭협회**

　　https://cafe.naver.com/salesqueen80

# 저자의 라이브커머스 채널 안내

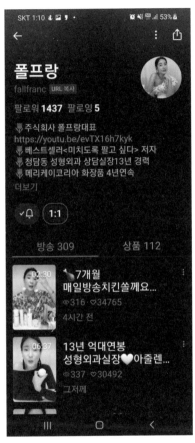

〈그림1〉 폴프랑 그립

국내 최초의 라이브커머스 전문 앱인 그립에서 매출 1위를 달성하였습니다. 그립 플랫폼의 현장감을 느껴 보세요.

https://grip.show/fallfranc

〈그림2〉 폴프랑 스마트스토어

국내 1위 e커머스 플랫폼 네이버쇼핑에서 매일 라이브를 진행하고 있습니다. 전체 카테고리에서 1등하는 노하우를 생생하게 보여 드립니다.

https://smartstore.naver.com/fallfranc

| 참고문헌 |

프롤로그

[샌드버드] 라이브커머스의 시대, 앞서 가는 기업되기

https://sendbird.com/ko/blog/

[내외경제TV] 모바일 쇼호스트 최혜진, "라이브커머스 시장서 동네 언니 동생 같은 쇼호스트되고파

http://www.nbntv.co.kr/news/articleView.

[어페럴 뉴스] 라이브커머스, 어떻게 시작해야 할까

http://m.apparelnews.co.kr/news/news_view

Part 1 라이브커머스, 신조어가 아니라고?

[커머스가이님의 브런치 블로그] 라이브커머스가 대세? 그립이 대세!

https://brunch.co.kr/@commerceguy/71

01 | 라이브커머스, 그 장황한 역사

중국시장 [디지털마케팅서밋] 라이브커머스는 21세기 텔레비전 쇼핑인가?

https://digitalmarketingsummit.co.kr/2020-livecommerce21/

[플레티넘 차이나 리포트] 중국 라이브커머스 동향 보고서

https://platum.kr/archives/146860

[패션서울 매거진님의 브런치 블로그] 중국 경제를 움직이는 '왕홍(网红)'을 아십니까?

https://brunch.co.kr/@fashionseoul/4

미국시장 [코트라 해외시장뉴스] 미국, 라이브커머스 시장 현황과 진출 전략

https://news.kotra.or.kr/user/

[대장장이님의 브런치 블로그] 라이브커머스를 기획해야 하는 이유, 마케터에게 필요한 건 기획력

https://brunch.co.kr/@daejangjangee/7

[모비인사이드] 生生한 날것의 라이브커머스

https://www.mobiinside.co.kr/

## 02 | 한국의 라이브커머스 시장

[여성동아] 온택트 소비 시대의 대세 '라이브커머스'

https://woman.donga.com/3/all/12/2173773/

[이현숙 쇼호스트 커미지컨설팅] 라이브커머스와 TV홈쇼핑의 차이점과 공통점

https://m.blog.naver.com/PostView.nhn?blogId

[느낀표님의 브런치 블로그] 라이브커머스 시장조사 1. 라이브커머스란? 특징 분석 라이브커머스와 홈쇼핑의 차이점

https://brunch.co.kr/@23why/27

[아시아경제]픽업, 라이브커머스 전속 쇼호스트팀 공식 런칭

https://n.news.naver.com/article/277/0004732151

[내외경제TV] 모바일 쇼호스트 최혜진, "라이브커머스 시장서 동네 언니 동생 같은 쇼호스트되고파

http://www.nbntv.co.kr/news/articleView.

[연합뉴스] 라이브커머스 시장 폭발적 성장… 유통가 '라방' 열풍

https://www.yna.co.kr/view/

[장창님의 브런치블로그] 언택트 시대의 대세가 되어가는 라이브커머스, 이제는 선택이 아닌 필수가 되어 버린 라이브커머스

https://brunch.co.kr/

## 03 | 쇼호스트 VS 라이브커머스 셀러

[MEDIASK] 언택트 시대의 새로운 쇼핑 방법 '라이브커머스' with SK

http://mediask.co.kr/65246

[이현숙 쇼호스트의 커미지컨설팅] 라이브커머스와 TV홈쇼핑의 차이점과 공통점

https://m.blog.naver.com/PostView.

[내외경제TV] 모바일 쇼호스트 최혜진, "라이브커머스 시장서 동네 언니·동생 같은 쇼호스트되고파"

http://www.nbntv.co.kr/news/articleView.

[아시아경제] 픽업, 라이브커머스 전속 쇼호스트팀 공식 런칭
https://n.news.naver.com/article/277/0004732151

[방송트렌드&인사이트 최세정 교수] 라이브커머스:커머스에 재미와 신뢰를 더하다
http://www.kocca.kr/trend/vol23/sub/s13.html

[느낀표님의 브런치블로그] 라이브커머스 시장조사 1. 라이브커머스란? 특징 분석 라이브커머스와 홈쇼핑의 차이점
https://brunch.co.kr/@23why/27


04 │ 누가, 언제, 무엇을, 어떻게, 왜?

책 /라이브커머스 셀링의 기술(석혜림)// 참조
[MEDIA SK] 언택트 시대의 새로운 쇼핑 방법 '라이브커머스' with SK
http://mediask.co.kr/65246


05 │ 한 시간에 천만 원, 가능할까?

[유튜브 채널 너이거몰라?_너만 모르는 정보] 한 시간 만에 천만 원을 버는 과정, 제가 보여드리겠습니다
https://www.youtube.com/watch


[유튜브 채널 너이거몰라?_너만 모르는 정보] 7분 만에 알아보는 라이브커머스 성공 바이블
https://www.youtube.com/watch?v=_R4BkMP1am8

[조선비즈] "10분에 1억 매출"…비대면 소비 이끄는 '라이브커머스'
https://biz.chosun.com/site/data/html_dir/

## part 2 라이브커머스 셀러로 도약하기

### 01 | 가게 오픈 전, 사전 준비

[오픈애즈] 본격 라이브커머스 시작하기!
https://www.openads.co.kr/content/contentDetail?contsId=5599

[현대경제] 라이브커머스 플랫폼 '그립', '유상무의 컨킴에 완판' 매진
http://m.hdnews.co.kr/a.html?uid=72147&section=sc10&section2=

[김찬일님의 브런치블로그] 라이브커머스 시대의 시작 그립(Grip) 플랫폼을 통해 확인하다
https://brunch.co.kr/@chanil104/1

### 02 | 어떤 플랫폼이 어울릴까?

[미디언스] 라이브커머스 어디서 방송해야 할까? 채널별 비교 분석!
https://mediance.co.kr/board/detail/25

[한겨레] '그립' 김한나가 애초에 그렸던 라이브커머스의 모습은?
https://www.hani.co.kr/arti/economy/it/978468.html

[이데일리] 쇼핑도 '쇼처럼'... 펀슈머 사로잡는 라이브커머스
https://www.edaily.co.kr/news/

[유튜브 채널 비아토르 캠퍼스] 국내 라이브커머스 서비스 8개 비교분석 총정리! (ft. 그립
Grip 강력추천)
https://www.youtube.com/watch?v=p26XpGilLCw

[유튜브 채널 세지니하오韩国小姐姐珍珍] 국내 라이브커머스 플랫폼 | 네이버 셀렉티브,
그립, 카카오톡 쇼핑 라이브, 티몬셀렉트
https://www.youtube.com/watch?v=O6BymS2Saul

[오픈애즈] 라이브커머스 어디서 방송해야 할까? 채널별 비교 분석
https://www.openads.co.kr/content/

[느낀표님의 브런치 블로그] 라이브커머스 시장조사 3. 주요 플랫폼 비교
https://brunch.co.kr/@23why/35

[책글생각님의 브런치 블로그] 팬덤을 만드는 언택트 비즈니스, 라이브커머스 언택트 비즈니스

https://brunch.co.kr/@thinkingschool/113

[김용태님의 브런치 블로그] MZ세대는 '이것' 때문에 라이브커머스를 쓴다

https://brunch.co.kr/@thesmc/44

[커피캣님의 브런치 블로그] 라이브커머스 붐 과연 코로나 때문일까?

https://brunch.co.kr/@max325/2


## 03 | 최적의 세팅을 찾아라

[angie님의 브런치 블로그] 라이브커머스, 어떻게 하면 더 잘할까

https://brunch.co.kr/@angiethinks/25


## 04 | 철저한 사전 마케팅과 완벽한 콘셉트

[이시아님의 브런치 블로그] 모바일 라이브커머스에 3년 동안 출연하며 느낀 7가지
모바일 라이브커머스 4년차 쇼호스트의 소소한 인사이트

https://brunch.co.kr/@olnlor/46


## 05 | 대본대로 굴러가지 않는 현장, '말' 잘하는 법

[비범한춘님의 브런치 블로그] 정리의 기술, 노션(notion) 노션 앱, 신세계를 만나다.

https://brunch.co.kr/@forchoon/354

[샹이님의 네이버블로그] NOTION – 나의 최애노트앱 노션, 1년 사용기 & 활용팁

https://m.blog.naver.com/sarang2594/221699496499

[ㅍㅍㅅㅅ] '노션병'에 걸리지 마세요

https://ppss.kr/archives/205913


## 06 | 혼잣말할 거면 라이브방송을 왜 하니?

part 4 구매자 녹이는 올킬 노하우

01 | 라이브방송은 체력과 더위의 동반 사투

[어웨어님의 네이버 블로그] 건강에 좋은 적정 실내 습도는?
https://m.blog.naver.com/PostView.

[헬스조선] 습도 60% 넘으면 땀 잘 안 말라… 체온조절 안돼 열탈진
https://health.chosun.com/site/data/html_dir/

02 | 소통하는 셀러, 대화하는 셀러

[이만걸님의 브런치 블로그] 성과를 내는 소통전략 소통은 내가 먼저 마음을 열어야 한다.
https://brunch.co.kr/@hrdsam95/1

[더퍼스트] 소통과 혜택 품은 디지털 직거래 시대 왜 지금 라이브커머스인가?
https://www.thefirstmedia.net/news/

03 | 앵무새는 금지! 피드백을 피드백하라

[인저리타임] 관계를 행복하게 만드는 '공감'대화법 (20)칭찬·인정하기
https://www.injurytime.kr/news/articleView.

[대신증권님의 네이버 블로그] 리액션만 했을 뿐인데…돈 쓸어 담는 리액션 크리에이터
https://m.blog.naver.com/PostView.

[순간랩님의 브런치 블로그] 리액션만 했을 뿐인데…돈 쓸어 담는 리액션 크리에이터
https://brunch.co.kr/@wkfkwkfkaos/4

[호롱호롱님의 브런치 블로그] 끼 부림이란 표현하는 것보다 리액션이 더 중요하다.
https://brunch.co.kr/@taekonv/83

[에리카님의 브런치 블로그] 당신의 피드백, 혹시 상대방을 학대하고 있진 않나요?
https://brunch.co.kr/@erikajeong/169

## 04 │ 창의적으로 대화의 물꼬를 트는 기술

책 /라이브커머스 셀링의 기술(석혜림)// 참조
[나무위키] 원숭이 엉덩이는 빨개
https://namu.wiki/w/

[성장자극 플랫폼님의 네이버 블로그] 즉시 매출을 올려주는 스마트스토어 마케팅 방법
https://m.blog.naver.com/fgus/222088007739

## 05 │ 해야 하는 것 VS 해서는 안 되는 것

[오늘의 유머] 조선의 엑셀 고수 다산 정약용.txt
http://m.todayhumor.co.kr/view.php

[LSH님의 브런치 블로그] 라이브커머스방송에서 절대 하지 말아야 할 것
장사 왕초보의 라이브커머스 도전기
https://brunch.co.kr/@btqatq/20

[LSH님의 브런치 블로그] 라이브커머스 방송에서 고객을 설득하는 기술
https://brunch.co.kr/@btqatq/21

[LSH님의 브런치 블로그] 라이브커머스를 통한 영역 확장
장사 왕초보의 라이브커머스 도전기
https://brunch.co.kr/@btqatq/22

## 에필로그

나는 4시간 sns하고 천만 원 번다
[LSH님의 브런치 블로그] 당장 라이브커머스를 시작해야 하는 이유
장사 왕초보의 라이브커머스 도전기
https://brunch.co.kr/@btqatq/23

[지크님의 브런치 블로그] 라이브커머스로 돈을 벌 수 있을까?
https://brunch.co.kr/@munhaksoyear/53